숨은 분노의 반란

숨은 분노의 반란

:: **한기연** 저

학지사

들어가는 글

자고 일어나 신문을 펼치면 거의 어김없이 분노와 관련된 엄청난 사건들을 접하게 된다. 분노가 공격성과 적대감의 충동적 폭발로 나타나서, 주변 사람에게 회복할 수 없는 상처를 입히고 당사자의 삶 또한 깊은 나락으로 추락시키고 마는 내용이다. 이런 소식을 접하면 인간성의 존재에 대해 깊이 회의하게 된다. 아울러 무엇이 우리를 이 지경에 이르게 했는지, 어디서부터 잘못되었고, 어떻게 손을 써야 하는지 난감한 기분에 침잠한다. 분노는 현재 우리 사회의 중요한 문제이며, 수많은 사람들이 여러 방면에서 분노를 낮추고 잠재우고 해결하기 위해 많은 에너지와 돈을 투자하고 있다.

그런데 상담실에서 나와 마주하는 사람들은 정반대다. 그들은 대부분 아주 착하다. 분노를 표출하기는커녕 남한테 싫은 소리조차 하지 못하는 사람들이다. 자기 것을 챙기려고 다른 사람의 이익을 침범하는 일도 없을뿐더러 오히려 남의 기분을 살피려고 내 소리를 죽인다. 당연히 이들에게는 생각하는 것을 그때그때 말하고, 원하는 것을 표현하고, 인간관계의 갈등을 말로 풀며, 줄 것은 주고 받을 것은 받는 일도 아주 어렵다. 다르게 말하면 그렇게 살았기 때문에 마음속에 쌓인 것이 많고 그것이 긴 시간 동안 괴이한 방식으로 똬리를 틀어 심리정신적 문제를 안게 되었다고 볼 수 있다.

최근에 상담실에서 만난 A씨와 B양의 경우도 그러했다. 이들은 모두 개인적 능력과 배경이 출중하며, 주어진 일이나 주변 사람과의 관계에도 열심인 사람들이지만, 스스로도 납득하기 어려운 문제를 갖고 있었다.

A씨는 얼마 전 회사에서 호흡곤란으로 구급차에 실려 가는 일을 겪었다. 꼭 심장병 같았는데, 의사의 진단은 "스트레스가 심한 모양입니다."였다. 그 후 자신의 몸에 대해 민감해졌는데, 가만히 보니 본인이 수시로 뒷목이 뻣뻣해오고 열감이 확 올라오는 신체 증상을 겪더라는 것이다. 또다시 응급실 신세를 지게 될까 봐 겁이 나서 심리치료를 받으러 왔다고 했다.

'그냥, 수시로'라는 증상의 전후를 자세히 탐색하니 그런 상태는 한결같이 누군가가 자신의 의견에 반대할 때 일어나고 있었다. 즉, 상대방이 자신의 주장을 펼 때, 그러면서 A씨의 생각을 지적할 때, 또는 뭔가를 고치라고 할 때 A씨의 몸이 반응하는 것이다. 평소에 A씨는 주변 사람을 챙겨주고, 양보도 잘하고, 궂은 일도 마다하지 않는 스타일이어서 자신도 스스로를 '배려심이 많은 사람'으로 여기고 있던 차에, 이런 발견은 매우 당황스러운 것이었다.

A씨는 '반대, 자기주장, 지적'이라는 단어에서 하나의 연상을 해냈는데, 그건 아버지의 모습이었다. 식구들 앞에서 아버지는 단한 번도 '응, 그랬군'이 없던 분이었다. 언제나 그건 그래서 안 되고, 틀렸고, 엉터리고, 본인의 생각은 옳고 당연하며 식구들이 따라야 하는 것이었다. 한데, 문제는 그런 아버지가 지극히 무능했

다는 점이다. 모든 고생은 어머니가 하는데 그 노고를 인정하지는 않고 오히려 괴롭히기만 하니, 아버지가 너무 무서워서 고개를 숙이면서도, 결코 인정할 수 없는 곤란한 대상이었다.

A씨의 경우, 이전 부서에서는 팀장이 A씨를 크게 인정하고 격려하고 밀어주는 사람이었는데, 얼마 전 이동한 현 부서의 팀장은 지적이 많고 독단적이며 주장이 강한 사람이라는 것이 A씨를 극히 혼란스럽게 한 것이다. 아버지에 대해 해결하지 못한 채 쌓아두었던 분노가 유사한 특성을 지닌 사람과의 관계와 맞닥뜨리자 A씨 마음은 길을 잃었고, 그 결과가 신체적 증상으로 나타나고 만 것이다.

B양은 상냥하기가 이를 데 없는 아가씨였다. 애교가 넘치고 공손하고 언제나 남을 배려하니 어릴 때부터 친구들에게 인기가 많고 어른들이 좋아하는 사람이었다고 한다. 하지만 B양에게는 본인만 알고 있는 큰 고민이 있으니 그건 이성교제에서의 행동이다.

B양은 남자친구를 사귀기만 하면 '수사관'이 되어 버리는데, 그 대상은 남자의 과거 연인이다. 현재 그 남자가 의심받을 짓을 해서가 절대 아니다. 단지 과거의 애인이었다는 사실 때문에, 그 여자에 대한 모든 것을 알아낸다. 주변에 물어보거나 인터넷을 뒤지는 것도 모자라서 남자의 옷장, 서랍, 여행가방 등 단서가 있을 만한 곳은 샅샅이 살핀다. 그러고는 그 여자와 자신을 비교하고 스스로 채점하고, 남자에게 묻고 또 묻는다. 누가 더 사랑스러운지, 똑똑한지, 어여쁜지…. 처음에는 B양에게 매혹되었던 남자들

이 먼저 헤어짐을 말하는 것은 어쩌면 당연할 수도 있겠다.

반복되는 이별 뒤에 상담치료를 시작한 B양의 내면에는, 비범하다고밖에 할 수 없는 매우 뛰어났던 언니가 중요한 기억으로 자리 잡고 있었다. 세상의 모든 관심과 사랑과 인정을 다 가져가 버린 언니. 자신이 무엇을 어떻게 해도 단 한 번도 넘어보지 못한 태산 같은 언니. 그리고 가슴 아프게 그런 언니와 자신을 끊임없이 비교했던 부모님이 있었다. 세상에 태어났을 때부터 언니는 있었고, 자신이 기억하는 한 언니는 유능했으니 B양은 항상 패배자였던 것이다. 하지만 B양은 지금까지 열등감과 비참함을 확연하게 느끼게 했던 언니와 부모님에 대한 자신의 감정을 제대로 살펴본 적이 없었다. 언니는 늘 '자랑스러운 대상'이고 자신은 늘 '부족한 대상'으로 살아오면서, B양의 내면에는 감당하기 힘든 부정적 감정들이 엄청난 분노로 자리 잡게 되었다. 이 분노가 사랑하는 남자의 과거 여자에 대해 '내가 또 그녀보다 못한 건가? 이번에는 아닐 거야!'를 확인하려는 납득하기 어려운 행동으로 나타났던 것이다.

이처럼 세상에는 분노를 통제하지 못해서 도움이 필요한 사람들만큼이나 분노를 드러내지 못하고 묻어 버려서 도움이 필요한 사람도 많다. 전자가 '그 사건'에 대해 '그 사람'에게 '그만큼' 분노하지 못하는 문제를 가지고 있다면, 후자는 어떤 상황, 어떤 상대와도 대면하지 않으면서 아주 엉뚱한 방식으로 해결을 시도하는 문제를 안고 있다. 그것은 신체적 증상이나 대인관계 문제, 또는 각종 중독이나 폭식, 우울 및 불안과 같은 불안정한 정서가 될 수 있다. 분노를 드러낼 줄 모르는 사람들의 배경은 다양하지만, 공통점을 꼽자면 자신의 분노의 존재 자체를 모른다는 점이다. A씨나 B양처럼 일생을 통한 긴 시간을 자신의 감정을 돌보지 않고 억눌렀을 때, 정작 스스로도 자기 안에 무엇이 있는지 모른다. 그렇기 때문에 이들은, 분노를 표출했을 때 당하게 될지 모르는 불이익을 피하기 위해 화를 조절하거나 참는 부류의 사람과는 근본적으로 다르다.

이 책은 분노의 존재를 인식하지 못하는 사람들, 그래서 분노를 그것 그대로의 값으로 지불하지 못하는 사람들을 위해서 쓰게 되었다. 애초에는 2001년도에 출간한 『분노 스스로 해결하기』의 개정판을 기획하였으나, 결국 새로운 책이 되고 말았다. 앞서 나온 책에서 몇 가지의 '활동'을 빌려 왔으며, 필자의 이전 다른 책에서도 다시 쓰고 싶은 몇몇 생각들을 옮겨 왔음도 밝힌다. 새로운 책이기는 하나 필자가 말하고 싶은 것은 한결같다. 여전히 적합하게 드러내지 못하고 살아온 해묵은 분노가 우리의 삶에 어떤 영향을 미치는지, 그것이 나와 주변 사람에게 어떻게 짐이 되는지를 독자와 나누고 싶다.

모든 문제를 해결하는 데는 정확한 진단이 필요하듯이, 제대로 표출하지 못하는 분노 문제에 대해서도 그 뿌리를 이해하는 일이 중요하다. 우리는 모두 어린 시절을 거쳐 지금 여기에 있다. 그 시절 그 처음에는 어떤 아이도 있는 그대로의 감정을 펼치면서 살았다. 신나서 환호하고 온몸으로 열정을 품어내기도 하며, 호기

심으로 두 눈에서 빛을 내기도 하였을 것이다. 그런가 하면, 침울하거나 의기소침해지거나 뿌루퉁해서 입을 내밀고, 여기서 더 마음이 나쁘면 울고 몸부림치면서 내 마음이 어떠하다는 것을 주변에 알렸다. 이는 내 마음을, 내 상태를 알아달라고 상대방에게 보내는 신호였고, 좋은 양육자라면 이때 적합한 방식으로 그 신호에 답했을 것이다.

만약 우리가 자신의 생각과 감정을 안심하고 표현할 수 없는 경험을 긴 시간 동안 반복한다면 어떤 사태가 벌어질 것인가? 그럴 경우, 우리는 인간의 모든 욕구에 우선하는 안전을 확보하기 위해 진솔한 생각이나 감정을 수면 밑으로 넣어버린다. 겉으로는 보이지 않고 말짱하다. 당연히 우리가 수면 아래로 밀어 넣은 것들은 기분 좋고 행복하고 자랑스러운 것들이 아니라, 부정적인 감정이나 고통일 것이다. 밀어 넣은 감정은 내면에서 헝클어지고, 상호 불일치하는 상태의 감정과 행동으로 쌓인다. 속으로는 원한과 분노가 끓어오르지만 겉으로는 조용하고 무심할 뿐이다.

두려움 때문에, 자존심이 상해서, 또는 너무 슬퍼서 과거에 내가 겪은 일들이 무엇인지 알지 못한 채 지나왔다. 하지만 강렬한 감정일수록 그것의 시작과 끝과 끼친 영향에 대해서 관심과 알아줌이 필요하다. 마치 잠을 자다가 불현듯 깨서 울음을 터뜨리는 아기에게 엄마의 어르는 음성과 도닥거리는 손길이 필요한 것과 같다. 인간은 사려깊은 자기 관찰을 통해서 내 안에 무슨 일이 벌어지고 있는지 알 수 있다. 그렇게 할 때 어떤 힘겹고 강렬한 감정일지라도 그것이 무엇인지 알고 그 안에 빠지지 않고 대응할 수 있는 역량이 생긴다.

하지만 알아주지 않은 상처는 억압되고 부인되어 의식 밑으로 밀어 넣어지고 '분노'라는 변종 자석으로 변해 일상의 고통과 괴로움을 내 쪽으로 끌어당긴다. 어떤 사건을 겪더라도 객관적이며 현실적으로 받아들이지 못하고, 더 심각하고 더 파괴적인 것으로 왜곡하여 인지한다. 정리되지 않은 심각한 상처일수록 내면의 심리 구조를 해체시키면서 과거와 현재를 별개로 지각하지 못하게 만든다. 개인의 정체감에 혼란을 일으키며, 주변 사람들과 제대로 연결되지 못하게 만들고, 결국에는 일도 사랑도 망치게 한다.

현재 삶이 제대로 돌아가지 않고 있다고 여기는가? 즐겁거나 쾌활하지 않으며, 목표와 방향성을 잃은 듯하고, 어느 누구와도 제대로 만족스러운 관계를 갖지 못한 채 살고 있는가? 마음의 통제력을 되찾기 위해서 자신이 누구이며 자기 안에서 무슨 일이 일어나고 있는지를 살펴보자. 살펴본다는 다소 소극적인 자세에서 보다 적극적인 '객관적 관찰'이라는 자세를 가져보자. 이는 제3자의 시선으로 자신으로부터 몇 발자국 떨어져서 나를 바라보는 일이다.

내가 지금 여기에서 일어난 일을 그것 그대로 바라보는지, 아니면 과거의 습관화된 생각이나 감정을 사용하여 자동적으로 반응하는지 구분하자. 우리는 현재의 어떤 사건에 현재의 감각으로 분노할 수 있다. 오히려 분노를 통해 자신의 의식을 확장시킬 수 있는 정보를 얻어낼 수 있다. 분노는 내가 무엇을 견디지 못하고, 무엇을 바꾸고 싶어하는지와 같은 정보를 스스로에게 알리는 신호일 뿐, 피하고 넘겨야 할 나쁜 것이 아니기 때문이다.

이 책을 통해서 자신의 가슴 밑바닥에 숨겨 놓은 분노를 꺼내 볼 수 있는 기회를 잡기 바란다. 자신과 타인의 외면하고 숨기고 억압한 분노에 대해 제대로 생각하고 바라보는 시간이 되기를 바란다. 그것이 부정적이건 긍정적이건 나에 속한 것은 나에게 당당하다. 스스로에 대한 자신감을 회복하고 억압으로부터 자유로워지는 경험이 될 것이다. 거기서부터 출발하여 세상과 조율하고 절충할 수 있다. 나에 대해 당당하게 나아갈 때, 가끔은 실패하거나 거부당할 때도 있겠지만, 우리는 그런 모험을 하면서 그저 내 삶을 살아가면 되는 것이다.

마지막으로, 자신의 이야기를 책에 실릴 수 있게 허락해 준 내담자들에게 고마움을 전한다. 이 책에는 어느 한 사람의 이야기를 그것 그대로 기술한 것은 없다. 다양한 사례의 여러 내용들이 적합한 방식으로 조합·통합되었으며 각색되었기에 실은, 어느 의미에서는 어떤 것도 논픽션은 아니다. 이는 오로지 나를 신뢰하고 자신의 이야기를 털어 놓은 그들에 대한 나의 예의다. 그들이 숨은 분노를 탐색하고 해결해 나갔던 이야기를 통해서, 이 책을 읽는 분들 또한 자신의 분노의 역사를 찾고 이해할 수 있기를 바란다.

2013년 가을
선릉에서
한기연

차 례

013

01

화를 내는
사람들

01
화를 내는 사람들

고함을 치고 물건을 부수고 누군가를 해치는 식의 밖으로 드러나는 폭발적 분노만이 분노는 아니다. 분노라는 감정은 매우 복잡한 것이다. 분노에는 겉으로 드러나는 분노와 드러나지 않는 분노가 있다.

겉으로 드러나는 분노도 그 이면에는 두려움이나 자만심, 또는 불신과 슬픔까지 아주 다양한 내적 상태가 있다. 외부로 드러나지 않고 숨어 있는 분노라면, 우울이나 강박행동, 중독, 대인관계 문제까지 갖가지 모습으로 변형된 채 우리 안에 감추어져 있다. 어떤 분노라도 그것은 자신에게 무슨 일이 일어나고 있다는 신호여서, 신호를 잘 알아채는 일이 관건이다.

자신에게 무슨 일이 있다는 신호, 분노

중간 정도의 체격에 사람 좋은 미소를 지으며 목소리도 조용 조용한 장년의 남자. 아내의 강권에 못 이겨 상담에 오기는 했지 만 자신에게 무슨 문제가 있다는 생각은 하지 않는 듯했다. 가장 최근에 있었던 사건은 모욕적인 말을 하면서 아내를 밀쳤고 문짝 을 주먹으로 쳐서 구멍을 낸 일이다. 이 친절하고 순해 보이는 남 자가 했으리라고는 상상하기 어려운 사건은, 그가 1박 2일 동안 연락이 두절되었다가 귀가한 직후에 일어났다.

제가 그렇게 했다는 것이 저도 믿어지지 않습니다. 도저히 견딜 수 없는 일입니다. 저는 본래 인내심이 부족한 사람이 아닙니다. 평소 에는 웬만해서는 절대로 언성을 높이고 화를 내는 사람이 아닙니다. 제가 그렇게 다혈질에 버럭버럭하는 스타일이 아니라는 것은 아내도 인정할 것입니다. 저는 다만 답답… 많이 답답했습니다.

지금껏 분노라는 것을 소리 치고 욕설을 하며 상대방을 공포에 떨게 하는 그런 것으로만 생각했나 봅니다. 그런 것이 아니라면 분노 가 아니라고 본 거죠. 하지만 분노에는 그런 모습만 있는 것이 아닙니 다. 물론 고함과 폭력을 가져오는 분노도 있지만, 동시에 절망감이나 무력감, 루저(loser)가 된 기분, 안절부절한 느낌 같은 것을 경험하게 하는 분노도 있습니다. 분노는 여러 양상의 다양한 색깔을 지닌 아주 복합적인 감정입니다.

그런 의미라면 저도 분노에 차 있었다고 할 수 있습니다. 그럴 때가 자주 있습니다. 전, 뭔가가 옥죄는 느낌, 답답해서 어쩌지 못하겠고, 가슴이 터질 것 같기도 하고, 뭐가 확 치미는 그런 기분일 때가 많습니다.

분노의 영어 표현인 'anger'라는 단어는 근심이나 괴로움, 또는 고통을 의미하는 고대 스칸디나비아어 'angr'에서 유래했다고 한다. 그러니 어원에 따르면 분노는 고통이고, 고통을 느끼는 데서 비롯되거나, 사람들에게 고통을 가하는 것이라고 말할 수 있다. 누군가 나에게 피해를 입히거나, 나를 무시하거나, 나의 것을 빼앗으려고 할 때 한 방 먹이고 싶은 마음, 똑같이 되갚아 주고 말겠다는 충동이 분노라면 그것을 느끼거나 행동으로 옮기는 데에는 고통이 따를 것이다.

대부분의 문화에서 분노라고 하면 우선 화를 밖으로 분출하는 사람을 떠올린다. 그리고 그 곁에는 고통스러워하거나 두려움에 떠는 사람들이 그려진다. 아주 가끔은 화를 내면서 기분이 좋아지는 사람도 있겠지만 그건 극히 드문 일이고, 실은 공격적으로 화를 내는 사람도 고통스럽고, 그를 바라보는 사람들도 고통스럽다.

화를 표출하는 상황은 매우 다양하다. 평생에 걸친 원한에 사무쳐서 칼을 가는 장면도 분노의 상징이겠지만, 막상 생활에서 분노와 연결되는 장면은 그렇게 의미심장하지 않다. 어떤 아버지는 가족끼리 외식을 나가는데 정확한 시간에 출발하지 못했다고 큰소리로 거친 말을 하면서 버럭 화를 낸다. 정확하게 효율적으로 움직이지 못하는 가족들이 견딜 수 없어서 미칠 지경이 된다. 자신의 기준에 맞추지 못하는 사람이나 상황을 견디지 못하고 그럴 때마다 성마르게 짜증이 나며 분통이 터지는 것이다. 또는 음식점의 직원이나 택시 기사를 향해서도 자신의 기대치를 충족시키지 못할 때 불같이 화가 난다. 까다로운 완벽주의자인 사람에게는 곳곳에서 자신을 실망시키는 사람들을 향해 맹렬한 분노가 치밀어 오른다.

분노, 삶을 변화시키는 출발점

분노는 나를 둘러싸고 있는 인간관계나 환경 또는 자기 자신에게 무언가 잘못된 일이 일어났다는 신호다. 사람들에게 변화를 요구하는 감정이며, 나는 더 이상 지금과 같은 상태를 원하지 않는다는 표시다. 분노를 자신의 정당한 요구가 채워지지 않았다는 감정이라고 한다면, 그런 요구가 충족되지 않는 원인은 사람마다 다를 것이다. 자신이나 타인에게 건 기대가 충족되지 못해서, 또는 필요한 것을 얻지 못하거나 원하는 대로 일이 이루어지지 않았을 때, 또는 정당한 대우를 받지 못하고 있다고 여길 때 분노한다. 아울러 모욕이나 상처를 받았다고 여길 때, 거부당하고 혼자라고 느낄 때도 무력감 속에서 분노할 수 있다. 어떤 경우 분노는 우리에게 평소와는 다른 에너지를 주어 침입자와 공격자에 대항할 수 있게 한다. 분노 덕분에 자신을 효과적으로 지키고 보호할 수 있는 면도 있다.

분노는 그것이 어떤 것이든 현실을 수용할 수 없으며, 고칠 수도, 참을 수도, 포기할 수도 없다고 느낄 때 발생한다. 핵심은 실제 벌어진 현실이 아니라 이 현실에 대응할 방법과 능력이 자신에게 없다고 판단하는 상황이다. 누구도 동일한 현상에서 동일하게 화내지 않는다. 스스로 강하지 않고 유능하지 못하다는 것을 알아챘지만, 아직은 무엇을 해야 좋을지 모를 때 분노가 먼저 일어난다. 따라서 분노 감정이라는 외장이 걷히고 나면 분노 밑에 잠재된 것은 분노와 아주 다른 것일 때가 많다. 그것을 알아내서 인정하는 것은 고통스러운 일이지만, 필요하고 중요한 과정이다. 그런 면에서 분노는 삶을 변화시키기 위한 출발점이기도 하다. 따라서 신호를 무시하고 질주하면 큰일 나듯이, 분노를 방치하거나 무시하면 반드시 문제가 생긴다.

하지만 분노와 관련된 가장 널리 퍼져 있는 익숙한 생각은 분노는 옳지 않다는 것이다. 우리는 오랜 시간을 두고 그렇게 배워 왔다. 인격을 잘 수양하고 도덕적인 사람이라면, 종교적으로 신앙심이 넘쳐나는 사람이라면 화를 내면 안 될 것 같다. '이성을 잃고 무분별해지며 통제할 수 없는 상태'와 분노를 동일한 것으로 보면서, 분노가 없는 상태를 건강한 감정 상태, 인격적 성숙의 궁극적 지표로 간주한다. 분노를 품으며 산다는 것은 아직 수양이 부족하거나, 신성함이 모자란 상태로 보는 것이다. 세상의 모든 종교는 '우리 마음에 분노가 사라지기'를 기도한다. 언젠가는 분노를 내려놓거나, 분노로부터 자유로워져서 '더 이상 내 안에 분노란 없습니다.' 하고 선언할 수 있는 상태에 도달했으면 하는 바람을 갖고 산다.

우리는 왜 분노하는가

분노에는 분명 그것대로의 가치가 있다. 인간이 사용하는 심리적 기제는 모두 나름대로의 이유와 의미가 있다. 분노의 가치라고 한다면, 분노는 그것만 남긴 채 다른 모든 고통스러운 감정들을 덮어준다는 점이다. 물론 분노 자체가 견뎌내기 힘든 고통스러운 감정이지만, 개인적으로는 그것보다 더 고통스러운 정서도 얼마든지 있을 수 있다. 두려운 상황에 처한 느낌, 버림받은 느낌, 수치심과 굴욕감, 또는 배신을 당했다는 자각에서 오는 상처 입은 느낌, 거부감, 무력감, 부당하게 취급당하거나 무시당해서 존재감이 없어지는 느낌들이다. 스스로 불만족스러운 대접을 받았으며, 내가 나서서는 안 될 것 같은 느낌을 받을 때 차라리 분노로 그것들을 덮는 편이 낫다고 여긴다.

우리는 '두려움'을 감추려 분노한다

두려움과 분노는 같은 부모 밑의 형제다. 분노 이면에는 언제나 두려움이 존재한다고 봐도 무방할 것이다. 두려움은 염려와 의심, 망설임과 한 식구이지만 그것 그대로 드러나기보다는 가리고 아닌 척하는 중에 어렴풋이 보일 뿐이다. 대부분 인간관계에는 자칫하면 상대에게 지배당할지도 모른다는 두려움이 존재한다. 그러면 우리는 상대방의 의도를 간파하고 분석하는 등 지배당하지 않기 위해 사전에 준비를 하려 든다. 한편, 경쟁에서 지는 것에 대한 두려움도 우리를 압도한다. 인간에게 경쟁이란 원시인이 먹을 것 때문에 목숨을 걸고 싸왔던 투쟁과 다를 바 없으니 큰 두려움을 불러일으키는 장면이다.

사소한 갈등이나 다툼에서도 격렬하게 분노하는 것은 밀리면 죽는다는 두려움이 내재되어 있기 때문이다. 또는 짊어져야 할 책임이 너무 크다고 느낄 때, 그것에 압도당해서 두려울 때는 막상 자신이 실제로 무엇을 두려워하는지조차 살펴볼 여유가 없다. 어른이 될수록 두려움과 연약함은 감춰야 하는 것으로 여기면서 대신 분노를 표출한다. 솔직하게 드러내지 않으면서 과장된 말과 태도로 내면의 두려움을 은폐한다. 두려움은 사람을 얼어붙게 하지만, 대신 분노는 마치 그 상황에 대해 큰 힘을 확보하고 있는 것처럼 펄펄 뛰게 만들기 때문이다.

나만은 특별해야 한다는 '자만심'

자만심은 거만함이나 자부심 이상의 것이다. 세상이 자기 중심으로 돌아가기를 바라는 자기 몰입적 성향을 말한다. 우리는 모두 자신에 대한 생각으로 가득 차 있었던 어린 시절을 갖고 있다. 아이였을 때는 자신의 욕구를 충족시키는 것이 세상에서 가장 중요한 일이었고 그래서 자제력이 없고 충동적일 때가 많았다. 하지만 자만심에 빠진 사람은 성인이 되어서도 특별한 대접을 받으려고 하며 타인에 대해서는 극히 무감각하고 무신경한 모습을 보인다. 오로지 관심 있는 것은 '왜 사람들은 내가 원하는 대로 될 수 없는가?'다.

아무도 자신의 의견에 반대하지 않는 것이 당연하다는 가정 하에 본인의 욕구와 신념을 달성하려 든다. 자기가 원하는 것을 가족이나 부하 직원에게 강요하며, 사람에게는 그들만의 특성과 감정이 있다는 것도, 개개인의 한계가 있다는 것도 인정하지 않는 다면 자주 초조하고 불안한 지경에 빠질 것이다. 누구도 나의 요 구를 다 맞춰야 할 의무는 없다는 것을 받아들이고 자신의 한계를 인정할 때 따르는 고통이 있다. 하지만 이를 받아들이지 않는다 면, 다른 사람이 불완전하게 행동할 때마다 공격받거나 무시당하 고 있다는 생각에서 분노가 끓어오른다.

늘 세상을, 사람을 의심해야만 하는 '불신'

세상에 대해 어느 정도 의심을 품는 것이 필요할 때도 있지 만, 주변에 늘 위험이 존재한다고 생각하고 주의 깊게 살피는 마 음은 극심한 고통의 근원이다. 이럴 경우 자신의 의심을 지지할 자료를 빨리 수집해서 사전에 위협을 방어하고자 든다. 한편으로 는 '나는 혼자서 잘해낼 수 없을 거야.'라는 자기 불신의 생각을 하면서, 동시에 '내가 누구를 신뢰한다면 그 사람은 나를 배신할 거야. 어차피 사람들의 관심은 가짜야.'라는 타인 불신의 생각도 작동한다면 마음속은 늘 싸움터일 것이다.

마치 세상의 모든 규칙이나 원칙은 자신을 함정에 빠뜨리기 위한 계략이라 여기고, 사람들은 결국 자신한테 나쁘게 할 것이라고 믿는다면 어떤 누구와도 안정적인 관계를 맺을 수 없다.

이들은 다른 사람들의 중립적이거나 긍정적인 행동마저 배신의 증거로 삼고, 자신이 불신하고 경계하는 태도가 옳다는 증거로 해석하려 든다. 다른 사람이 어떤 행동을 하든지 적의나 부정적인 면만을 보기 때문에 인간관계에서 자주 분노하게 되며, 어떤 자극도 자신이 위협받는다는 가정 아래 발끈하고 선제공격하려는 자세로 나선다. 물론 원인은 항상 타인에게 있다고 주장하기 때문에 외부에는 그저 분노가 가득 찬 사람으로 보일 것이다.

감춰야만 하는 '슬픔'

분노의 밑에 슬픔이 있다는 것은 받아들이기에 안타까운 주제다. 원하던 것이 이루어지지 않을 때, 또는 간절히 사랑했던 사람이 떠나고 홀로 남겨졌을 때 감정의 큰 상처를 입는다. 그런데 그 상처와 고통을 분노로 표출한다. 슬픔을 겪으면서도 제대로 울지 않을뿐더러 아무런 고통도 느끼지 않으려 든다. 다만 감정에 상처를 입히는 사람을 향하여, 혹은 주변에 있는 아무 사람에게나 비난을 퍼붓고 고래고래 소리를 지른다. 스스로 고통을 받고 있으며, 사실은 몹시 슬프다는 것을 주변에 들켜서는 안 되는 것으로 여긴다. 그것들은 당연히 감춰야 하는 것으로 취급하면서, 반면에 분노는 드러내도 되는 것으로 생각하는데 이는 슬픔은 약하다는 표시로, 분노는 강한 모습이라고 믿어 왔기 때문이다. 하지만 분노하는 사람 곁에 오래 남아 있으려는 사람은 없다. 분노로 인해 주변 사람과는 더 큰 벽이 생기고, 자기 자신과도 불화하고 거리감이 생기니 더 큰 감정적인 문제로 발전하게 된다. 애초에 없는 것으로 취급하려 했던 슬픔도 더욱 커질 뿐이다.

균형감을 상실한 '의존심'

아이가 성장할 때 가장 중요한 한 가지를 꼽으라면, 누군가에게 의지하고 도움을 받을 수 있다는 믿음이다. 기댈 만한 사람들이 있고, 그들은 자신을 무조건적으로 사랑해 준다는 믿음이 있을 때 세상은 안전한 곳이 된다. 또한 이 안정감은 곧 스스로를 가치 있는 존재로 인식할 수 있게 만든다. 성인도 마찬가지다. 아무도 자신을 보살펴 주지 않고 누군가 좋은 자극을 주지 않는다면 제대로 살아내기가 힘들다. 주위 사람들의 사랑과 관심과 호의가 없으면 성인도 온전한 정신을 유지할 수 없는 것이다. 따라서 어느 정도의 의존심은 누구에게나 나타나는 것이지만 문제는 균형감을 상실한 의존이다.

주변 사람에게 끊임없이 인정받기를 원하면서 누군가에, 어딘가에 소속되려는 욕구가 너무 강하면, 결과적으로 타인의 평가에 민감해진다. 좋은 이미지를 유지하는 것이 중요하기 때문에 사소한 결점도 숨기게 된다. 자신의 요구가 존중받지 못할까 봐, 남들이 공감해 주지 않을까 봐 전전긍긍하다 보면 다른 사람의 의견에 쉽게 반응하고 쉽게 절망한다. 결국 의존심의 소망이 충족되지 않을 때 팽창된 의존심은 분노로 연결될 수 있다.

매사를 남과 비교하는 '열등감'

스스로 '나는 잘하는 것이 없다, 부족하다, 문제가 많다. 매우 무능하다'는 느낌을 갖고 있다. 어떤 일을 하든 부족하고 잘하지 못한다는 느낌이 솟구치는데, 남들에게 들키지 않으려면 어떻게 해야 할까에 골몰한다. 남들이 자신을 경멸할지도 모른다는 데에 생각이 미치면 열등감을 극복하기 위한 수단으로 우월감이라는 카드를 뽑는다. 우월감은 매사를 남과 비교하는 데에 선수다. 어떤 상대와의 관계에서도 누가 열등한지, 우월한지를 계속 확인한다. 자신이 한 일이나 업적에 대해 스스로 의심하는 마음이 들수록 남들이 알아채고 깔보기 전에 어떤 조치를 취해야 한다고 느끼며 전전긍긍한다. 그런 상황일수록 상대방의 진짜 마음에 불안해하고, 그래서 가만히 있어서는 안 될 것 같으니 이 고통에서 빠져나가기 위한 방편으로 분노를 택한다. 분노를 통해 우월감을 가질 수 있다고 믿어서다. 분노를 표출하면서 다른 사람을 조정할 수 있고 자신이 여전히 중요하고 힘이 있는 사람이라는 것을 확인시킬 수 있다. 분노를 표출하는 동안에는 열등감을 숨길 수 있고, 상대방도 내가 힘이 있는 사람이라는 것을 인정할 것만 같다.

결과를 받아들이기 힘든 '죄책감'

자신이 한 일의 결과를 받아들이기 힘들어한다. 숨거나 물러서거나 도망치고 싶은 마음에 사로잡힌다. 최선을 다하지 못했다는 느낌이 있다. 혹은 자신의 잘못으로 인해 일을 그르쳤다는 것을 알고있다. 자식을 잘 보호하지 못해서 위험에 처하게 했다거나, 자신의 반복되는 무관심으로 아내가 신경증에 걸렸다면 그런 현실 앞에서 올라오는 죄책감이 크지만 직시하지 않으려 한다. 죄책감은 정체성을 흔들고, 인격을 해체하며 속죄해야 할 것만 같은 마음 상태로 이끌기 때문이다. 따라서 잘못을 선선히 인정하기보다는 아이의 부주의함에 분노하거나, 모든 것을 아내의 게으름으로 돌리며 분노한다. 결과를 맞닥뜨리지 않는 방법으로 그 일과 관계가 있건 없건 주변에 있는 사람을 비난하고 공격하는 것이다. 마치 타인의 숨은 성격이나나쁜 의도 탓에 좋지 못한 결과가 발생한 듯 덮어씌우는 것이다. 그러면서 본인은 분노하는 것이 아니라 일이 그렇게 되었다고 말하는 것뿐이라고 주장한다. 책임을 받아들이는 대신 상대를 격렬히 비난하면서 분노 뒤의 죄책감을 느끼지 않으려는 시도다.

친밀감과 애정을 갈구하는 '외로움'

인간에게는 주변 사람들이 자신을 아껴주고 인정해 주기를 바라는 마음이 어느 정도는 다 있다. 따라서 고립되어 있다는 느낌, 관계가 소원해지고 틈이 생겼다는 느낌이 클 때 외로움을 느낀다. 더구나 이해받지 못하거나 심각한 오해를 받는다고 느낀다면 매우 고통스러운 일이다. 다른 사람과 연결되어 있다는 느낌을 나누지 못하면서 외로움이라는 정서가 올라올 때 그 감정을 피하려는 시도로 분노한다.

다른 사람들의 애정을 의심하면서 분노하지만, 마음속은 배척당한 느낌에 늘 허기진다. 가까운 관계에서 충분한 관심과 이해를 받지 못한다는 느낌은 관계에 불만과 갈등을 가져온다. 하지만 외로움을 그것 그대로 표현할 줄 모를 때, 관심을 유발하는 방편으로 분노를 택한다. 집에 들어서면서부터 뭔가를 트집 잡으며 집안을 공포 분위기로 몰아넣는 가장이 정말 말하고 싶은 것은 '나를 좀 봐줘! 내게 관심을 가져줘.'일 것이다. 하지만 겉으로 드러내는 것은 식구들을 힘들게 하는 분노 반응이다. 친밀감과 애정을 갈구하는 외로움의 표현 대신 붙잡은 분노 때문에 정작 외로움을 해결할 수 있는 길과 점점 더 멀어진다.

이와 같이 분노는 개인마다 각기 다른 내면의 상태에서 시작한다. 마치 각자의 생김새와 인격이 다르듯이 분노는 극히 개인적인 과정이다. 그 길을 따라가 보면 자신에 대해 많은 이야기를 들을 수 있다. 분노는 나와 나를 둘러싸고 있는 환경에 무언가 잘못된 일이 일어나고 있으며, 그로 인해 마음이 다치고 정신의 흐름이 막히고 있다는 신호다. 일단은 분노 감정을 그것 자체로는 좋지도 나쁘지도 않은 중립적인 것으로 바라보는 시각이 필요하다.

분노의 이면과 발생 과정에 관심을 갖는 목적은 오로지 자기 자신과 건강한 관계를 회복하려는 데 있다. 분노와 건강한 관계를 맺고 있는 사람은 분노의 배경이 되는 문제와 감정에 대해 알고 있다. 어떤 상황에서 자신의 무엇이 자극되어 분노 반응으로 연결되는가를 이해한다면 무분별하게 분노 표출에 감정을 쏟아 붓지 않을 것이다. 그 에너지를 평정심의 상태로 회복하는 데에 기울이면서, 정말 표현하고 싶은 것을 표현할 것이다. 건강한 분노는 상대방을 위협하거나 침범하지 않으면서 자신의 일관성을 보여 주고 나와 남의 한계를 인정하는 과정이다.

분노의 두 얼굴

드러나는 분노

통상 분노라고 할 때 먼저 떠오르는 장면은 겉으로 드러나는 발산하는 분노다. 인상을 쓰고 소리를 지르며 가쁜 숨을 몰아쉬는 적극적이며 공격적인 모습이다. 심지어는 물건을 던지거나 부수고 다른 사람을 밀치거나 때린다. 흔히 우리가 분노와 관련해서 자주 접하는 주제인 분노하지 않고 살아가기, 분노 해결 방식, 분노가 문제다, 분노 다루기 등은 모두 표출하는 공격적 분노에 관한 내용이다. 이런 경우에는 분노를 표출하는 개인뿐 아니라 주변에 있는 사람들도 매우 고통스럽다. 표출하는 분노는 가정폭력을 행사하기도 하며, 폭행 문제에 연루되어 경찰서 신세를 지게도 만든다.

표출하는 분노 성향을 가진 사람은 본인도 물론 행복한 상태는 아니겠지만, 가족관계와 다른 인간관계에 감당할 수 없는 문제를 일으킨다. 이들은 자신에게 마치 분노를 표출할 권리가 있는 것처럼 생각한다. 자신이 분노라는 방식을 취하는 것은 사실 어쩔 수 없어서라고 말한다. 즉, 누군가에 의해 참을 수 없는 상황에 처하면, 때와 장소를 가릴 수 없게 된다는 것이다. 그러면 소리를 지르거나 비난을 퍼붓거나 비꼬거나 협박하거나 물리적으로 폭행을 하는 등의 직접적이고 공격적인 방식을 사용할 수밖에 없다고 주장한다.

분노란 순식간에 폭발하는 것이기 때문에 주변 사람이 자신의 분노로 인해 어떤 기분, 어떤 상태가 되는지까지는 미처 신경을 쓸 수 없다고 말한다. 자신이 분노를 표출하게 된 것은 전적으로 상대방이나 상황의 책임이라고 규정짓는다. 그렇기 때문에 이들의 주장은 늘 본인이 아니라 상대가 변해야만 하고, 자신을 분노하게 만든 것에 대해 상대방이 마땅히 책임을 져야 한다고 주장한다.

　　따라서 이들이 치료자를 찾는다면, 그건 이미 여러 차례 분노 표출로 인한 곤란한 상황을 겪고 난 다음이다. 이혼의 위기에 처했다거나, 직장에서 사직을 권고 받는 지경, 혹은 경찰서를 드나든 역사가 있다. 자신에게 뭔가 문제가 있다고 고백하기보다는 고통을 견디다 못한 주변 사람들의 강권에 의해 치료에 나서게 된다. 이들은 이때 비로소 자신의 분노의 배경에 무엇이 있는가를 살펴보기 시작한다. 상황 탓이 아니라 상대방이 아니라 내 속에 무엇이 나를 이렇게 몰아가는지를 찾는 것은 어리둥절하고 어색한 경험이다. 상대방이 나를 견디기 힘든 곤란한 상태로 몰아넣어서 그렇게 된 것이 아니라, 자신의 분노의 배경에 무언가 있다는 것은, 알게 되더라도 쉽게 받아들이기는 어려운 고통스러운 주제일 것이다. 나의 내면의 외로움 때문에, 두려움 때문에, 수치심 때문에 정상적인 소통을 하지 못했고 분노 표출에 의존했다는 인식 자체가 고통인 것이다.

드러나지 않는 분노

세상에는 분명히 분노를 경험하고 있는 상황에서도 직접적인 감정의 표현을 극구 감추는 부류의 사람들이 있다. 이들은 겉으로 보기에 적어도 분노 문제가 있는 사람으로 보이지 않는다. 심지어는 평온하기까지 하고, 사람 좋은 인물, 이타적이거나 내성적이거나 성실한 사람이라는 평가를 받기도 한다. 이들은 내면에 감당하기 힘든 만큼의 분노가 있다고 해도, 그 존재 자체를 인식하지 못하거나 무의식적으로 표출을 막기 때문에 그것 그대로 경험하지 못한다. 갈등과 고통의 한가운데서 실은 펄펄 끓는 분노가 넘쳐나지만 인식하지 못하면서 분노는 억압되고 부인된다.

분노를 감추는 부류의 사람들은 부정적 감정 자체를 소통하려 하지 않는다. 상대의 어떤 행동이 자신을 얼마나 힘들게 하는지 표시내지 않으며, 더 이상은 그런 불편한 행동을 하지 말아 줄 것을 요청하지도 않는다. 오히려 겉으로는 순종하면서 다른 장면에서 비협조적인 태도를 보이거나, 오로지 마음속으로만 상대방을 슬쩍 밀어낸다. 스스로 관계에서 떠나버리거나 심지어는 자기 몸을 병나게 해서라도 그 사람과 마주칠 일 자체를 없애버리는 식으로 처리한다. 분노를 표시하지 않으면서 그들의 문제는 안으로 들어가고 궁극적으로는 악화될 때가 많다. 점점 기능 수준이 떨어지고 스스로 불행한 상태에 이르면서 주변 사람들도 어떤 식으로든 영향을 받기 때문이다. 어떤 경우에는 상대방은 오히려 자신이 뒤통수를 맞았다고 여기게 된다. 뭐가 왜 잘못되었는지 이유도 말하지 않은 채 관계를 단절하거나 숨어 버리기 때문이다.

살면서 화를 내지 않는 사람은 없다. 겉으로 분노가 드러나는가 아닌가 보다 더 중요한 것은 분노의 성질, 그 지속성이나 빈도, 그리고 감정을 이용하는 방법에 대한 선택이다. 드러내지 않고 감춘 분노는, 분노의 근원을 이해하고 다스려서 나쁜 상태로 표출되지 않게 조절하는 것과는 전혀 다른 차원의 것이다. 감춘 분노가 오랫동안 쌓일 때 진실로 걱정스러운 사태가 발생한다. 어린 시절에 분노를 삼키기 시작했다면, 그리고 그렇게 만들었던 과거의 문제가 여전히 해결되지 않은 상태라면 현재도 분노를 감추게 된다. 하지만 인간은 제대로 된 방법이 아니더라도 어떻게든 자신을 표현하려 들기 때문에, 분노는 엉뚱한 통로를 통해서 은밀하게 나타날 것이다. 분노 감정을 감추고 드러내지 않지만, 애초의 모습과는 아주 다른 형태로, 때로는 스스로에게 불이익을 가져오는 방식으로 나타난다.

특히 가족사에 부모의 분노 문제나 술 문제, 정신건강상의 문제가 있다면, 어린 시절에 정신적으로나 신체적으로 학대를 당했던 경험이 있다면, 분노 감정을 적절하게 처리하기 어렵다. 그것들이 제대로 해결된 적이 없을 때, 시간이 지날수록 저절로 나아지는 것이 아니라, 점점 더 많은 분노를 창출한다. 스스로도 인식하지 못하는 사이에 자신이 받은 상처, 모욕, 폭력과 고통의 기억이 작동하며, 그에 따르는 분노는 눈덩이처럼 커져서 적절하지 않은 상황에서 이상한 방식으로 제 모습을 드러낸다.

만약 성인기에 친밀한 사람의 죽음이나 이혼, 그 밖의 상실을 자극할 만한 사건을 만난다면, 혹은 감당하기 어려운 지속적인 스트레스나 심각한 좌절을 경험한다면 감추어둔 분노가 때를 만난 듯 강력하게 본색을 드러낼 것이다. 한데, 숨은 분노가 터져 나오는 방식은 매우 비이성적이며 본질적 문제와 동떨어져 있기 때문에, 본인도 또 곁에 있는 사람도 이들이 왜 그런 행동을 하는지, 왜 저런 방식으로 대처하는지 이해할 수 없다. 내면의 분노와 관련짓지 못하고 그저 놀랍고 당황스러워할 뿐이다.

물론, 역사는 하루아침에 이루어지지 않는다. 억압되거나 부인되어 감추어진 분노가 변형, 왜곡되는 데는 오랜 시간이 걸린다. 한두 달, 한 해, 두 해의 역사가 아니라, 인생의 초창기부터 지금까지 장기간에 걸친 과정, 역사가 존재할 것이다.

분노는 드러날 수밖에 없다

어떤 사람이 현재 갖고 있는 분노는 현재만의 것은 아니다. 분노는 쌓이는 성질이 있어서 현재의 분노는 반드시 과거 것의 영향을 받는다. 자신이 어린 시절에 상처를 받았음을 아는 사람들은 기억에서 그것을 차단하고 부정하려고 애를 쓴다. 의식적인 과정은 아니어서, 스스로 그러고 있다는 것도 잘 모르면서 그렇게 살아간다. 그러다가 어떤 계기로 인해 하나가 터지게 된다면 연달아서 그와 관련된 이전의 축적된 감정이 쏟아져 나오고 만다. 이것이 숨긴 분노의 반란이자 폐해다.

묻혀 있는 감정은 시한폭탄과 같아서 하루, 한 달, 해가 갈 때마다 점점 더 폭발의 시간에 가까워진다. 사제이자 작가인 G. 케이저는 『왜 자꾸 화가 나지?(The Enigma of anger)』에서 가정폭력과 그 밖의 학대 행동에 대한 연구에 의하면, 피해자가 십수 년간 숨겨온 공격성이나 분노가 다른 관계, 다른 상황에서 육체적 폭력을 행사할 가능성과 높은 상관관계가 있다고 보고하였다. 내 안에 감춰져 있는 분노를 제대로 해결하지 못하면 그 피해의 불똥이 엉뚱한 대상인 현재 나의 가족, 나의 파트너를 향할 수 있다는 뜻이다. 숨겨놓은 분노가 일생 동안 그저 무사히, 탈 없이 넘어가는 일은 극히 드물다. 다만 그 시기가 언제인가가 관건이다. 아주 빠르면 사춘기 시절이 되겠고, 혹은 이성 교제나 결혼 관계에서, 또는 직장이라는 복잡한 역동 속에서 문제가 발생한다. 또 자신이 부모가 되어 자식을 키우는 과정 중에 아이에게 미치는 영향이라는 큰 복병을 만나게 된다. 그 시기가 언제인가는 여러 변인이 있겠지만, 언제, 어떤 형태로든 드러날 수밖에 없다는 말이다.

분노는 무시해야 하는 것이 아니라 해결해야 하는 것

이들이 애초에 분노를 숨긴 이면에는 '화나고 상처 입은 감정을 털어놓아 봤자 무슨 소용이 있겠어? 내 말을 듣지 않을 텐데….'와 같은 신념이 자리 잡고 있다. 경험의 원천인 어린 시절, 솔직한 감정 표현이 허락되었던 적이 없었기 때문에 자리 잡게 된 신념이다. 자신의 감정을 억압하고 부인하면서 한편으로는 사소한 비난이나 비판에도 촉각을 곤두세운다. 누군가가 가까워진다는 것을 또다시 자신을 억제하면서 상대의 눈치를 봐야 하는 것과 동일하게 생각하기 때문에 예민하게 살핀다.

그것이 무엇이건 간에 어떤 상황에서건 자신에게도 감정이, 나쁜 감정도 좋은 감정도 일어난다는 것을 인식하는 일이 우선이다. 부처가 살아돌아오지 않은 이상 인간은 누구나 희로애락을 경험하면서 살게끔 되어 있다. 그것을 무시하는 것이 인격자가 아니라, 그것이 무엇인가를 알고 적절히 해결하는 사람이 인격자다. 분노가 없는 척, 아무 문제도 없는 척하는 데 익숙해진다는 것은 자신도 모르게 자신의 삶이 위선과 가식에 물드는 것과 같다. 점차 스스로도 속아 넘어가면서 정말 그렇다고 믿는다. 끝내는 자신의 진짜 감정이 무엇이고 솔직한 심정은 무엇인지 스스로도 분간하기 어려운 지경이 되고 만다.

하루 종일 일하고 들어와서 피곤함을 날카로운 신경질로 표현하는 엄마 곁에서 성장한 아이가 있다고 하자. 이 아이는 엄마가 그립고 반가워서, 다가가 응석부리고 칭얼대고 싶은 심정이 가득하건만, 그것은 꾹 묻은 채 엄마를 귀찮게 하지 말라고 동생들을 단속한다. 자신이 어떻게 느끼는가를 표현하는 대신 착한 아이가 되려는 결정을 한 것이다. 그러기 위해서는 불평이나 억울함이나 서운함 같은 엄마를 성가시게 할 감정은 아예 막아야 한다. 감정을 표현하는 것이 아니라 삼키는 법을 배운다. 성인이 된 그 아이는 주변에서 밝고 착한 사람이라는 평가를 받는다. 언제나 더 배려하고 더 너그럽게 남들의 요구에 일일이 맞춰 주면서 상대방이 좋아하는 사람으로 존재한다.

이렇게 사는 것이 무엇이 문제인가? 좋은 모습 아닌가? 아니다. 이런 태도가 문제가 되는 이유는 이러한 행동들이 솔직하고 자연스러운 것이 아니라 진짜를 가리는 '위장'의 역할을 하기 때문이다. 부정적 감정이나 힘들고 지친 심정을 표현하고 싶은 순간들을 가린 채 가면 역할을 하는 기제들은 기능이 오래 갈 수 없다. 조만간 제 능력을 상실하게 되고, 한 인간으로서 제대로 살아가는 데 역효과를 낸다. 분노가 오랜 시간 동안 마음에 쌓이면 축적된 분노 에너지는 어디로 어떻게 튈지 모르는 시한폭탄이 된다. 우리 어머니들이 흔히 듣게 되는 진단명 중의 '화병'이 바로 그런 것이다. 화병에 걸린 사람은 뒤늦게 아무리 욕을 하고 불평을 해대도 그 분노는 쉽게 사라지지 않는다. 명확한 이유도 없이 잔뜩 화가 난 상태에서 끝도 없이 이어지고 겹겹이 쌓이는 짜증의 폭탄을 맞는 것은 엉뚱한 사람들이다.

내가 불같이 화를 내는 사람이 아니라고 해서, 나의 내면에 분노가 없는 것은 아니다. 현재 나에게 있는 납득하기 힘든 성향이 있는가? 안 그래야지 하면서도 여지없이 반복되는 습관들이 있는가? 나도 모르게 뭔가에 휘둘리는 듯한 통제하기 힘든 상태에 있는가? 그렇다면 나에게도 숨은 분노가 있다는 표시다.

practice
해보기 1 : 숨은 분노의 표시

다음 중 자신에게 해당하는 것을 찾아보자.
1. 개인적인 문제나 요구해야 할 것들을 말하지 않는다.

2. 중요한 인간관계에서 불공평하다는 느낌을 자주 갖는다.

3. 이야기 도중 비꼬거나 냉소적이거나 건방진 말투가 튀어
   나온다.

4. 대인관계에서 지나치게 겸손하거나 늘 유쾌한 역할을 하
   려 든다.

5. 자신이 곤란을 겪거나 상처를 입는 상황에서 웃는다.

6. 늘 내가 뭔가 잘못하고 있는 것 같다.

7. 사소한 일에 안절부절하며 화가 자주 나지만 곧 후회한다.

8. 대부분의 일에 냉담하며 지루해하고 흥미가 없다.

9. 스스로를 좋아하는 것 같지 않다.

10. 부당한 요구에도 '아니다'라는 말을 하지 못한다.

11. 자주 사과하게 되지만 진심으로 그렇게 느끼는 것 같지는
    않다.

12. 다른 사람을 보호하고 지키기 위해서 나의 이익을 지속적
    으로 포기한다.

13. 해야 하는 일의 완성을 끝까지 미룬다.

14. 뒤에서 다른 사람들에 관해 불평하지만 대놓고 말할 기회
    는 피한다.

15. 사람들과 가까워지기를 바라면서 동시에 날 내버려두었
    으면 좋겠다고 생각한다.

분노를 숨길 수밖에 없는 사람들

모든 인간의 현재 모습은 아주 먼 과거에 습득한 인생 각본에서 시작한다. 분노도 마찬가지다. '어릴 때 집에서 화를 내면 주변 사람들이 어떻게 했나요?'라는 질문에 의아한 듯이 치료자를 쳐다보는 사람들이 있다. 그들에게는 이 질문 자체가 낯설다. '화를 낸 기억이 없습니다. 집에서 화를 내는 사람은 아버지뿐이었습니다.' 이런 답변을 들으면서 치료자는 이 사람이 현재 변형된 분노를 갖게 된 배경을 이해하게 된다. 성장기 때 부모가 독재적이고 강압적이거나 지나치게 자기중심적일 때, 본인의 감정은 펄펄 끓는 용광로처럼 품어대지만 아이의 감정은, 특히 부정적 감정은 무시한다. 그럴 경우 아이들은 정서적으로 불안하다고 느낄 때 정당한 표현이 아닌 다른 방식에 의지한다.

- 안 아파요, 이 정도는 잘 참아요. (부정)
- 제가 아니라 오빠 잘못이에요. (비난)
- 아무 일 없었어요. 다 좋아요. (억압)
- 제가 그럴려고 한 게 아니고요. (합리화)
- 부모가 하는 말에 무조건 '알겠어요' 하고 입을 다물어 버린다. (회피)

성인이 된 후에 겪는 갈등이나 고통 앞에서 그 개인이 어떻게 생각하고 어떻게 행동할 것인지는 하루아침에 결정되지 않는다. 억압된 가정의 분위기에서 아이들은 감정을 부인하거나 억압하고, 책임을 다른 사람에게 떠넘기면서 스스로를 방어하는 것이 안전하다는 것을 알게 된다. 감정을 드러내면 더 많은 비난이나 처벌을 당한다는 것을 익히게 되면 감정을 억제하거나 숨기는 방법을 배울 수밖에 없다. 또한 이런 환경의 아이들은 부모가 감정을 표현하면서 각자의 의견 차이를 조정하는 건설적인 모습을 본 적이 없다. 오히려 진지한 이야기만 했다 하면 곧 싸움으로 번진다는 것을 보고 자라면서 아이는 감정을 드러내는 것이 얼마나 위험한가를 학습한다.

이러한 성장 과정에서 안정적이고 친밀한 인간관계를 경험하지 못한다. 마음을 털어놓을 만큼 안정된 관계를 믿지 못하고, 이후에도 그런 관계를 만드는 방법을 알지 못한다. 인간에 대한 신뢰가 약해진 상태에서 부정적 감정을 모조리 감추고 변형시키는 쪽으로 가닥을 잡게 된다. 관계가 틀어져서 혼자 남게 될까 봐 두렵다. 조금이라도 화를 내비치기 시작하면 주체하지 못할 정도로 화를 낼까 봐 그것도 겁나고, 그랬다가는 상대가 더 큰 분노로 자신을 공격할까 봐 두렵다. 감정을 드러내기 시작하면 다른 고통스러운 감정이 그 분노를 타고 다 터질까 봐 그것도 무섭다. 그래서 불만스럽거나 반항적인 마음, 분노의 감정이 생기는 즉시 그러한 태도를 버리고 주위에 적응하려고 한다.

분노와 공격성을 안으로 삼켜버림으로써 그러한 감정을 아예 못 느끼거나 극히 소극적으로만 느끼게 된다. 분명 모욕감이나 수치심, 항거하고 싶은 마음이 들었건만 내면으로 후퇴하면서 그런 상태를 진지하게 받아들이지 않는다. 그러면 내면에서 분노는 더욱 커지고 또다시 억제하는 악순환을 반복하면서 분노는 처음과는 아주 다른 양상으로 변형된다. 여기서 변형이라는 것은 본질이나 형태나 성질이 달라져 나타난다는 뜻이다. 이때 억압되고 부인된 분노의 양은 변형물의 원료와 같다. 충분한 양의 연료가 있다면 화로가 세게 오래 작동하는 것처럼, 분노가 어떤 형태로 얼마나 확고하게 변형될 것인가는 억압된 분노의 양에 따라 달라질 것이다.

분노는 다양한 모습으로 우리 안에 숨어 있다

변형된 분노는 최초의 분노 그대로 나타나지 않는다. 폭언이나 파괴, 폭력 등의 확연한 직접적인 모습이 아니라 은밀하게, 심지어는 온순하고 수동적인 모습일 수 있다. 뚜렷한 이유도 없이 약속을 지키지 않거나, 보고서 작성을 마지막까지 미루어서 그 일과 연관되어 있는 사람을 난관에 빠뜨리기도 한다. 물론 이런 행동 뒤에는 절절한 사과가 따른다. 절실하게 원하지 않으면서 생각지도 않게 돈을 쓴다거나 폭식이나 중독에 빠지기도 한다. 좌절했을 때조차 미소를 보이면서 타인에 대해 독립과 의존, 기대와 실망 사이의 모순된 감정이 극렬하게 널뛰기를 한다.

자신이 화가 났다는 것은 의식적으로 인정하지 않으면서 다른 사람의 화를 돋우는 일은 비일비재하다. 내재되어 있는 분노가 너무나 불편하지만, 처리하거나 해결할 방법이 자신에게 없다고 느낄 때 다른 사람에게 화를 전가하는 방식이다. 상대가 나 대신 분노에 차오르게끔 상황을 몰고 가면서, 자신은 또다시 피해자가 되고 만다. 하지만 정작 당사자는 자신이 무슨 짓을 하고 있는지 잘 모른다.

현재 상황을 설명하기 힘든 정서와 행동의 핑계로 삼으려고 들면서, 상대방이 싫어하고 감당하기 어려운 행동을 한다. 무엇이 불편하다거나 외롭거나 슬프다는 솔직한 표현은 절대 하지 않지만, 상대방이 원하는 것을 제대로 들어주지도 않는다. 주변 사람들은 이 사람에게 뭔가 문제가 있다는 느낌은 받지만 그것이 어디서부터 연유한 것인지 이해하기는 어렵다. 겉으로 드러나는 분노보다 대응하기가 훨씬 까다로운 감정을 표출하면서 스스로는 아무 문제도 없고 심지어 절대로 화내고 있는 것은 아니라고 주장하기 때문이다.

　인생을 불행한 일의 연속으로 치부한다. 일생에 걸쳐 고난과 불행을 헤아리며 끊임없는 욕구불만 상태에서 산다. 한편으로는 가까이에 있는 사람조차도 헷갈릴 만큼 비일관된, 양립하기 어려운 혼재된 모습을 보인다. 이런 사람인 줄 알았는데, 다른 상황에서는 아주 다른 모습이 나온다. 일관성이 없거나 심지어 믿을 수 없는 사람이라는 평가를 받기도 한다. 만성적인 짜증 상태, 자발적인 행동이나 결정이 없는 수동성과 무력감 속에서 산다. 정작 자신의 목소리를 내야 할 때는 침묵하면서 자신은 무능력하다는 것을 드러낸다. 등 뒤에서 상대를 비난하는 한이 있어도 면전에서는 내 소리를 못 낸다. 어떤 요청을 받아 줄 의사가 없을 때도 '예'라고 하지만, 행동은 꼭 그에 따르지 않으면서 곤란한 상황만을 모면하려 드는 식이다.

　다음은 변형된 분노가 다양한 모습으로 여러 가지 문제를 일으키는 대표적인 양상들이다. 아울러 다음 2장에서는 그것들이 실제로 어떻게 우리를 고통으로 몰아가는지를 구체적 사례를 통해 보게 될 것이다.

낮은 자존감

　상대에게 낼 화를 자신에게 돌림으로써 자신을 깎아 내린다. 아니면 상대의 입장을 지나치게 고려하면서 모든 잘못된 일의 책임을 자신에게 돌린다. 중요한 사람에게 분풀이의 대상이 되었던 기억을 오히려 자신이 그 사람을 실망시킨 기억으로 간직하면서, 스스로를 세상에서 가장 부족하고 모자란 사람으로 인식한다. 쓰라린 상처는 자신을 초라하게 여기는 이유가 되고, 스스로를 매섭게 평가하면서 어떠하든 단점을 찾는다. 결함과 실수에 집중하면서 자신에게 가장 가혹해진다. 사소한 일의 실패도 '내가 …하지 않았더라면, 그가 나에게 …하지 않았을 텐데'가 되니 한 번도 자신에게 만족하지 못한다. 낮은 자존감은 다른 모든 증상의 핵심 문제로 자리 잡게 되며, 자책과 자기파괴적 행동의 반복 속에 스스로를 점차 소진시킨다. 이는 다음 장에 소개될 '때리는 엄마' 편의 은영 씨나 '저 하나 참으면 다 잘 되잖아요'의 은미 씨 경우에 나타나고 있다.

우울 증상

　과하게 잠을 자거나 의욕이 없고 집중력이 저하되며 무기력하고 우울한 감정을 나타낸다. 외부로 향하지 못한 억압된 분노가 자신을 공격하여 스스로를 무능하게 만드는 과정이다. 현재 느끼고 있는 분노를 알아채거나, 표현하지 못하는 상태에서 자신에게 해를 끼치는 미묘한 방식으로 우울 증상이 나타난다. 자신의 분노가 상대방의 공격이나 학대로 이어질까 봐 두려워해서 분노 존재 자체를 부인한다. '나는 화나지 않았어!'라며 자신을 설득하지만 결과적으로는 자신과 타인에게 해를 끼친다. 의기소침한 시무룩한 얼굴로 '난 인생의 모든 면에 실패했어요. 당신은 나를 이해하지 못해요.' 하는 무언의 시위다. 꼭 필요한 것을 무의식적으로 잊어버리거나 속마음과는 다른 말을 하기도 한다. 의도되지 않은 행동이지만 내면에는 안으로 향하는 분노 때문에 자신을 성공하지 못하도록, 스스로를 실패로 이끌고 있는 것이다. 이는 '사랑하는 남편이 점점 더 힘들어져요'의 희수 씨, 그리고 '엄마의 태양인 아들'의 신애 씨 사례에서 볼 수 있다.

강박행동

내면에 쌓여 있는 분노의 양이 상당할 때 그것이 외부로 튀쳐 나올지도 모른다는 불안이 커지면서 이를 억제하려는 시도로 강박행동이 나타난다. 엄청난 분노를 느꼈지만 그것을 드러낼 수 없는 것이라고 결정하면, 욕구 사이의 갈등은 불안을 발생시키고, 충동적으로 특정한 행동을 하는 것으로 해결하려 드는 것이다. 그 행동들은 자신이 느낀 분노에 대한 무의식적인 속죄의 의미를 지니고 있다. 강박사고나 행동은 숨은 분노를 세상에서 용인받을 수 있는 방식으로 표현하는 상징인 것이다. 자신이 해결할 수 없는 상황에서 이해하거나 받아들이거나 완성할 수 없는 어떤 것이 있을 때 강박사고나 행동으로 나타난다. 어떤 종류의 강박관념과 강박행동을 선택하는가는 개인의 내적 주제와 관련이 있을 수 있다. 우리는 분노하되 표출하지 못한 것들을 영원히 잠가놓을 수 없어서 엉뚱한 방식으로 튀어나온다. 강박관념과 강박행동의 원천에는 해결하지 못한 분노와 원한이 있다. '무섭고 별난 아버지'의 미라 씨 사례에서 문제행동으로 나타나고 있다.

중독에 빠지기

분노를 잠재우고 감정을 마비시키기 위해 다양한 것들에 중독된다. 결과적으로는 자신을 내버리는 행동이라는 것을 알지만, 중독은 일시적이나마 즐거움과 안정, 편안함을 준다. 드러나지 않는 충동에 집착하고 매달리고 갈구할수록 탐닉은 점점 더 심해진다. 어떤 중독이든 거기에는 끔찍한 대가가 요구된다. 중독이 주는 순간적으로 힘이 있고 강해지는 느낌은 허상에 불과하다.

중독에 작용하는 거짓말과 헛된 약속들 때문에 치르게 되는 크나큰 희생을 덮어버릴 만큼 내재된 분노와 두려움과 수치심이 크다고 볼 수 있다. 그것이 음식이든 다른 물질이나 어떤 대상이든, 결국 자신의 화를 보이지 않게 막거나 자신의 좋지 않은 감정을 누그러뜨리는 완화제로서 선택하는 것이다. 결국 인터넷이건 음식이건 약물이건, 감정적으로 얽히게 되는 사람과의 충돌을 회피하려는 어긋난 시도가 중독이다. 대상에 대한 끓어오르는 분노와 그만한 분량의 죄책감으로 인해 혼란스러운 감정 상태에서 중독에 빠지는 것은 그 개인으로서는 자아와 분노에 대한 일종의 보호 장치이다. '말이 없는 남편'의 민재 씨, '인터넷 중독인가 봅니다'의 재남 씨 경우가 이에 해당한다.

대인관계 문제

사람들과의 관계에서 매사를 부정적으로 보며 비판적이다. 상대의 권리나 권위를 인정하지 않고 지나치게 의심하고 빈정거린다. 자기 의견 외에 다른 의견은 가치가 없는 듯 냉소적으로 대하고, 다른 사람들의 시도를 은밀히 방해하고, 도움을 주는 척하다가도 비꼬는 말로 자신의 능력을 확인시킨다. 남들에게 거리를 두고, 진짜 속마음을 드러내지 않는다. 자신은 농담이라고 하지만, 냉소적인 태도로 지적인 반박을 일삼으며 분노를 풀어내는 식이다.

전반적으로 냉담하여 사람들을 멀리하고 친밀감을 표현하는 것에 어색하다. 뭐가 잘못됐는지 표현하지 않으며 화가 나면 감정적인 논의를 피한다. 곤란한 상황에서는 피하거나 닫아버리는 방식으로 직접적으로 반응하지 않는다.

이와는 반대로 대인관계를 오로지 의존의 대상으로만 삼는 경우도 있다. 흡사 어린아이가 어른에게 매달리듯이 구는데, 이성 관계에서는 이런 태도가 더 극심하게 나타난다. 어떤 경우에도 근간은 실제 자기 모습을 드러내면 곤란하다는 무의식적 판단이 자리잡고 있다. 자신의 실제 모습은 감추고, 어떤 부정적인 것들도 보이지 않으려는 시도다.

하지만 어두운 면은 무시할수록 더욱 커지고, 나를 분노하게 하는 사람을 상처 입히고 싶다는 욕구도 커진다. 불안감과 욕구불만에 시달리다가 은밀한 방식으로 뒤통수를 치게 된다. 나름대로 자신의 행동을 정당방위라며 합리화하지만 이미 망가진 대인관계의 폐해는 자신이 받을 뿐이다. '먹으면 토해 버려요'의 은수 씨, '이번에는 달라요'의 수미 씨 사례에서 이런 양상을 볼 수 있다.

지연행동

자신의 책임이 아닌 일이나 자신이 꼭 그 일을 해야 하는 상황이 아님에도 거절하거나 반대하지 않고 일단 받아들인다. 어떤 처사가 못마땅하거나 부당하다고 느낀다면 화가 나고 그것을 적절한 방식으로 표현해야 하지만 화를 누르고 본다. 스스로 공정하게 논쟁할 수 없을 것이고, 말해봤자 결과는 같을 것이라고 여기기 때문이다. 원하지 않지만 맡아 버린 일을 실제보다 축소시켜 버리거나, 자신이 맡을 수밖에 없었다고 합리화하지만 내면에서는 분노가 차오른다.

하지만 자신의 감정을 무시하고 회피하며 부정하고 침묵한다. 겉으로는 모든 것을 참는 모양이지만 문제는 이제부터다. 맡은 일을 시작하는 데 오래 걸린다. 꾸물거리고 우유부단하며 시작조차 하지 못한다. 나름대로 이유가 있고, 핑계가 있지만 자신도 의식하지 못한 채 그 일은 자꾸 뒤로 밀린다. 심지어는 완전히 기억에서 사라져서 심각한 낭패를 보기도 한다.

이는 의도적으로 상대방을 골탕 먹이기 위해서 전략을 쓰는 것과는 다르다. 그렇다면 상황을 봐 가면서, 자신에게는 피해가 오지 않게 하거나 전반적으로 치명적인 결말은 피해갈 것이다. 하지만 숨겨진 분노에 발목을 잡힌 사람들은 왜 그렇게 되는지, 왜 이런 일이 일어나는지 가늠하지 못한 가운데 자신과 타인을 곤란한 지경에 빠뜨린다. 결국 본인으로서는 미루는 행동을 통해 부당함에 대한 자신의 분노를 전달한 셈이다. '인터넷 중독인가 봅니다'의 재남 씨, '사라지는 남자'의 상구 씨 사례에서 책임을 책임으로 받아들이지 못하는 모습을 볼 수 있다.

희생자 노릇

내가 그 사람에게 화가 많이 났지만, 거꾸로 그 사람이 나한테 분노하고 있다고 믿는다. 어떤 사람이 단지 나에게 반대를 했을 뿐이지만, 나는 그 사람이 나를 싫어하고 보복을 할 것이라고 생각한다. 상대가 그럴법한 어떤 행동을 해서가 아니라, 상대방의 행동이 내 마음에 들지 않는 것이 단서가 된다. 나는 불평을 늘어놓거나 직접 나서서 불쾌함을 얘기하는 사람이 아니지만 마치 거울을 보듯이 자신의 화를 상대에게서 본다.

내가 내 감정을 부인하면서 거꾸로 상대가 내게 화를 내고 있다고 여기니 그 사람과 함께 있는 것이 두렵고 싫다. 분노를 표현하는 것이 허용되지 않았고, 분노를 내비치면 심한 체벌을 받는 환경에서 자란 경우에 이런 현상이 나타난다. 억누른 분노가 불신의 형태로 나타나서 사람을 믿을 수 없고, 관계에서 자신은 언제나 손해를 보고 불행해질 것이라고 생각한다.

절대로 먼저 화를 내지 않지만, 관계 속에서 피해자의 역할을 떠맡는다. 다른 사람의 공격이나 분노 때문에 피해를 본다고 느끼지만 실제로는 상대방이 자신의 상황을 좌지우지하도록 내버려둔다. 또는 실제로 수동적이고 허용적인 태도로 다 들어주는 것이 상대방을 가학적으로 만들기도 한다. 이들이 참으면 참을수록 상대방은 더 공격적으로 난폭해질 수 있다. 지나고 보면 대부분의 인간관계가 자기주장이 강하거나 분노 표출이 잦은 사람과 연결되어 있다(무의식적으로 이런 사람들을 관계에 끌어들인다). 따라서 관계에서 자신은 계속 참으면서 희생자가 되고 상대방은 나 대신 더 많이 분노하는 역할을 맞는 패턴이 반복된다.

'저 하나 참으면 다 잘 되잖아요'의 은미 씨 사례에서 이런 모습을 볼 수 있다.

02

숨은 분노에
발목이 잡히다

지금까지 '드러나는 분노'와 '드러나지 않는 분노'에 대해 이야기했다. 안타깝게도 드러나지 않고 숨겨진 분노는 그냥 그대로 있는 것이 아니라 다양한 형태로 변형되고 있었다. 이제 이 장에서는 이렇게 오랜 시간 감추고 숨겨진 분노가 어떻게 개인의 삶을 힘들게 하는지 살펴보려 한다.

개인의 문제는 다 독특하고, 언제나 특별한 상황의 특별한 사람들과 연관되어 있다. 따라서 누구의 문제든 표면상 보이는 것들은 제각기 다르다. 하지만 그 개인의 내면으로 여행을 떠나면, 거기에는 다들 꺼내지 못한, 그래서 인식하지 못하고 살아온 엄청난 분량의 분노가 자리 잡고 있다. 다만, 열심히 또 객관적으로 관찰하기 전에는 자신의 안에 있는 무엇에 의해 휘둘리며 살아왔는지를 모른다. 숨은 분노가 누구에게는 인터넷 중독으로 또 누구에게는 우울감으로, 강박증으로, 또 부부관계의 문제로 제각각 다른 변형물로 드러나고 있는 것이다.

숨은 분노를 관찰한다는 것이 어떤 과정을 겪는 것인지, 무엇이 분노를 덮고 있었고, 그것을 들췄을 때 개인은 무엇과 만나게 되며, 어떻게 변화하는지를 살펴보자. 이 장에 제시된 여러 사람들의 고단한 삶을 함께 하면서, 아울러 그들의 변화하고자 애쓰는 과정을 지켜보면서 자신의 이야기에 비춰보기 바란다. 우리는 모두 독특하지만, 한편으로는 다 똑같다.

# 때리는 엄마

작년에 갑상선 암 수술을 받았어요. 그리고 방사능 치료를 받았는데 주기적으로 우울감이 찾아오는 것 같아요. 휴… 그러고 나서 몸도 힘이 많이 들고요, 짜증도 크게 늘었어요. 너무 힘이 들어서 머리를 쥐어뜯으며 울 때도 있어요.

또 갑상선암이다. 지난달에도 갑상선암, 지난주에는 유방암 수술을 받고 상담실을 찾은 내담자가 있었다. 갑상선암이나 유방암은 암 중에서도 흔한 것으로 알려져 있다. 하지만 흔하고 예후가 좋다고 해서 당사자에게 별일이 아닌 것은 아니다. 그래도 암인데, 이미 걸렸고, 수술까지 했고, 그들에게는 죽음도 삶도 이제까지와는 다른 색채를 띠게 된다. 실제로 몸이 불편하고, 호르몬 탓이라고 하지만 기분의 높낮이도 크게 경험하면서 난감하고 절망스러워한다.

이제 곧 스물아홉이 된다는 은영 씨도 그랬다. 회사에서 받을 수 있는 배려도 다 받았고, 이제 일을 해도 될 것 같아서 다시 출근을 시작했는데 되는 일이 하나도 없단다. 내게 오게 된 건 자신의 상태가 더 이상 암이나 호르몬 변화와 관련된 문제는 아니라는 판단을 해서라고 했다.

아침에 특히 힘이 들어요. 거의 매일 어머니 목소리로 깨요. 어머니의 쿵쾅거리는 소리로 깨거나요. 아, 오늘 아침에도 어머니의 짜증 섞인 음성에 눈을 뜨면서 '휴, 내가 죽어 주지, 꼭 죽어 주지' 하는, 정말이지 어떻게 더 해볼 도리가 없는 것 같은, 자살충동이라고 하나요? 그런 느낌이었어요. 어머니는 뭔가에 타박을 하세요. 아주 하찮은 거요. 물 먹은 컵이 왜 여기에 있느냐, 냉장고 속에 반찬통 위치를 왜 바꿨느냐. 방문을 열고 나가 마주쳤을 때 또 그 불똥이 어떻게 내게로 옮겨올지 모르거든요.

아주 불편한 심정으로 아침을 시작하는군요, 어머니가 그런 모습을 보이시는 게 뭐… 무슨 일이 있어서 그러세요?

아니요, 아무 일도 없어요, 엄마는 평생 늘 화를 내고 계세요. 그것도 뭐가 뭔지 이유를 모르는 채 맞아야 하는 벼락이에요. 오늘은 이게 맞는데, 또 내일은 이게 아니에요.

저런, 끔찍한 일이군요. 늘 벼락을 맞는 심정으로 살아야 했다면… 그것도 뭐 그럴 만한 이유도 없이….

평생 그 이유를 찾았어요. 내가 뭘 잘못했을까? 아빠는 또 뭘 잘못했을까? 엄마한테는 늘 이유가 있지요, 우리가 제대로 못한다는 건데, 그게 그럴듯하게 납득이 될 때가 별로 없다는 거예요.

힘들었군요. 그런데 어머니가 자기 기억에 늘 그래 왔다면, 이번에 이렇게 자살 생각까지 하게 된 마음은 뭐지요? 왜 하필 지금인가요?

막상 아프고 나니 죽을 병은 아니라지만, 그렇더라도 방사선 치료까지 받으면서 뭐가 다 헝크러진 것 같았어요. 지금까지 내가 무엇을 하고 산 건지, 도대체 나라고 할 만한 게 없구나…. 선생님, 도대체 전 제 안에 제가 없더라고요. 많이 산 건 아니지만, 전 왜 그렇게 제 마음속에 남들만 있지요?

흠… 남들, 어떤 남들을 말해요?

당연히 엄마가 있고요, 또 아빠도요, 엄마의 주된 표적이 늘 아빠였으니까, 그런 아빠가 안되고 불쌍해서 내가 어떻게 해야 하나 하는 것도 컸고요. 남동생도 마찬가지예요, 가족은 가족이라 그렇다 쳐도, 진짜 남들도요, 전 언제나 제가 무엇을 해 줘야 해요. 그게 친구건 남자친구이건, 학교 동아리 얘들이건 그 누구건….

남들이 점령해 버렸다! 신경쓰거나 맞춰주거나 눈치보거나 그런 거겠군요, 아프고 나니 그런 자기 모습이 확연히 보였다. 그래서 죽고 싶은 마음이 들만큼 절망스러웠을까요?

…저… 실은… 대학 때 사귄 남자친구가 있는데요, 얼마 전에 그 친구 페이스북에서 결혼 사진을 보게 되었어요. 헤어진 지가 벌써 6년째니까 뭐 그리 놀랄 일도 아니어야 하는데. 그게… 그게… 전 그 남자랑 헤어지고 암 진단을 받았고, 수술을 했고, 치료를 받고 그렇게 살아가고 있는 동안에 그 남자는 새 여자를 만나고 연애를 한 거죠 ….

그랬군요. 그게 그렇죠. 헤어졌다고 옛날 남자의 결혼 소식이 아무렇지 않을 수 없죠. 그런 감정은 잘 설명도 안 되면서 아주 고약해요.

안 좋게 헤어졌어요, 그 친구와 만나고 있는데 거의 스토커 수준으로 달려드는 남자가 있었어요. 나이 차이가 좀 있는, 다른 학교에서 편입해 온 남자 선배였어요. 처음에는 이것저것 알려주다가 왜 그랬는지 지금은 이해가 안 가는데, 그때는 거절을 못했어요. 남자 친구는 이미 취업을 한 상태였고, 이 오빠와 학교에서 보내는 시간이 많았으니까. 학교에는 제가 그 선배와 사귀는 것으로 소문이 나고. 전 그런

게 아니었는데, 글쎄… 그게 제가 그 선배를 끊어내지 못했어요. 아, 모르겠어요. 그 선배가 절 놓지 않았어요. 그땐 제가 선배를 안 만나 주면 그 사람이 죽을 것 같았어요. 같은 과 얘들 사이에서 이미 전 아주 나쁜, 정숙하지 못한 여자애가 되어 있었고요. 그 혼란이 근 1년을 끌었고, 전 휴학도 하고, 도망도 다니고… 제 정신이 아니었어요.

나빴군요. 많이 얽혔어요, 그렇게 꼬여가는 관계 속에서 제 정신을 차린다는 건 힘들죠. 지나고 나면 다 보여도 당시에는 그냥 미로 속에 있는 것 같지요. 그런데 거절을 못해서라는 말을 여러 번 했는데, 그 선배에 대한 은영 씨 마음은 어떤 거였어요?

처음에는 편입한 선배니까 우리 과에 아는 사람이 없잖아요. 같은 과목을 듣는데 어쩌다 같은 조가 되었고 그래서 제가 많이 알려주게 되었어요. 그럴 때 나 몰라라 하는 성격이 아니어서. 딱하기도 했고. 한 달이나 지났을까 그때부터 다짜고짜 제가 좋다고 관심을 퍼부어댔어요. 곧 모든 얘들한테 제가 자기 여자 친구인 것처럼 소문을 다내고 계속 제 곁에서 모든 걸 같이 하려들고… 매우 적극적이었어요. 제가 아니라고 하면 그 선배 꼴이 우스워지는 상황이었어요. 이제 막같은 과 사람들을 알아가는 마당인데, 저는 아니고 선배 혼자 난리치는 거라고 하면 그 선배가 바보 되는 거잖아요.

그런 거군요. 도와달라니 딱한 처지라 다 도와줘야 하고, 좋아한다는데 그 사람 꼴 우스워질까 봐 아니라고 못하는, 그런 장면이 은영 씨가 거절을 못하는 모습이군요. 그러니 뭐예요…. '저도 그 오빠가 좋았어요' 그게 아니네요.

그때 전 남자 친구가 있었으니까요. 그러니 오빠가 마음에 걸려서 좋아하고 말고 생각할 겨를도 없었어요. 그런데 학교에 오면 또 그 선배와 붙어 지내는 거예요, 하루종일을. 아침이면 데리러 오고 저녁에는 집에 데려다 주는. 그러니 모두 우리가 사귄다고 알 수밖에요.

좋아 죽겠는 마음도 아니건만! 내 행동이 내 마음과 같지 않아요, 또 내게 유익하지 않은 일을 자꾸 했어요.

어떻게 정리해야 할지 난감했어요. 그래서 결국 남자 친구한테 털어놓게 되었고, 오빠가 자기가 남자 친구라고 나서면서 어떻게 어떻게 그래도 정리가 됐던 거예요. 물론 단박에는 아니었지만요. 오빠도 마음고생을 많이 했겠지요. 내가 아니라고 해도 소문을 전혀 안 믿을 수도 없었을 테고, 우리 사이가 좋을 수는 없었어요. 그래도 이제 막상 모든 게 정리되었다 싶었고, 이제 원래 남자 친구와 잘 지내면 될 거라고 여길 즈음에, 휴…. 이번에는 오빠가 헤어지자고 하는 거예요. 절 믿을 수가 없다고 하는 거예요. 자꾸 그 남자 생각이 나서 나와 만나는 게 힘들다고…. 제가 했던 행동이 절대로 잊혀질 것 같지 않다고 그러면서 헤어졌어요.

견디기 힘들었겠어요. 힘든 일이죠. 그 시기가 은영 씨에게는 정말 나빴어요.

저로서는 절대 지우고 싶은 기억이에요. 그 이후에 학교 친구들과도 거의 연락을 끊고 지냈고, 또 늘 마음에서는 '누가 나 같은 애를 만날까' 하는 생각으로 살았어요. 여기저기서 수근대고 손가락질하는 느낌… 그거 아세요? 그렇다고 나를 아는 사람들을 한데 모아놓고 자초지종을 다 설명할 수도 없잖아요. 오빠와 헤어지고 나서는 더욱더 숨어서 살았어요. 졸업하고 싶었고 그것밖에 희망이 없었어요. 빨리 졸업해서 여기를 떠나자, 잊자.

　전 불행을 달고 사는 사람 같아요. 회사 들어가고 얼마 안 있다가 혹이 발견된 거예요. 이제 막 일도 배우고 뭐라고 하면 좀 알아듣겠고, 이제 좀 사람처럼 살아보려고 했거든요. 수술을 하고 난 뒤에는 더 그래요. 다들 별 수술 아니라고 하지만, 어쨌든 전 암 환자잖아요. 이런 나와 누가 결혼을 하려고 할까. 얼마 전에 잠깐 사귀던 사람과도 헤어졌어요. 사귀기로 하고 두 달쯤 지났을 때, 과거 여자와 연락하다가 제게 들켰어요. 그 사람은 별일 아니라고 하지만, 그럼 별일이라고 하겠어요? 사실 결혼할 사람은 아니라고 여겼지만, 과거에 내가 했던 짓을 똑같이 되받는가 싶어서 생난리를 쳤었어요. 꼭 죽을 것 같이. 어떻게 양다리를 하느냐? 어떻게 내게 이러느냐고? 그러면서 헤어졌어요. 어떤 남자가 날 왜 만날까? 그런 생각을 자주 해요. 나 같은 여자를 왜? 그 잠깐 만났던 남자도 배경이 별로였어요. 그러니 제가 괜찮은 대학을 나오고, 큰 회사를 다니니 그래서 만났을 거라고 생각해요. 난 예쁘지도 않고, 환자고, 매력도 없잖아요….

　엄마의 잔소리에 죽고 싶은 마음이 든다는 말로 시작은 했지만, 본인의 병과 과거와 현재의 남자 문제, 바닥까지 떨어진 낮은 존중감까지 그야말로 총체적 난국이었다. 고통스럽게 헤어진 남자의 결혼 소식이라…. 어지간히 튼튼한 신경줄을 갖고 있지 않다면, 또 큰 병을 앓고 난 뒤의 마음 상태라면 휘청할 수 있겠다. 스마트폰이라는 것이 모든 사람의 삶을 손가락질 몇 번으로 고스란히 까발리고 있으니, 정신적으로 약한 친구들한테 절대로 이로운 기계가 아니라는 생각을 한다. 그 엄청난 정보와 자극의 홍수 속에서 자칫 길을 잃고 마음을 놓친다.

다른 대인관계, 친구나 동료관계는 어떤가요?

그렇게 뭐… 제가 힘이 드니까요, 아무래도 옛날처럼은 할 수가 없어서요, 그것도 자꾸 신경이 쓰이는 문제 중의 하나예요. 제가 피곤하면 안 되니까 자꾸 신경을 쓰고 조절을 하거든요. 그렇다고 뭐 맡은 일을 못하는 건 아니지만, 자꾸 눈치가 보여요. 네, 눈치요, 누가 뭐라고 하지도 않는데, 또 구멍이 나는 것도 아닌데 자꾸 내가 맞게 하고 있나? 이렇게 하면 되나? 그게 큰 문제예요. 그렇게 한번 생각이 들면 계속 그런 쪽으로만 생각해요.

이건 아프기 전부터 그랬는데, 학교 다닐 때는 공부요, 성적을 잘 받고 못 받고에 목숨을 걸었으니까요. 시험 치다가도 갑자기 이게 맞나? 내가 알고 있는 게 맞나? 하는 생각이 들면 막 심장이 뛰면서 미치겠는 거예요. 정말 오줌을 찔끔찔끔 지리면서 시험을 본 적도 있어요. 친구들 사이에서도 좀 그래요. 제가 다 해야 편해요. 돈을 내는 것도, 약속을 정하고 친구 생일을 챙기고, 그런 것도 다 제가 하는 편이에요.

흠… 힘들어서 큰일났어요. 어떻게 그리 하고 살았나요? 남 눈치 보고, 나 대신 누군가 귀찮아지는 건 못견디겠고, 내가 다 챙겨줘야 하고요. 그러면서 내가 하는 것에는 또 자신이 없고요.

얼마 전에 고등학교 친구랑 좀 안 좋은 일이 있었어요. 그 친구가 아이를 낳아서 제가 간다고 했는데, 그 약속을 바로 당일에 깨는 거예요, 그것도 두 번이나요, 한번은 시댁 사람 누가 오기로 해서 안 된다고 하고, 또 한번은 아기가 밤에 잠을 너무 못 자서 안 되겠다고 하고 그러는데, 기분이 좀 그랬어요. 내가 뭐 가서 1박 2일 있다 올 것도 아니고, 그저 잠깐 얼굴 보고 선물 주고 오면 되는데, 다른 손님이 있으면 안 되나? 내가 창피한가? 뭐 그런 생각이 꼬리에 꼬리를 무니까요. 내가 그 친구한테 뭐 실수를 한 게 있나 계속 생각하게 되고. 머릿속이 막 엉키는 거죠. 막상 다음에 가게 되면 또 어쩌나? 뭐라고 할까? 나에 대해 어떻게 생각하고 있을까? 막 이러는 거죠. 휴….

어제 오늘 생긴 문제로는 보이지 않았다. 물론 암의 투병 과정이라는 것은 이제까지와는 아주 다른 신체적 변화, 생물학적 변화, 호르몬 활동의 변화를 뜻한다. 그에 따라 전반적인 삶의 태도나 심리적 상태도 엄청난 변화를 겪는다. 자신의 운명에 대한 수치심을 느끼며, 매사에 비관적인 시각, 쉽게 포기해 버리려고 하고, 허탈감과 무망감을 느낀다. 개인의 인생관도 변화시키며 심각한 정서적 고통도 초래한다.

우울과 불안은 암 환자들에게서 가장 흔히 나타나는 고통이다. 하지만 이러한 정서적 고통 역시 발병 이전의 그 사람의 상태에 영향을 받는다는 것이 연구 결과다. 즉, 개인적인 심리적 문제나 대인관계에서의 어려움이 많았던 사람이 암 이후에도 더 힘들어한다. 은영 씨의 경우도 이에 해당하는 것으로 보였다. 젊은 나이에 겪은 암 수술의 고통이 아마도 어린 시절부터 은영 씨 내면에 자리 잡고 있던 낮은 자존감, 불완전감, 죄책감 같은 것을 강타

하여 이렇게 무너지게 된 것이다.

어릴 때는 어떻게 자랐나요?

어릴 때 생각을 하면 우선 떠오르는 건 싸우는 엄마, 아빠예요. 진짜 지겹게 싸웠어요. 한번은 엄마가 아빠와 대판 싸우고, 집을 나가신 것 같았어요. 금요일 밤인데 들어오시지 않는 거예요. 그날 밤에는 아빠도 연락이 되지 않아서 동생하고 저하고 집 밖으로 나갔다가 들어왔다를 몇 번이나 했는지 몰라요. 좀 무서웠어요. 아마 그때가 제가 겨우 한 일곱 살? 동생이 다섯 살 그맘때였으니까요. 한참 있다가 늦게 아빠가 오셨는데, 그때 선생님, 한편으로는 제 속이 후련하기도 했던 것 같아요. 이렇게 우리 셋이 살면 참 좋겠다. 뭐, 그런 생각을 했던 것 같아요. 앞뒤 안 가리고 일단 엄마가 안 온다고 생각하니까 후련한 게 있었어요.

저는 이상한 습관 몇 가지가 있었어요. 잘 때, 책상 밑에 이불을 끌어다 넣고 그 안에서 잠이 드는 거예요. 전 그게 참 좋았어요. 뭔가 안심이 되고, 포근하고. 그러다가 동생이 엄마한테 일러서 또 죽도록 혼나고 그조차 할 수 없게 되었지만요. 또 어릴 때부터 손가락을 하도 빨아서 혼도 많이 나고, 그 흉터는 아직도 있어요. 그다음은 어디가도 들고 다니는 베개가 있었고요. 친척집을 가도 여행을 가도 전 그 베개가 없으면 큰일이 났었거든요.

대부분의 기억은 엄마한테 맞은 거죠. 지금 생각해도 확 치밀어 오르는 몇몇 장면이 있어요. 어느 날 학교 갔다 들어오면서 '엄마, 라면 먹고 싶어요. 라면 있어요?' 했어요. 그리고 옷 갈아입으러 방으로

갔는데, 제 방으로 쫓아 들어오시더니 교복을 벗는 제 등짝을 내려치는 거예요. 갑작스런 일이라 훅하고 꼬꾸라져 넘어지는데, 거기다 대고 엄마는 '넌 너 먹을 궁리만 하니?' 하는 거예요. 후…. 또 뭐가 심사가 뒤틀려 있었던 참에 제가 잘못 걸린 거죠.

더 이가 갈리는 것도 있어요. 수능 전날 저녁이었는데, 잠시 누워서 뭐랄까 마음을 안정시키고 있었어요. 불안하기도 하고, 허리도 아프고. 근데 엄마가 문을 열더니 냅다 머리를 때리는 거예요. '넌 지금 잠이 오냐?' 하면서. 정말 슬프고 서러워서 그날 밤 늦도록 얼마나 울었는지 몰라요. 엄마가 아니었다면 분명히 10점은 더 나왔을 거예요.

늘 무서웠어요, 엄마 소리만 나면 가슴이 팔딱팔딱 거린다고 해야 하나? 목욕탕 욕조에다 우리를 넣고 샤워기를 막 뿜어댄 적도 있었어요. 아마 동생이랑 뭘 갖고 싸웠던 때였을 거예요. 끔찍했죠.

늘 지적하고 야단을 쳤어요. 별로 뭘 잘했다는 말을 들어본 기억이 없어요. 그런데 전 그랬기 때문에 엄마한테 좋은 소리를 들으려고 무진 애를 썼어요. 아주 어릴 때부터 설거지도 하고 청소도 하는 아이였어요. 한번은 엄마가 외출했을 때 제가 설거지를 했는데, 들어오셔서는 이게 뭐냐고 막 화를 내면서 그 그릇들을 다시 씻는 거예요. 그 옆에서 전 또 아주 조마조마했던 기억이 나요.

엄마에 비하면 아빠는 그래도 내 마음을 알아준다고 생각했어요. 아빠는 손재주가 좋으셨어요. 쉬는 날이면 책꽂이며 탁자며 그런 것들을 뚝딱뚝딱 만들어주곤 하셨어요. 아빠가 뭘 만들 때 옆에서 구경하는 걸 좋아했는데 언젠가 옆에 있다가 '아빠, 나 엄마랑 사는 거 싫어, 엄마가 무서워.' 했어요. 어쩌다가 그런 말이 나왔는지, 아마 그날도 뭐 때문에 또 혼쭐이 난 다음이겠죠. 그랬더니 아빠가 '아빠도 살잖아. 아빠가 은영이보다 엄마랑 더 오래 살 거 아니야? 그러니 은영이는 조금만 더 참아. 얼른 커서 공부 잘해서 서울 가.' 그랬던 기억이 있어요.

엄마는 아빠를 왜 그렇게 무시했는지 모르겠어요. 그래도 아빠가 공무원이었는데, 우리 밥을 굶기지는 않았을 텐데…. 엄마는 아빠가 무능하다고 타박을 많이 했어요. 그러면서 엄마는 옷 가게도 하고, 화장품 가게도 하고. 억척같이 돈을 버느라 고생한 것 맞아요. 엄마는 자기 아니었으면 너네 대학 구경도 못했을 거라는 말을 자주 하세요.

엄마가 얼마나 무섭고 두려웠을까? 눈을 부릅뜨고 인상을 쓰는 어머니 앞의 어린 은영이가 한없이 가엾게 다가왔다. "그런 은영 씨에게 아빠는 힘이 되었을까요?"라는 치료자의 질문에 은영 씨는 "그게요, 그건 지금도 그런데, 아빠까지 무섭지 않아서 다행이라고 생각은 하는데, 아빠 본인이 너무 힘이 없으니까요. 엄마랑 관계에서 아빠 혼자 몸 지탱하기도 힘겨워 보이기 때문에 지금도, 어렸을 때도 아빠가 무엇을 어떻게 좀 해 주겠지, 좀 도와주겠지 이런 생각을 하기가 어려웠어요."라는 답이 돌아왔다.

부모 둘 다가 폭력적인 가정보다야 한 분이라도 이성적이고 따뜻하다면 훨씬 낫다고 할 수 있지만, 이럴 경우 폭력적이지 않은 배우자는 이미 힘을 잃어버린 상태가 대부분이다. 설사 그 사람이 사회적 지위가 높고 경제적 능력을 갖추고 있다고 해도 폭력적인 배우자와의 관계에서는 이미 힘이 없다는 뜻이다.

맞으면서 자란 아이들은 자기가 없다. 폭력이 이루어지는 과정 자체가 '널 버려, 널 죽여.'라는 메시지다. '넌 이미 용서할 수 없는 죄를 저질렀고, 그걸 네가 인정한다는 것으로 너의 일부를 다치게, 아프게 해야 하는 거야. 그러니 지금 너는 없어. 죄 값을 치루기 위해 널 내놔.'와 같은 의미다. 그래서 특별히 이성적으로 잘 고안된 체벌일 경우에도 분노를 불러일으킬 수밖에 없다.

'매를 맞으면서 부모의 사랑을 느꼈다.'는 것은 체벌이 끝난 후에 혹은 나중에 다 커서 성인이 된 다음, 그때를 회고할 때 그렇다는 말이다. 나중이라도, 때리는 부모를 그렇게 회고할 수 있으려면 체벌의 전후가 이성적으로 정리되어 있어야 하고, 긴 시간 동안 부모가 쌓아놓은 선의와 사랑에 관한 신용이 아주 좋아야 한다. 하지만 체벌을 자주 사용하는 부모가 그렇게 이성적이기는 어렵다. 또 그렇더라도 매를 맞는 바로 그 순간에 부모의 사랑을 경험할 수는 없다. 그 순간에는 다 싫고 다 분개한다. 처참해지면서 그 순간은 내가 사람이 아닌 무엇이거나, 미물이거나 쓰레기처럼 느껴진다. 강한 분노와 자기혐오, 세상과 자신에 대한 불신이 넘치는 순간이다.

부모와 자식이 싸우면 지는 건 자식이다. 자식은 부모의 말투 그대로 대꾸하지는 않을 것이기 때문이다. 부모는 자식을 때릴 수 있지만 자식은 부모를 때릴 수 없다. 부모는 말로 자식을 학대할 수 있지만 자식은 그럴 수 없다. 부모로부터 받은 폭력을 밖으로 풀 수 없는 자식은 결국 병이 든다. 자식이 받은 폭력은 내면에 쌓여 있다가 밖으로 표현될 출구를 찾는다. 그 출구가 건강하고 정상적인 방식은 아닐 거라는 걸 예측하는 건 어렵지 않다.

이는 은영 씨가 보여 주고 있는 우울증의 이면이기도 하다. 우울한 사람은 자신이 불완전하다는 느낌을 가지면서 대부분의 상황에서 자신의 문제를 찾고, 자기 탓을 하는 습관을 가지고 있다. 과도한 죄책감에 휩싸여 산다. 이는 스스로를 처벌함으로써 불안을 감소시키는 전략이다. 공포스러운 절망감을 변화시키는 무언가로서 자신을 비난하고 처벌하는 방식을 취하는 것이다. 그러니 수치심과 공허함, 무의미함과 절망감에 휩싸이게 된다. 모든 타인은 이상화하고 자신은 쪼그라지게 만드는 과정이다.

자신과 관련된 일에는 부정적인 태도를 갖고 실패를 예측한다. 과도하게 자기 자신의 문제에 몰입하는 태도로 인하여 정상적이라고 할 수 있는 다소 침울한 기분이 나타날 때조차 파국적인 재앙이 닥치는 것으로 느낀다. 심지어 유쾌한 경험이 있을 때도 자신에게 닥친 긍정적인 사건은 곧 끝날 거라는 공포 때문에 좋은 것을 좋은 것으로 누리지 못한다. 삶이 나아지기를 바라는 열망은 있지만 그것들을 꿈꾸는 것에 더 큰 두려움을 느끼며 갈등하는 상태가 곧 우울한 사람들의 모습이다.

몇 시간에 걸쳐 어머니에 대한 복합적인 감정을 쏟아 내던 어느 시간이었다. 가만 보니 은영 씨의 이야기 내용에는, 어린 시절의 이야기가 아니라 근래의 일이거나 바로 이번 주에 겪은 일들을 말하는데도 어머니와 관련된 주제가 참 많았다. 어린 시절의 이야기를 하다가 바로 이번 주에 엄마와 있었던 일을 말하기도 하고, 친구 이야기를 하다가도 엄마와의 이야기로 빠지기도 하였다. '엄

마한테 물어봤더니… 엄마가 하는 말이… 엄마가 보시더니' 하는
식이었다. 이건 어린 시절 주요한 대상과의 애착이 불안정한 사람
이 나타내는 특성 중의 하나다. 과거에 뿌리를 둔 문제가 현재의
경험에 자꾸 끼어들어서 현재가 현재로 존재하지 못한다.

　　은영 씨 보세요. 이번 주에 있었던 소개팅한 남자 건을 엄마와 나
눈 이야기도 그렇고요. 지난주에 화장품 산 일에 대해 엄마와 얽힌 이
야기도 그렇고요. 어떻게 보면 은영 씨가 엄마와 참 긴밀하다는 생각
을 했어요. 보통 사이가 좋은 어느 모녀지간보다도 더 많은 이야기를
엄마한테 일일이 다 하고 있다는 거예요. 매번 그 끝은 마음이 상하거
나 화가 치밀어 오르게 되는데도요.

　　긴밀하다고요? 그 말이 이 말인지 모르겠는데, 제가 엄마한테 자
꾸 확인하는 게 있어요. 사소한 일도 일단 엄마한테 말을 해 버려야
해요.

　　왜죠? 그렇다고 엄마 말을 존중하는 것도 아닌데요.

　　그러게 말예요. 전 엄마 말을 듣지 않아요. 아니, 들을 게 없어요.
일단 엄마는 제 말이 틀렸다고 시작하는데, 왜 그렇게밖에 생각을 못
하냐고 나오는데 어떻게 존중을 하겠어요? 그런데, 그래도 싸울 때 싸
우더라도 엄마한테 일단 말을 해야 해요…. 그래야 엄마가 틀렸다고
하고 다음으로 넘어갈 수 있어요.

　　뭔가 석연치 않아요.

　　몇 번을 더 옥신각신한 끝에, 은영 씨는 자기 마음에 '이번에

는 꼭 엄마로부터 내가 맞다는 말을 듣고 싶은 마음이 있는 것 같다.'는 말을 했다. 내가 틀리지 않았다는 인정을 꼭 받고 싶은데, 매번 거부당하고 마니 자신이 포기를 못하고 똑같은 짓을 자꾸 하는 것 같다는 말이다. 이때 정말 은영 씨 어머니가 매번 은영 씨 의견을 비판하고 거부했겠느냐는 질문은 어리석다. 은영 씨의 의식세계에는 매번으로 등록되어 있고, 이건 웬만한 반대 증거를 가지고도 잘 수정되지 않는다.

인정을 받고야 말겠다는 태도는 은영 씨의 수치심이나 자기 의심과 괘를 같이 한다. 심한 체벌이나 비난을 듣고 자란 아이들의 마음에는 자신이 불완전하거나 아예 자신이 없는 것 같은 느낌이 팽배해 있다. 부모가 화를 내거나 괴로워하거나 부모끼리 싸우거나, 자신의 주변에서 일어나는 모든 고통스러운 장면을 대할 때 아이 마음에 우선 자리 잡는 것은 '내가 사랑스러운 아이가 아니어서….'라는 느낌이다. 모든 좋지 않은 것은 다 자기 탓이라고 느끼는 막연한 죄책감, 자신이 나쁘고 불완전하고 실패했다는 수치심이 발동한다.

그렇기 때문에 부모가 자신을 버릴지 모른다는 두려움도 크다. 사랑스럽지 않아서, 착하지 않아서 이렇게 때리는 것이라면 또 언제 자신을 떠날지도 모르는 일이다. 심리학자 A. 매슬로는 '어린아이가 자아를 지키기 위해 가족과 영영 헤어져야만 한다면, 아이는 분명 자아를 버리는 길을 택할 것이다.'라고 하였다. 자아를 버린다니, 그럼 무엇이 남겠는가? 나는 없고, 눈치보고 맞춰야 하는 타인만이 존재할 뿐이다.

회사에서 겪는 스트레스의 기원도 여기에 닿아 있었다. 매번 마음 고생을 하는 부장과의 관계도 가만히 들여다보니 결국 '부장님의 기대를 맞춰야 한다, 학교 선배인 부장님한테 좋은 소리를 들어야 한다, 내가 틀리면 부장님은 크게 실망할 것이다.'와 같은 생각이 있었다. 담백하게 이 일, 저 일을 그저 일로 처리하는 태도가 아니었다. 크건 작건 간에 사사건건 '부장님이 어떻게 보실까?'가 발동하니 늘 초긴장이다. 혹 칭찬을 들었을 때도 잠시 마음이 놓이는 게 다고, 그 칭찬이 잘못된 것이 아니라는 것을 보여야 하니 다음 스텝은 더 긴장이다. 늘 최선을 다하는 자세로 살고 있는 것 같지만, 실은 은영 씨의 최선이 나온다기보다는 대부분의 에너지는 일단 긴장하는 데 없어지고, 남은 에너지로 죽을 힘을 쓰고 있는 꼴이다.

그렇게 생각해 본 적은 없었어요. 부장님은 아주 철두철미하고 되게 똑똑한데 난 그렇지 않으니까 일일이 다 걸리게 생겼다. 그렇게만 생각했어요. 원래 부장님은 일 잘하고 못하고를 가지고 평가를 하고 또 그걸 표현하기도 하는 분이기 때문에 걸리지 않으려면 초긴장을 해야 한다고 생각했어요. 그런데 선생님 말씀이 맞아요. 다른 사람은 저처럼 그러지 않아요. 야단을 맞아도 그냥 그런거지 뭐… 이런 표정이에요. 그게 얼마나 신기하던지!

틀리면 어떻게 되는 거죠? 부장님한테 걸리면 어떻게 되죠?

그러면… 뭐… 절 어떻게 하지는 않겠죠? 하지만….

지금 올라오는 감정에 머물러 보세요. '하지만…' 다음에 어떤 감정이 느껴지나요?

　꼭… 소리치고 화내고 심지어 절 마구 칠 것 같아요. 다른 직원들 있는 데서 저를 막 함부로 막… 아… 두려워요.

　…그 느낌이군요. 화내는 엄마 앞에서 가졌던 그 느낌이에요. 그래서 곧 죽고 살 것처럼 그토록 힘겨워지는 거죠. 그 상처가 건드려져서. 지금 그 느낌을 몰아내지 말고 함께 하세요. 얼른 건너뛰어 어떤 '짓'을 해서 무마하려 들지 말고 그냥 있어도 돼요. 그건 오로지 어렸을 때 엄마 앞에서 어쩔 줄 몰라했던 감정일 뿐이에요.

　아… (침묵) … 그럼 제 스트레스가 부장님 때문이 아닐 수도 있겠네요. 제가 그렇게 생각한 거예요. 맞아요. 거의 비슷해요. 대학 때 교수님 앞에서도 그랬어요. 만날 똑같아요. 제가 제 안에 남들만 있다고 한 게 이건가 봐요. 늘 남을 의식하고 맞추려고 하는 거!

　엄마 앞의 은영 씨가 자꾸 나오는 거죠. 지적당하고 비난당하고 그래서 스스로 부족하다고 믿게 되었던 엄마와의 관계처럼 될까 봐, 은영 씨로서는 그렇게 안 만들려고 기를 쓰는 거예요.

　은영 씨는 이 대화를 바탕으로 다른 인간관계, 친구관계, 심지어 과거 스토커 같았던 선배 남자와의 관계도 다시 볼 수 있게 되었다. '왜 나는 누구를 만나도 저 사람이 나에게 기대하는 것이 무엇인가를 살피는 것부터 시작하는지?' '누가 되었든 도움을 요청하면 일단 들어줘야만 할 것 같은 마음 상태가 되는지?' '왜 거절을 못하는지?'에 대해서 제대로 생각하게 된 것이다. '그렇게 하는 게 당연한 거 아닌가요? 그럴 수밖에 없지 않나요?'가 아니

라 그 배후에는 '나는 보잘것없다.' '상대의 기분을 나쁘게 하면
안 된다.'와 같은 왜곡된 사고가 있다는 것을 인식할 수 있었다.
그런 자신의 모습이 과거 엄마와의 관계를 지금 다른 사람과의 관
계에서 반복하고 있는 것이라는 사실에 아파하면서 또 놀라워했
다. 해결하지도 정리하지도 못한 과거의 분노가 현실의 내 삶에
끼어들어 문제를 일으키는 모습이다.

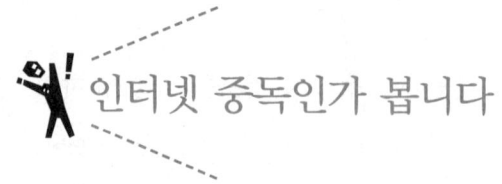

인터넷 중독인가 봅니다

인터넷 중독인 것 같습니다. 인터넷을 계속해요. 몇 시간이 아니라 집에 있을 때는 늘 한다고 보면 맞을 거예요. 요즘처럼 일도 안 할 때는 그러니까, 몇 시간 자는 것 빼고는 계속….

음악도 듣고, 정보도 보고, 거기까지는 뭐 그런데… 드라마를 봅니다. 남자니까 당연히 게임을 할 거라 생각하셨죠? 전 이제 게임은 별로고요, 쇼핑도 하는데 그건 걱정할 정도는 아니고 모든 필요한 것을 항상 인터넷으로 사는 정도…. 그런데 드라마는 정말 계속 봐요. 8시간도 좋고, 12시간도 좋고. 한번은 너무 봐서 머리가 깨지는 것 같더니 메스거려서 결국 먹은 걸 토한 적도 있어요. 드라마를 안 보는 사이에는 싸이월드나 블로그에 글을 올려요. 그것도 제가 많이 하는 것 중의 하나죠.

너무 통제가 안 됩니다. 먹는 것도 조절이 안 돼서 편의점에서 파는 몸에 나쁜 음식을 자꾸 찾게 돼요. 그런 걸 쌓아놓고 컴퓨터 앞에 계속 앉아 있는 거예요. 다음 날에는 후회하지만…. 뇌 사진이라도 찍어봐야 하는 걸까요? 정상이 아닌 거죠?

혼자 있으니까 더 중독적으로 되는 것 같습니다. 말리는 사람도 없고 달리 할 일도 없으니까요.

삼십대 초반 재남 씨의 호소다. 먹는 것이 조절이 안 된다는 말처럼 살집이 좀 있었고, 얼굴에서도 몸에서도 '살아 있음'의 느낌이 약했다. 그 와중에 전달되는 안절부절함. 자꾸 눈을 깜박이거나 헛기침을 하거나 안경테를 만지작거리는 행동들이 자못 불안정해 보였다.

부모님은 지방에 계시고 재남 씨 혼자 살고 있었는데, 대학을 서울로 오면서부터이니 객지 생활이 벌써 10년이 넘었다. 대학 졸업 후 2년 정도 이것저것 시도해 보다가 잘 되지 않았고, 아버지가 고향에 직장을 알선해 주서서 1년 가까이 다닌 것이 제대로 된 직장 생활의 전부였다. 그 이후에는 다시 서울로 와서 임시직으로 잠깐씩 일을 하였는데, 두 달 전에 다니던 회사를 그만두고 난 뒤로 거의 두문불출하고 있다고 했다.

인터넷을 끼고 산 역사는 꽤 길었다. 부모님과 함께 살던 고등학교 때까지는 게임을 많이 하였단다. 그 시작은 초등학교 때 '하이텔'이란 통신에 빠지는 것부터였다고 하니, 20년 가까운 시간을 컴퓨터와 함께 보낸 셈이다.

주로 어울리는 사람들은 누가 있나요?

그게… 사람들을 만나는 게 사실은 아주 불편합니다. 제가 딜레마가 있는데요, 이 안경입니다. 안경 쓴 제 모습이 너무 이상하거든요, 버스 유리창 같은 데 비친 제 모습도 안 볼 정도니까요. 아주 마음에 안 들어서 안경도 숱하게 바꿔봤지만. 안경을 안 쓸 수 없는 것이, 제 눈에 이 상처 때문입니다. 여기 눈 끝에, 미간에 흉터가 있습니다. 초등학교 때 눈썹이 눈을 찔러서 한 수술인데, 결국은 쌍꺼풀 수술이 되어버렸죠. 아… 그때 애들한테 당했던 놀림을 생각하면요…. 눈썹이 눈을 찔러서 계속 눈썹을 뽑거나 수술을 하지 않으면 시력이 나빠져서 할 수밖에 없었는데, 애들한테는 잘 생겨 보이려고 수술한 놈이 되었으니까요. 그때 진짜 후회 많이 했습니다. 근데 시간이 지나면서 이렇게 흉터가 남은 겁니다. 휴… 이걸 또 어떻게 설명하냐고요. 사람들이 눈이 왜 그러느냐 하면 어릴 때 그 얘기부터 다시 해야 할 거 아닙니까? 그래서 흉터 때문에 렌즈도 못하고 꼭 안경을 써야 하는데, 또 이건 영 사람이 이상해 보인다 말입니다.

재남 씨 설명에 아무리 눈을 씻고 열심히 바라봐도, 또 안경을 벗어보라고 해서 다시 봐도 재남 씨 상처는 미미한 것이었고, 또 안경을 쓴 모습도 그저 안경 쓴 모습일 뿐 두드러진 건 없었다. 인간의 문제란 늘 이렇다. '사실'이 중요한 것이 아니라, 그 개인의 지각장(知覺場)을 통과한 '개인적 사실'이 중요한 것이다. 인간의 삶은 개인이 현실이라고 믿고 있는 것 위에서 움직일 수밖에 없다. 그런데 그 현실은 절대 순수한 사실이 아니라 자신의 사실이라는 것이 문제다.

즉, 인간의 세계는 실제만으로 이루어진 것이 아니라 실제를 각자 나름대로 구별하고 평가하여 이루어진다. 감각기관을 통과한 사실들은 개인의 상태에 따른 조건에 의해 제한된 범위 내에서만 받아들여지고, 또 평소의 지식, 가치, 기억 등에 의해 선별되고 변형된 형태로 받아들여진다. 그런 의미에서 우리가 받아들이는 현실은 사실과 개인의 경험의 합성물이라고 할 수 있다.

그러니 재남 씨에게 당신의 안경 낀 모습도, 눈 옆의 흉터도 절대로 이상하거나 눈에 띄지 않는다고 설득하는 것은 의미가 없다. 그건 내게는 사실이지만, 재남 씨에게는 절대로 그렇게 보이지 않기 때문이다. 자, 이렇게 되면 인터넷 때문에 밖을 못나가는 게 주요 문제인지, 사람을 만날 수 없다고 주장하는 이유들이 주요 문제인지 헷갈린다. 서른 살 청년이 만나는 사람이 아무도 없다는 이 곤란한 현실! 어쩌다가 전화를 하거나 1년에 한두 번 만나는 고향 친구 한 명이 전부라니! 사실, 이런 상황이라면 누구라도 인터넷에 빠져서 살 수밖에 없겠다는 생각도 든다. 컴퓨터를 끄고 나온 세상에 아무런 낙이 없다면, 이 세상보다 그 세상이 더 머물고 싶은 곳이 아니겠는가! 무엇이 재남 씨로 하여금 이토록 세상과 거리를 두게 했다는 말인가.

사실은 사람 만나는 것이 쉽지가 않습니다. 자꾸 시선이 의식된다고 하나요? 어휴… 그게 생각으로는 안 그래야지 하는데, 뜻대로 되지 않습니다. 직장 다닐 때도 여럿이 모여 밥이라도 먹으려면 온 신경이 곤두서서 아무튼 되게 이상해집니다. 어떤 때는 엄청 활발한 듯 오버를 하기도 하고, 또 어떤 때는 쑤셔 박아놓은 뭐처럼 주구장창 그러고 앉아 있다 옵니다. 사람들 시선이 느껴지면, 아주 이상해지는 거죠. 모임 끝나고 나서도 계속 생각을 하는 거죠. 우습게 보였을 거다, 이상한 걸 눈치챘을 거다. 그러니 한 번 본 사람들은 그다음에 다시 만나기가 싫어지죠. 휴… 문제입니다.

인터넷 중독을 호소하며 시작했던 상담은 대인관계 어려움으로 연결되고 있었다. 모든 중독의 특성이 그렇듯이 인터넷 중독도 그 핵심적인 주제는 압도적인 정서와 그러한 강렬한 정서를 빠르고 효과적으로 피하려는 욕구 사이의 투쟁이다. 인터넷 세상으로의 도피는 정서적 긴장과 그로 인한 고통을 잠시나마 멈추게 하면서 그만큼 스스로가 문제에서 벗어난 것 같은 느낌을 준다. 일시적인 평화다. 각성 상태가 감소되면서 잠정적으로 고통을 멈출 길을 발견한 것 같다는 착각을 불러일으키고 자꾸 그 방식을 취하려 든다.

인간은 소통의 통로가 막히고 소외감이 한계에 부딪히면 필사적으로 그런 상황에서 탈피하고자 몸부림친다. 또한 좌절과 고통은 심리적 퇴행을 가져와서 어린 시절의 동화나라 같은 환상 속으로 들어가게 만든다. 이때 인터넷은 적개심이나 공격성, 또 성적 욕구를 안전하게 해소시켜 주는 새로운 형태의 정서적 해방구가 아닌가? 하지만 이는 반드시 '현재'의 '무엇'을 희생시키는 과정이다. 맞닥뜨려 해결하지 않으면 안 되는 갈등을, 문제를 도피하는 것은 늘 더 큰 문제를 낳는다. 초점은 내담자 스스로 자신의 내면에 어떤 갈등이 경합을 벌이고 있는가 하는 진짜 문제에 머물게 해야 한다. '모든 신경증은 정당한 고통을 회피한 결과다.'라는 말은 칼 G. 융의 고전적 경구다.

재남 씨의 대인관계 문제가 뚜렷하게 나타난 것은 대학에 오고부터였다고 한다. 집을 떠나 혼자 서울에 있다 보니 자고 일어나는 시간을 챙겨주는 사람이 없고 마음 놓고 실컷 게임을 했다는 것이다. 아는 사람도 없고, 수업에 안 들어가도 뭐라고 하는 사람도 없을뿐더러 시험을 안 보거나 F학점을 받아도 누구 하나 상관하는 사람이 없었다. 밤새워 게임을 하다가 새벽녘에 잠이 들고, 대낮에 깨어나고, 어두워지면 다시 게임을 하는, 두 학기를 거의 폐인으로 지내다가 겨우 정신을 차려 군대에 갔다고 했다.

더 힘들었던 것은 여학생들과의 자리였다. 남중, 남고를 나온 재남 씨는 여학생이 있는 대학, 강의실, 팀플 이런 것들이 너무 어색해서 미칠 지경이었다. 가능한 모든 이유, 합리화를 동원하여 이런저런 자리를 어떡하든 피하려다 보니, 남자고 여자고 새로운 친구들을 사귀는 것은 불가능했다. 안경을 쓰기 시작한 것도 하필 이 무렵이었는데, 눈 옆의 흉터에 대한 의식이 극에 달했었기 때문이다. 물론 이십대를 통틀어 연애 비슷한 것을 해본 적도 없었다.

남중, 남고를 나온 것이 여학생을 대하기 힘든 이유의 다일까요?

제가요, 좀 수줍음이 많았습니다. 남자애들이 잘하는 축구 이런 것도 못했고, 활발하지 않으니까 애들한테 인기가 좀 없었습니다. 오죽하면 애들이 '계집애'라고 놀렸던 때도 있었는데, 특히 여자애들한테 무지 창피했습니다. 뭐, 조용하고 얌전하고…. 그래서 그렇게 놀린 것 같습니다.

아버지가 목사셨습니다. 그거 아십니까? 목사 아들이 어떤 것인지요. 전 어렸을 때 그게 참 싫었습니다. 집에서도 늘 듣는 말이 '그래서 이렇게 해야 한다, 저렇게 하면 안 된다.'가 무지 많았습니다. 목사 아들이 그런 일을 하면 남들이 뭐라고 하겠냐는 거지요. 말썽을 피우면 큰일 납니다. 애들이랑 함께 무슨 일을 저질러도 목사 아들인 쟤가 하니까 나도 했다 이렇게 몰고 가는 겁니다. 뭘 잘못하면 그냥 제가 잘못한 게 아니라 '목사 아들이 왜 그래?'가 되는 겁니다. 그럴 때는 마치 제가 주동이나 표준이 되는 것처럼 되니까 미치는 거지요. 잘해야 본전입니다. 그러니 조용히 있는 게 상책입니다. 여기저기 껴봤자 본전 차리기 힘듭니다. 근데 왜 여자애들은 운동도 잘하고 활달하고 웃기고 그런 남자애들을 좋아하지 않습니까? 그래서 한 번도 여자애한테 고백 비슷한 걸 해본 적이 없습니다. 해봤자 뻔할 거라는 생각도 했고, 또 행여나 소문이라도 나면 그땐 끝장 아닙니까?

아버지는 공부에 철저하셨습니다. 그건 저뿐 아니라 동생들한테도 그러셨는데, 목사 아이들이 공부를 못하면 얼마나 꼴이 우습겠냐는 겁니다. 공부 때문에 벌 서고 매 맞는 일이 잦았습니다. 애들은 또 애들대로 '너네 아버지보고 하나님한테 시험에 뭐 나오냐고 미리 좀 물어봐!' 하면서 놀렸습니다. 말도 안 되는 소리를 들어도 절대 화를 내거나 싸울 수도 없었고요.

어린 나이에 영문도 모른 채 짊어졌던 짐이 많군요. 행동 하나, 말 한마디마다 마치 검열받는 것 같았다는 거군요. 옴싹달싹 못하게 버거웠나 봅니다.

대인관계에서 경험하는 불편감, 부적응 상태를 나누던 우리의 이야기는 재남 씨의 어린 시절로 들어갔고, 그곳에는 목사 아들이어서 불편했던 어린아이뿐 아니라, 그 아이의 할머니, 부모님, 또 동생들이 있었다.

재남 씨 아버지는 지역에서 꽤 큰 교회의 담임 목사고, 어머니는 부설 어린이집과 유치원을 맡아 하신다고 했다. 재남 씨 아래로 여동생이 둘이 있다. 재남 씨를 주로 키워준 친할머니는 재남씨가 군대에 있을 때 돌아가셨단다. 할머니가 주된 양육자였던 데에는 사연이 있었다. 재남 씨 친어머니는 기억도 할 수 없는 나이에 세상을 뜨셨다. 나중에 들어서 안 거지만 그때가 세 살이었다고한다. 다섯 살 때에 지금의 어머니가 집으로 오셨고, 두 동생이 태어났다. 하지만 재남 씨 기억에는 엄마는 저만큼 있는 분이고 할머니는 옆에 바싹 붙어 있는 사람이라고 했다. 어머니가 생모가 아니라는 건 꼭 누구한테 들었다기보다 자연스럽게 알게 되었는데, 할머니가 혼자 혀를 차며 하시는 말씀이나 고모와 나누는 이야기, 아버지가 언뜻언뜻 하는 말들이 초등학교 5학년 어느 날 갑자기 하나로 쫙 연결되면서, '아, 그거구나. 그랬구나…'가 되더란다(재남씨가 처음 컴퓨터를 접하고 통신에 빠진 게 초등학교 5학년, 이때다).

왜 할머니가 나만 그렇게 좋아하는지, 왜 아버지는 어머니 말 잘들으라는 말을 나한테만 하는지, 왜 어머니는 이상하게 편하게 대하기가 힘든지, 어머니는 왜 다른 집 엄마처럼 아들인 나를 '아들, 아들' 하지 않는 건지, 또 왜 어머니는 할머니를 그렇게 싫어하는지 다 알겠더라고요.

할머니는 저한테 잘해 주셨어요. 그 사실을 알기 전에는 그냥 내가 아들이고 장남이어서 그럴 거라고 생각했었는데, 초등학교 5학년이후에는 그게 아니라는 걸 알았죠. 그래서 그것도 되게 부담이 되는 거예요. 행여나 동생들과 다툼이 나면 걔네가 혼나는 게 당연하고, 용돈도 나만 주고, 동생들이 할머니한테 뭘 해 달라고 하면 안 되도 내가 말하면 되니까, 늘 '오빠가 할머니한테 말해 봐⋯' 하는 식이었지요. 제일 안 좋았던 건 먹을 걸 차별하시는 거예요. 우리가 그렇게 가난한 건 아니었던 것 같은데, 어쨌든 그랬어요. 나이가 들수록 제발 그렇게 좀 하지 말라고 해도, 할머니는 계속 '쯧쯧, 쯧쯧' 하시면서 원하는 대로 하셨고, 전 중간에서 이러지도 저러지도 못하는 형편이 된 거죠.

동생들도 자라면서 나에 대해 알게 된 것 같았어요. 중·고등학생이 되면서는 거의 교류 없이 서로가 어색해하는 분위기. 분명히 속으로는 서로가 다 알고 있는 것을 모두 모른 척하는 식이었어요. 저희는 집에서 가족 예배를 하잖아요. 그러면 늘 가정의 화목과 사랑을 기도하죠. 입으로는 그렇게 하는데, 실제로는 영 아닌 거예요. 전 그것도 아주 불편한 것 중 하나였어요.

어머니는 어떤 분이세요?

흠⋯ 흠⋯ 잘 몰라요. 저도 어머니가 어떤 사람일까를 생각해 본 적이 있는데, 그럴 때마다 잘 모르겠다가 답이었어요. 외부적으로는 매우 활달하시거든요. 일도 많이 하시고, 사모님이니까요. 직책도 맡고 있고. 존경받는 것 같아요. 그런데 집에서는 뭐랄까. 교사 같다고 할까요? 그래서 할머니하고도 많이 부딪쳤어요. 언성을 높이고 하는 건 아닌데, 늘 냉랭하고 엄격하세요. 주로 저한테는 그렇게 하면 안 된다는 말이 대부분이었어요. 직접 크게 화를 내거나 야단을 심하게 치지는 않으셨어요. 그런데 제 문제는 전부 아빠한테 이른다고 해야 하나? 그런 식이에요. 내가 뭔 짓을 했다고 즉각 아버지께 말을 하죠. 그러면 아버지는 절 혼내세요. 어머니가 보고한 사항에 대해서는 그냥 혼날 때보다 좀 더 크게 혼나는 편이에요. 그러면 할머니는 또 노발대발하시며 제 역성을 드시고, 아버지한테 일렀다고 어머니를 야단치죠. 물론 동생들은 아니죠. 동생들은 그냥 어머니 수준에서 야단을 맞든 매를 맞든 그것으로 끝나요. 전 그게 부러웠어요. 제가 뭐 나쁜 짓을 하면 저 하나로 끝나는 게 아니라 휴… 집안이 전부 다 시끄러워지잖아요.

그 아이는 말할 수 없이 불편해지는 거죠. 다 자기 잘못처럼 느껴졌겠어요. 내가 가만히, 말썽을 안 피우고 조용히 있어야 한다고 다짐했겠어요.

가만히, 조용히… 정말 그랬어요. 할머니가 제 편을 들어주는 것도 되게 싫었으니까요. 그러면 그럴수록 할머니와 나만 이쪽에 떨어져 있고 다른 식구들은 저쪽에 함께 모여 있는 것 같았거든요. 그 사실을 몰랐던 어릴 때는 어머니 곁에 가려고 궁리도 많이 했어요. 할머니 방이 아니라 어머니 방에 가서 동생들과 아버지 사이에 껴서 자고 싶었어요. 안방에서 잔다고 떼를 써서 그렇게 한 적도 있는데, 깨어 보면 결국 할머니 방이었지요. 괜히 속은 것 같아서 깨자마자 대성통곡을 한 기억이 나요.

외롭네요. 혼자 동떨어져 있다고 느껴요. 뭘 자꾸 참으면서 또 살펴보면서 불안해하고 있어요.

일요일날 교회나 아니면 학교 운동회, 어머니회 이런 날 오신 어머니가 훨씬 다정했어요. 그런 날 할머니가 오지 않고 어머니가 오셔서 전 너무 다행이었던 기억이 있어요. 어쩌면 어머니 대신 할머니가 올지 모른다고 마음을 졸였었거든요. 좀 커서는 안방에서 뭔가 무슨 소리가 들리나 해서 모든 신경이 거기로 향하지만 점점 거기에 갈 수 없었어요. 텔레비전을 보시는 할머니 옆에서 난 헤드폰을 끼고 열심히 게임을 했던 것 같아요.

지금… 어떤 기분인가요?

네…. 심장이 쪼그라져 버린 것 같은… 좀 슬프네요…. 아득하기도 한 것 같고.

그 아이는 숨을 곳이 필요했나 봐요.

숨을 곳이요? 컴퓨터 속으로 숨었을까요? 그랬을수도…. 남들은 모르겠는데, 전 게임이 그렇게 흥미진진한 게 아니었어요. 자꾸 하고 싶어서 또 하고 그런 게 아니었어요. 그러니 시험 때는 딱 끊고 공부를 했고, 그래서 그게 제 변명이 되었거든요. 게임하는 것 가지고 어머니가 야단을 치기는 하셨지만, 성적이 나오니까 크게 뭐라고 안 하신 거예요. 그게 너무 재미 있었으면 그렇게 못하지 않았을까요?

무엇으로부터 숨은 건가요?

…안방이요? 어머니와 동생들과 아버지가 계신 안방, 내가 갈 수 없는 어머니와 동생들과 아버지가 계신 거기에 가고 싶은 마음? 궁금해서 자꾸 신경이 가는 상태?…

물론 그곳에 가고 싶었을 거예요. 그런가 하면 가고 싶지 않은 마음도 컸을 거예요. 거기에 가면 나만 다르다는 걸, 나만 엄마가 없는 아이라는 걸, 그들과 다른 편이라는 걸 확인해야 하잖아요? 그것도 피하고 싶은 것이었겠죠.

우리 집은 겉과 속이 달라요. 모두가 그랬어요. 겉보기에 보기 좋은 모습이어야 했어요. 누구도 그것을 깨뜨릴 수 없었지요. 성경대로 살아야 하니까, 타의 모범이 되어야 하니까.

늘 뭔가 얼키설키 얽혀 있는 것 같은 복잡한 느낌이 있었어요. 장면 하나가 떠오르는데요, 고등학교 때였던 것 같은데, 저녁 밥상에 식구들이 앉아 있는데, 갑자기 식구들 머리와 머리 사이에 무슨 레이저 빔 광선이 '빙빙' 하며 엇갈리는 것 같은 뭐, 환상도 아니고 그런 장면이 확 스쳐지나가는 거예요. 그때 내가 게임을 너무 해서 이러는구나 그랬는데, 어쩜 그런 식으로 각자가 눈에 안 보이는 레이저를 쐈을 수도 있겠어요. 그러니 정신을 차릴 수가 없고요.

신경전이네요. 정작 식탁에서 말을 하는 식구는 없는 거죠.

네. 별로요, 말을 안 하지요. 가족예배 때 말하는 게 아마 다였을 걸요. 식구들 대하기가 뭐랄까, 어려웠어요. 뭔가 이게 아닌 것 같은데 하는 느낌으로 말을 하고, 행동을 하는 그런 거요.

집안에서도, 집 밖에서도 말을 하기가 어렵군요. 나가면 목사 아들이어서 얌전해야 하고, 또 집에서는 입조심을 해야 하고…, 마음에 있는 이야기를 꺼내서 말하고, 또 상대의 이야기를 들어보고, 그런 경험이 없어요.

저는 제가 없는 것 같았어요. 몹시 부끄러움을 타는 거지요. 어떤 때는 부끄러움을 숨기려고 더 적극적인 체해요. 내 모습이 어떤 건지 모르겠어요. 어딜 가나 누군가의 눈치를 보고 긴장해 있고 어디서 무엇을 하든 겉돌아요.

그 아이는 혼란스러운 거죠, 지켜야 할 것이 너무 많았고요. 표

면적으로 지켜야 할 것도 많고, 또 식구들 사이에 암암리에 오고 가는 것들도 알아채고 맞추어야 해요. 마음을 탁 놓고 있는 그대로 보이는 대로, 듣는 대로 느끼는 대로 행동하는 게 뭔지 몰라요.

M. 스캇 팩은 『아직도 가야 할 길(The road less traveled)』에서 본보기로서 부모의 역할보다 더 중요한 것은 사랑이라며 부모의 관심과 진실한 돌봄을 강조하고 있다. 부모가 뛰어난 지적 능력과 좋은 직업을 지닌 부유한 사람이라는 것이 아이에게 반드시 필요한 양육의 조건은 아니라는 뜻이다. 그는 '혼동되고 질서가 없는 가정에서도 이따금 순수한 사랑이 존재하므로 그런 가정에서는 훈련이 잘 된 아이가 나올 수 있습니다.'고 하였다. 사랑을 베푸는 부모가 주는 훈련의 질은 사랑을 베풀지 않는 부모의 훈련보다 우월하다고 할 때, 아마도 재남 씨 가정에 빠져 있었던 것이 바로 사소한 관심과 격려, 존중, 자신이 소중하게 취급받는다는 느낌이 아니었을까 싶다.

스스로가 소중한 사람이라는 확신은 어린 시절에 획득되어야 한다. 이것이 없는 낮은 자존감의 상태는 자신을 잃어버린 것과 같다. 여기서부터 자신이 매력 있고 사랑스러운 사람이라는 느낌, 세상 사람들이 자신을 그렇게 바라보리라는 자신이 생긴다.

사람은 일생을 통해 누군가와 연결되어 있다는 감각을 찾으려 한다. 심리학자들은 타인과 친해지고자 하는 욕구를 유아 시기의 엄마와의 연결을 되찾고 싶은 열망으로 보기도 한다. 친밀감의 경험은 무엇과도 비교할 수 없는 살아 있음의 충만감을 느끼게 한다는 것에는 의심의 여지가 없다. 그런데 친밀감이 두려움이라는 결과로 나타나서 타인과 정서적으로 가까워지는 것에 움츠러드는 재남 씨와 같은 사람들은 누구인가?

어떤 사람에게 가까이 간다는 것은 그가 나라는 사람의 모든 측면을, 좋은 것과 매력적인 면뿐만 아니라 부끄러운 부분도 볼 가능성이 높아진다는 것이다. 멀리 있을 때와는 달리 실수하는 모습, 부족한 모습이 드러나는 것은 어떤 의미에서는 당연하다. 하지만 이들은 자신이 불완전한 모습을 보이면 다른 사람들이 예의 주시하고 있다가 자신을 무시하거나 거절하리라는 생각을 하고 있다. 극단적으로 이들은 자신의 보여지는 모습과 실제 모습이 다르다고 여기며 산다.

그래서 친해지면 드러나는 모습과 일상적인 모습을 다르게 '관리'해야 하는 것이다. 일회성 만남이거나 여러 사람과 함께 어울릴 때는 큰 문제없이 지낼 수 있는 사람이 단 둘이 친밀해질 기회가 생기면 양상이 달라진다. 친구도, 아는 사람도, 심지어 연인조차도 일정 거리를 두며 조심스럽게 통제하려고 든다. '난 그들이 내 진짜 모습을 알게 내버려 둘 수가 없어요.' 그들은 스스로가 자기 모습이 진짜가 아니라고 여기며, 막상 친해져서 다른 사람들이 자신이 얼마나 부적절하고 부족한가를 알아내면 큰일이며, 결국 자신을 싫어하게 될 것이라고 믿는 것이다.

재남 씨의 어린 시절에는 신뢰가 없었다. 아마 죽음으로 자신의 곁을 떠난 생모가 첫 번째 배반이었을 것이다. 그 이후에 곁에 있어 주었지만 자주 재남 씨를 곤란하게 만들었던 소통이 어려웠던 할머니도 믿기에 충분하지는 않았다. '그들'이라고 칭했던 아버지와 새어머니, 동생들은 말할 것도 없다. 이건가 하면 저것이고, 또 저건가 하면 이것이었다. 마음을 놓을 수 없었다. 마음 놓고 날 보여줄 수 없었다.

아울러 목사의 아들로서 보여지는 모습을 살아야 했던 부담은 또 어떠한가? 가까운 친구에게 자신을 터놓기에는 눈치봐야 하는 것들, 비밀로 해야 하는 것들이 많았다. '조용히 침묵해야 안전한 삶'은 재남 씨를 사람으로부터 떨어져서 사이버 세계로 가게 했다. 그곳에서는 주저하고 살피고 후회하고 마음 졸이는 일들이 없어서 좋았다. 아니, 거기가 좋은 게 아니라 여기가 힘겨웠던 것이다.

재남 씨는 자신이 무엇을 힘들어했고, 갈등했으며 분노했는가를 하나하나 알아갔다. 졸업 이후에 직장 때문에 다시 찾아든 집은 할머니가 계실 때와는 비교할 수 없을 만큼 낯설고 어색했고 도저히 지낼 수 없는 곳이었다. 어릴 때는 무심히 넘어가던 순간에도 울컥울컥 뭔가가 올라오는 것이었다. 그러니 그곳에서 새 직장에 적응하려고 몸부림친 1년이 재남 씨에게는 안팎으로 힘겨운 과정이었다. 그러면서 간신히 빠져나온 듯했던 사이버의 세계로 다시 들어서게 된 부분을 안타까워했다.

여자들을 부담스러워하고 절대로 그들에게 받아들여지지 않을 거라는 믿음도 어머니와 두 여동생과의 관계와 연관되어 있다는 지점을 이해하게 되었다. 사실은 그들이 두려웠고, 그래서 재남 씨가 먼저 여성들을 피했던 것이다. 억누르고 외면했던 분노가 얽혀 있는 지점을 알아가고, 그것과 현재와의 연관성을 보는 것은 슬픈 일이지만, 대신 후련함과 가벼움을 준다고 했다. 아무것도 모른 채 미로 속을 헤매는 것과 지도를 갖고 길을 찾는 것의 차이다.

　얼마 후 재남 씨는 얼굴을 반쯤 가렸던 긴 머리를 짧게 자르고 와서는, 짧은 머리가 어울리는 것 같다는 말을 했다. 외모에 대해 긍정적 태도를 갖게 된 덕분인지 다시 얼마 후에는 취직도 하였다. 대인관계 문제가 큰 염려였지만, 과거처럼 무작정 도망치지 않고 한번 해 보자는 심정으로 접근할 수 있었다. 객관적으로 자신을 보게 되니, 어떤 때 어떤 태도를, 어떤 사람에게는 어떤 대응을 할지에 대해 궁리하게 된 것이다. 아직 목표점에 완전히 도달하지는 못했지만, 시간과 노력을 들이면 반드시 이곳에서 벗어날 수 있다는 신념을 갖는 것이 출발점이다.

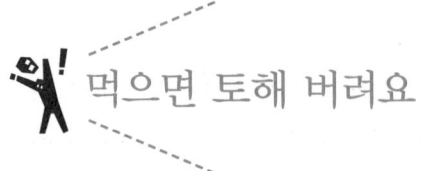

먹으면 토해 버려요

제가, 휴… 말하기가 참… 그래도 해야겠죠….

상담실에 와서 첫마디를 떼지 못해 애쓰는 사람들이 많다. 애써서 날 찾고, 심사숙고를 하고 또 하여 전화를 걸고 시간을 정해서 이렇게 마주 앉았건만, 자기 문제를 낯선 사람에게 내놓기가 어찌 쉽겠는가? 이럴 때는 어떤 말로, 이를테면 '편안하게 이야기해라.' 아니면 '나를 믿고 말을 해라.' 등의 어떤 말로 거들기보다는 그저 가만히 기다리는 편이다. 단 두 사람이 마주 앉아 있는 이 방안에서 숨을 들이마시고 내쉬면서, 믿음이라는 느낌이 저절로 전해지기를 기다린다. 그 느낌이 이 사람이 말할 수 있는 힘으로 변환되기를 바라면서 말이다.

제가요, 먹고 토해요….

쉽지 않은 이야기다. 속이 안 좋아, 배가 아파서, 병이 나서 토하는 것이 아니라 지금 은수 씨는 '내가 섭식장애가 있어요.'라는 말을 하고 있는 것이다.

힘든 발걸음을 떼었어요, 섭식장애가 있다는 것을 인정하고, 누군가에게 말을 하고, 게다가 도움을 청하러 왔다는 건 대단한 결단이에요.

언제부터 이런 문제가 있었는지, 구토는 얼마나 자주 하는지, 섭식의 습관은 어떠한지, 일반적인 것들을 물었다. 그리고 당연히 심리 내적 문제, 갈등과 고통에 대해 물었다. 섭식장애가 심리적 어려움 없이 괜히 발생하지는 않는다.

프로이트는 그의 초기 이론에서 인격의 발달 단계 중 가장 처음 단계를 '구강기'라고 하였다. 엄마 품에 안겨서 젖을 빨며 입을 통해 세상을 파악하고 만족을 얻는 단계를 말하는데, 이 시기에 욕구가 적절하게 충족되지 못하면 성인이 되어서도 입을 통해 욕구만족을 시도한다는 것이다. 현재는 이 이론이 전적으로 받아들여지는 것은 아니지만 여전히 회자되는 놀라운 통찰이다. 감당하기 어려운 스트레스나 심리적 위기에 처할 때 입을 통한 활동으로 긴장을 푸는 사람들은 의외로 많다. 대표적인 행동이 술이나 담배, 음식, 욕설, 수다 등이다. 하지만 모든 것이 그렇듯이 그 정도가 심각할 때는 큰 문제가 된다.

음식과의 관계에 문제가 있는 사람은 다른 인간관계에도 문제가 있다고 본다. 겉에는 음식 문제지만, 내면에는 심리적 갈등, 정체성, 욕구불만, 탐닉과 억제 사이에서 발생하는 분노와 좌절이 있다. 음식은 단지 내면에 있는 정서적 공포와 터져 나오려는 욕망을 덮기 위한 일시적 대상일 뿐이다.

먹는 행위와 그것이 제공하는 포만감은 그 사람이 열망하지만 달성할 수 없는 정서적 추구를 대체하고 있다. 즉, 폭식 문제가 있는 사람은 실제로는 환경과 사회적 요구에 과도하게 민감하며, 이로 인해 불안과 같은 부정적 정서 상태에 놓여 있고, 이런 것들을 잠시 잊기 위하여 폭식과 구토에 의지하는 것이다. 스스로를 통제하고 싶은 욕구는 크지만 이루어지지 않는 것에 심한 무력감을 느끼면서, 아울러 자기 자신과 주위환경에 대한 전반적인 만족감이 저하되어 있는 것이 중요한 문제가 될 것이다.

은수 씨는 입사 1년차 회사원인데 회사 생활이 힘들다고 했다. 일이 많고 야근을 하고 그래서 고단하고 그런 문제가 아니라 주로 상사와의 문제였다. 아니 더 정확하게 은수 씨는 규범 체제를 따르는 것이 어렵다고 했다. 왜 그렇게 남자들은 집단주의를 좋아하는 거냐고 되려 치료자에게 묻는 것이다. 이를테면 경기도 모처에서 워크숍이 있다고 하면 그냥 알아서 각자 가면 될 일을, 일단 그들은 어디서 모여서 어떻게 함께 갈까부터 의견을 맞춘다는 것이다. 당연히 점심 때가 되면 우르르 몰려나가 같이 밥을 먹어야 하는 것은 또 뭐냐는 거다. 무슨 어미오리 쫓아다니는 새끼 오리들도 아니고, 아니면 무슨 조직의 보스와 졸개들도 아니고, 은수 씨는 도대체 남성들의 그런 패거리 문화가 납득이 안 간다고 하면서 비분강개하였다. 처음에 와서 자신의 섭식장애를 말하지 못하며 우물쭈물하던 소심한 은수 씨와 이 은수 씨가 같은 사람인가 의심이 들 만큼 강하게 열변을 토하는 것이었다.

전 그런 게 너무 싫고, 또 싫다는 티도 내거든요. 점심도 가능하면 일찍 나가든지 나중에 나가서 혼자 해결하고, 한 차로 어디 가자고 할 때도 '전 따로 가겠습니다.' 하거든요. 그러니 상급자 입장에서는 제가 참 다루기 어려운 부하직원일 거예요. 그렇다고 제가 나쁜가요? 난 잘못이 없는데 눈 밖에 나는 느낌이에요. 그들이 날 골탕 먹이려고 뭘 꾸미는 것도 같아요. 억울함이 확 밀려오는 거죠. 퇴근하면 계속 회사 생각을 해요. 그들이 내게 보냈던 메시지를 파악하려는 거지요. 그냥 당할 수는 없잖아요?

한 인간이 어떤 사람인가를 말할 때, 그가 어떤 환경에 어떤 조건에 놓여 있는가를 본다. 가장 기본적인 것으로는 '어떤 외모에 어떤 학벌에 어떤 직업을 가졌는가?'와 같은 것들을 알면 그 사람에 대해 꽤 많이 안 것이라고 여긴다. 허나, 심리치료자에게 이런 정보라는 것은 그저 바닷물을 한 바가지 푼 것에 불과하다. 이런 것들을 가지고는 이 사람이 지금 왜 이런 고통 속에서 헤매는가를 이해할 수 없다. 은수 씨도 그랬다. 좋은 고등학교에 좋은 대학을 나온, 모두가 부러워하는 회사에 취직한 전도양양한 젊은 이가 아닌가! 게다가 다른 문화권에서 살다 온 사람도 아니건만, '옳다 그르다'를 떠나서 우리 사회에는 아주 흔한 회사 분위기를 이토록 못견뎌하고 있다는 것이 놀라운 일 아닌가?

섭식장애도 큰일이고, 회사 부적응도 큰일이다. 관계에 대한 경계와 의심이 증가되어 있다. 하지만 아마도 영 다른 이러한 문제들이 결국은 한 뿌리에 닿아 있을 거라고 본다. 무엇이 이 음전한 아가씨를 이토록 불안정하게 하는가?

가족에 관한 질문에 은수 씨의 답변은 '아빠는 오십 대 공과대학 교수, 엄마는 오십 대 전업주부예요. 다른 형제는 없고 외동

딸이에요.' 달랑 이 정도였다. '아버지는 어떤 분이에요? 어머니는 어떤 분이에요?'라는 질문에도 언뜻 답변의 방향을 잡지 못한다. '그냥 평범해요. 그냥 보통 부모님….' 부모에 관한 질문에 가장 흔한 답변이 이렇다. '평범이나 보통' 처음부터 '우리 부모에게는 이런 문제가 있어요.', '우리 부모는 나를 이렇게 힘들게 했어요.'라는 대답을 하는 경우는 극히 드물다.

하지만 치료자가 궁금한 것은 부모님의 사회경제적 지위나 타인에게 어떻게 비춰지는가 하는 것이 아니라 바로 이 사람과 어떤 관계를 맺어 왔는가, 다른 사람이 아니라 바로 이 사람에게 어떤 아버지, 어떤 어머니였는가가 중요하다. 하지만 내담자들은 이 부분으로 들어가는 것을 어려워한다. 자칫하면 다 큰 자식이 부모를 원망하거나 비난하는 일이 될 거라고 여긴다. 우리에게는 그건 정말이지 해서는 안 되는 짓이라는 의식이 강하다. 그래서 어떡하든 현재 자신이 갖고 있는 문제와 부모와의 연결고리는 없는 것으로 했으면 하는 간절한 마음들을 갖고 있다.

하지만 그것이 어찌 가능한 일이겠는가? 현재 내 문제를 해결하려면 내가 어떤 사람인지 알아야 할 것이다. 나라는 사람의 전체 모습에 관한 그림을 그려내지 않고 '이 문제'만을 똑 뜯어 해결할 수는 없기 때문이다. 그렇다면 내가 어떤 사람인가를 찾아 나선 여행길에 등장하는 가장 중요한 인물은 부모일 텐데, 그들이 누구인지, 나와 어떻게 관계 맺어 왔는지를 따져보지 않고 과연 이 여행에 진전이 있겠는가?

토하게 된 건 대학 4학년부터라고 했지요? 그 전에는 체중이나 외모와 관련하여 어떤 일들이 있었나요?

전, 평생 다이어트를 했어요. 아니 강요받았다는 말이 더 맞아요. 믿지 않으시겠지만 진짜 태어났을 때부터라고 봐요. 유치원, 아니 그 이전에도 엄마는 '너 오늘 과체중이야, 오늘은 그만 먹어야겠어!' 하는 말을 자주 하셨어요. 단 것도 안 되고 기름기가 많은 것도 안 되고, 단 하루도, 그야말로 단 하루도 체중계에 올라가지 않은 날이 없어요. 자기 전에는 꼭 체중계에 올라갔고 엄마가 체중을 체크했어요. 왜 고등학교 때는 다들 살이 찌잖아요. 전 그때도 50kg를 넘으면 안 됐어요. 엄마로서는 되게 양보한 게 50kg인 거죠. 대학 이후는 줄곧 45kg이에요. 손바닥을 맞거나 불평이라도 하는 날에는 따귀를 맞는 때도 있었어요(이때부터는 눈물이 터져버리고, 말이 반, 흐느낌 반이 되어버렸다).

왜… 무슨… 세상에… 살찌는 것과 관련해서 무슨 그럴 만한 병이나, 뭐… 가족력이라도 있는 거예요?

엄마가 무용을 하셨어요. 오십 대인 엄마 자신이 지금도 50kg를 유지하세요. 엄마 본인이 평생을 체중과 싸우면서 사세요. 그런데 아빠는 아니거든요. 살집이 좀 있으세요. 친가가 고모들도 그렇고 다들 좀 체격이 있으시니까, 엄마가 늘 하는 말이 '넌 친탁을 했기 때문에 특히 조심하지 않으면 안 된다. 큰일 난다'는 거예요.

엄마가 아이를 붙들고 체중 때문에 그렇게 압력을 행사할 때 아빠는 어떻게 하시는 거예요?

아빠요? 아빠는 아무 생각이 없으세요. 오로지 공부 외에는. 아빠는 다혈질 완벽주의자예요, 게다가 분명 우울증일 거예요. 선생님, 굉장히 감정 기복이 심한 우울증도 있나요? 아빠가 제 공부에 얼마나 집착을 했냐면, 제가 초등학교 4학년 때 수학경시대회에서 수학을 96점 받았다고 한 달 동안, 정말 하루도 빼먹지 않고 아빠한테 혼났었어요. 100점을 못 받았다고요. 중학교 1학년 때인가, 평균 95를 넘지 못했다고 기말고사 끝나고 새벽 2시까지 무릎 꿇고 아빠 꾸중을 들으면서 '한 번만 더 평균 95점을 넘지 못할 때에는, 그리고 00고등학교로 진학을 못할 시에는 이 집을 나가겠습니다.'라는 각서를 쓴 일이 있어요. 전 아빠한테 칭찬을 받아본 기억이 없어요. 항상 '넌 왜 이러니?' '왜 이것밖에 안 되니? 좀 더 하면 될 텐데'로 시작하는 부정적인 말이 다예요.

어릴 때는 다 제가 훌륭한 사람이 되기를 바라서 그런 거라고 교과서에 나온 것처럼 생각하려고 애쓴 적도 있어요. 그런데 아빠는 되게 헷갈리게 하는 것이 공부 공부하면서 또 '여자가…' 하는 말을 입에 달고 사는 거예요. TV에 여자 정치인만 나와도, 여자 영화감독이라든지, 뭐 여자가 퀴즈프로에서 1등을 한다든지 하면 여지없이 '여자가…'로 넘어가요. 재수가 없다는 말이지요. 그런데 '나는 1등을 해야 한다고?' 무지 헷갈리는 거예요.

공부만 빼고는 모든 것에 무슨 조선시대 남자 여자 가르듯이 했어요. 옷 입는 것도, 큰소리 내서 웃는 것도, 걷는 모습, 앉는 자세, 그리고 학과 선택을 할 때도 여자가… 정말 악 소리가 날만큼 그놈의 '여자가…' 전 그 말이 세상에서 제일 싫어요!

딱한 노릇이었다. 아버지의 이런 이중적인 기준이 아이에게

어떤 영향을 주었을지 상상하기조차 두렵다. 둘 중 하나만 있었어도 어려웠을 것이다. 공부에 대해 이토록 강압적인 태도는 당연히 아이에게는 견디기 힘든 고통이다. 거기에 더하여 시대에 걸맞지 않는 여자다움에 대한 강조라니! 그런데 아빠의 '여성스러움'이라는 것은 '얇고 가는 몸'이라는 어머니의 강조와 또 어떻게 연결되었을지 복잡하다.

아버지의 이중적 태도는 어머니에게도 그대로 적용되는 것이었는데, 이를테면 아빠는 엄마에게도 아주 여성스러운 것들을 기대했다. 집안을 꾸미고, 음식을 만들고, 손님을 대접하고, 여전히 아름다운 아내 같은 것들이다. 그런데 또 어떤 때는 머리가 좋고 판단력이 뛰어난 것이 인간의 가치 중 가장 중요하다는 관념을 엄마에게도 들이대는 아빠였다. 하지만 어머니는 전자는 충족을 시킬지언정 후자는 안 되는 분이었다.

실은 두 분이 결혼할 때, 친할머니가 어머니가 무용과 출신이라는 것 때문에 반대가 심했다고 한다. 은수 씨 기억에도 친할머니는 예체능하는 여자들은 머리가 비었다는 말을 자주 하시곤 했다. 소질도 없었지만, 은수 씨가 어렸을 때 어머니가 발레를 가르치겠다고 해서 집안이 난리가 난 적이 있었다.

또 하나 어머니의 맹점은 아들을 못 낳은 거였다. 이 역시 친할머니에 의해 자주 이야기되는 거였는데, '남 다 낳은 아들을 뭐가 부족하다고… 애도 안 써보고… 저거 하나로 끝내서 어쩌자는 거냐고….' 이런 말들이었다. 나중에 들은 이야기지만, 어머니는 은수 씨를 가졌을 때 체중이 과하게 불었고, 출산 이후에도 체중 때문에 워낙 고생을 했다고 한다. 그래서 은수 씨 출생 이후에는 다시 임신하는 것을 피한 것 같고, 나중에는 더 이상 임신이 안 됐던 것 같다. 그러니 사실 체중과 관련된 복잡한 주제는 은수 씨가 아니라 어머니가 먼저 갖고 사는 셈이었다.

두 분은 사이가 안 좋았어요. 엄마는 아빠를 '세상 물정 모르는 무능한 사람' 취급을 했어요. 사실 이모부들이 부자거든요. 전 우리집도 괜찮다고 여기는데, 엄마는 늘 불만이 많았어요. 그 집들과 우리집은 단위가 다르다나요? 이모부들은 사업을 하세요. 물론 학벌이야 우리 아빠가 최고죠. 그래서 아빠는 또 이모부들과 어울리는 걸 좋아하지 않죠. 마주쳐야 좋은 소리 나올 게 없으니까. 아빠는 '돈 버는 재주밖에 없는 인간들' 취급을 하니까요.

두 분이 다투는 또 하나는 친할머니와 관련된 것들이 많았어요. 한동안은 아예 친가에 가지 않은 적도 있어요. 엄마가 안 가는 거지요. 아빠와 저만 가고. 그렇게 둘이만 가는 할머니 댁은 참 싫죠. 냉랭하니 별로 좋은 분위기도 아니고, 전 또 할머니가 챙겨주는 음식을 먹어야 하나 말아야 하나… 이런 생각과 엄청 싸워야 하는 시간이니까요. 당연히 집에 들어서기가 무섭게 체중계에 올라서야 했으니까요. 뭐지요? 얘기하다 보니 선생님, 엄마는 체중을 갖고 할머니나 아빠한테 뭘 시위한 게 아닐까요?

시위라고요?

할머니나 아빠는 저의 성적이나 똑똑한 것, 이런 데에만 관심이 있었으니까요. 심지어 할머니는 나를 안 먹이는 걸 갖고 엄마를 심하게 나무라는 때도 많았어요. 엄마는 들은 척도 안 하죠. 엄마는 그런 할머니와 아빠에게 나를 엄마 젊었을 때 발레리나와 같은 마른 몸매로 만들어 보여 주려고 한 거 아닐까요? 이게 더 가치가 있다고! 중요하다고! 하면서.

'평범하며 보통인' 아버지, 어머니에서 시작한 이야기가 실제 그분들 이야기에 가까워지고 있었다. 자신이 살아온 이야기를 하면서 은수 씨는 더 이상 회사 상사의 이야기를 하지 않았다. 그들이 보이는 '마초 기질'이 얼마나 역겨운 것인가에 대해서, 그들이 자신을 얼마나 안 좋게 생각하고 있는가에 상담 시간의 대부분을 쓰던 초기를 생각해 보면 큰 변화다. 물론 얼마나 많이 무엇을 먹었는지, 먹지 않으려고 했다가 또 먹게 되는지, 먹고 싶은 걸 어떻게 참았는지에 대한 이야기도 상담이 중반으로 들어서면서 거의 나오고 있지 않다.

사람은 누구나 상대방의 관심에 반응하려는 태도가 있다. 치료자와의 관계도 마찬가지다. 난 은수 씨가 어떤 사람인가에 관심을 갖고 있고 그런 내 관심이 그녀에게 전해지면서 은수 씨도 그 주제에 머물며 이야기를 하는 것에 관심이 생기게 되는 것이다.

어느 날 은수 씨와 '남자니까… 여자니까…'에 매달리는 아빠의 가부장적 가치를 죽어도 받아들일 수도, 용서할 수도 없다는 말을 하던 중이었다. 은수 씨 표정이 골똘히 뭔가를 생각하더니만,

선생님, 사실은 아빠가요, 이복 형제들이 많아요. 그러니까 할아

버지가 부인이 셋쯤 되었다는 것 같아요. 더 되었을 수도 있고요. 우리 친할머니가 첫째 부인이었는데, 그 밑으로 부인이 여럿이고 또 자식들도 있고요. 아빠는 물론 그걸 되게 싫어했겠죠. 할머니가 마음 고생 심했다는 말을 삼촌들도 다 하니까요. 그런데 또, 그러면서도 이상하게 자기네는 이복형제들도 다 품을 수 있고, 이 씨라는 이유 하나로 우리 집안은 특별하고, 할아버지는 그럴 수 있고…. 그런 논리를 펴는 걸 여러 번 들었어요. 물론 옛날 분이기는 해도 그건 좀 아니잖아요? 무슨 조선시대도 아니고요. 그렇게 특별하다는 식으로 아버지 집안 이야기 하는 거 진짜 역겨워요.

그런데 아빠가 가부장적 가치, 즉 남자는 여자와 다르다는 가치를 붙들어야 했던 이유가 이게 아닐까요? '남자여서, 남자니까 그럴 수 있다'를 붙들지 않으면 할아버지를 비난해야 할 거고, 부도덕한 아버지를 둔 이상한 집안이 되니까요. 그렇게 인정하고 싶지는 않았던 거죠.

엄마는 또 계속 그걸 지적해요. 뭘 대단한 집안이라고 그러냐? 콩가루면서! 그러는 거죠. 두 사람을 보면, 대체 왜 결혼을 했을까? 제 인생 최대의 질문이 그거예요. 아빠는 엄마를 무시하죠. 말이 안 통한다. 논리가 약하다. 엄마는 아빠를 향해 경제 개념이 없다, 무능하다로 맞서고요.

자신이 성장한 가족 분위기를 이해하는 것은 아주 중요하다. 이런 이야기를 통해서 비로소 자신을 이제까지와는 다른 각도로 바라보게 된다. 지금까지 하나의 배경화면만 설정해 놓고 그 속의 자기를 봤다면, 이제는 이런 배경, 저런 배경 속에서 자신을 바라보게 되는 것이다. 당연히 제대로, 왜곡 없이 바라볼 가능성이 높아진다.

심리치료의 큰 가치 하나가 여기에 있다. 스스로를 무작정 비판하고 비난하고 자책하거나 혹은 타인을 원망하거나 무작정 면죄부를 주는 모든 행위들이 사실은 제대로 된 자기관찰이 일어나지 않아서다. 우리가 온전하고 지혜로운 정신을 갖기 위해서는 자기를 제대로 바라보는 훈련이 필요하다. 추상적으로 들릴 수도 있겠지만, 일단 '보겠다'고 결정하는 일이 가장 중요하다. 이것의 가치를 인정하고 자꾸 의식하고 행하다 보면 자신의 감정과 느낌과 생각이 보다 잘 '보인다'. 그것들을 가지고 객관적 시각으로 행동을 결정하게 된다. 이 과정의 처음에는 일단 치료자를 신뢰하며 치료자의 시각으로 바라보는 단계가 있고, 마침내 스스로 제3자의 시선을 갖는 단계로 발전한다. 자신의 감정과 논리에 귀 기울이고 통합할 수 있게 된다. 이것이 궁극적으로 자각(自覺)이다.

엄마, 아빠의 그런 실랑이 속에서 은수 씨가 힘이 많이 들었군요. 은수 씨로서는 엄마 편에 서기도, 그렇다고 아빠 편에 설 수도 없었어요. 다툼이라는 것 앞에서 아이는 무엇이 옳은지 혹은 그른지 구분하고 싶어 해요. 왜 어렸을 때는 잘못을 하면 혼이 난다고 생각하잖아요? 내가 혼이 날 때의 분위기와 부모님의 표정과 두 분이 서로를 비난하며 싸울 때의 표정과 내용이 사실 비슷해요. 그러니 아이는 누가 잘못해서 이런 분위기, 이런 표정이 나올까 생각하죠. 그래서 두 분 중 한 사람이 사과하거나, 또 용서하면서 한 사건이 매듭지어지면 아이는 헷갈리지 않고 이해하면서 싸움을 자연스럽게 대하게 되요. 아, 이번에는 엄마가 좀 잘못했구나! 그래도 괜찮구나, 다시 또 친하게 되는구나! 하는 거죠.

아니요, 우리 집에는 그런 장면은 없어요. 전 꼬마였을 때는 너무 무서웠고, 좀 커서는 긴장했던 것 같아요, 두 분이 이혼할지 모른다는 생각을 했으니까요. 더 커서는 다 싫었어요, 엄마도 아빠도 다 싫었어요. 대학 들어가서는 카운트다운하는 심정으로 살았어요. 조금 남았다. 이제 돈 벌어 독립한다. 저 지긋지긋한 체중계에 안 올라간다….

한 사람은 성취 압박으로, 또 한 사람은 체중 압박으로 하나뿐인 딸을 상처입혔다. 그 상황에서 탈출을 꿈꾸지 않을 사람이 누가 있겠는가? 전혀 타협이 일어나지 않는 두 분의 강한 요구에서 벗어날 수 있는 길은 경제적 독립, 즉 취업이었다. 대학 4학년부터 본격적으로 폭식과 구토 행위가 일어난 배경에는 취업에 대한 압박감과 실패하면 큰일이라는 불안감이 작용했을 것이다.

어마어마한 스트레스를 견디면서 입성한 회사라는 곳에서 은수 씨가 받았던 충격은 가히 핵폭탄급이었다. 거기서 하필 은수 씨는 아빠가 말하던 '남자들이 사는 세상'을 봤으니 놀라움과 당황스러움은 감당하기 힘든 분노와 경계심, 의심으로 확산되어 갔다. 여기까지 와서, 은수 씨가 그토록 그리던 이곳, 탈출을 시도할 수 있는 고지에 왔는데, 거기가 남자들이 '남자 같은 짓'을 하는 세계라니 정신이 아득해진 것이다. 당시 은수 씨 눈에는 그렇게 보였다. 자신을 차별하고 불이익을 줄 것이다. 여자라고 무시할 것이다. 다시 또 그 꼴을 당할 수는 없다. 그러니 그들이 틀렸다는 것을 증명해야 한다. 꼭 그렇게 하겠다!

하지만 은수 씨가 진정 원했던 것은 사회를 향해 양성평등 깃발을 들고 나서는 잔다르크가 되고자 함이 아니라, 아빠가 틀렸다는 것을 온몸으로 보여주고 싶었던 것이 아니겠는가? 절대 타협하지 않겠다는 결의는 사실은 이제 더는 아빠의 가치에 순응하지 않겠다는 몸부림이었으니, 회사 생활을 하면서 은수 씨 스스로도, 자기가 자신에게 불리한 행동을 하고 있다는 감각을 느끼면서 더 극도로 불안해진 것이다.

선생님, 부끄럽지만, 사춘기 때 자해를 곧잘 했었어요. 뭐… 자살 시도까지는 아니고요, 그냥 왜 있잖아요. 카터 칼로 손목 긋기나 아니면 허벅지를 꽉 꼬집어 비트는 그런 거였어요. 대개는 엄마한테 혼나거나 아빠한테 맞거나 그러고 나서 하는 짓이었어요. 나를 망가뜨리고 싶었어요. 내가 나를 망가뜨려야 저 사람들이 정신을 차릴까? 그랬어요. 그런데 이번 주에 그런 생각을 했어요. 토하는 것도 그런 거였구나. 단지 체중 때문은 아니었구나. 자꾸 언뜻언뜻 나를 망가뜨리고 싶은 내가 나오는 것 같아요. 그럴 때면 세상이 다르게 보여요. 실컷 먹고 토하고 나면 세상이 아주 낯설어요. 내 발밑이 흔들리는 듯, 찌지직 갈라지는 곳에 위태롭게 서 있는 듯 초라해지고 나 혼자 있는 것 같았어요.

은수 씨, 회사에서 그렇게 까칠하게 굴면서 자꾸 엇나갔던 것도 결국 비슷한 거 아니었을까요? 내가 나를 손해 입히는 거잖아요. 그러다가 눈 밖에 나고, 고과 나쁘게 받고, 이상한 여자라고 찍히면 은수 씨만 손해잖아요. 진짜는 아빠한테 터뜨리고 싶은 것들이겠죠. 아빠한 테 아빠가 틀렸고, 그것 때문에 내가 끔찍하게 괴로웠다는 말을 하고 싶은데 엉뚱한 회사 사람들을 경계하고 미워했어요. 사실 그들은 이 은수라는 개인에게 어떤 특별한 행위를 한 게 없어요. 아무짓도 안 했 다고요! 그런데 은수 씨는 그들에게 본때를 보여주겠다고 결국은 나를 손해 입힐 뻔 했어요!

상담치료를 통해서 부모가 달라지지는 않는다. 회사 상사가 달라질 이유도 없다. 상담치료는 다만 자신의 마음의 지도를 현실 에 맞게 개정하는 작업이라고 보면 적절할 것이다. 은수 씨는 부 모에 대한 원망과 비통함을 쏟아내면서 보다 '현실적'으로 되었 다. 분노 감정을 그것 그대로 표현하고 자신의 마음속에 있는 것 을 인정하고 나면, 더 이상 왜곡된 감정과 사고와 행동 뒤에 숨을 필요를 느끼지 않는다. 오래된 내 안의 분노가 정리되면 침착하게 현실을 바라볼 수 있다. 사람들이 자신에게 '실제로' 어떻게 하는 지, 나는 또 '실제로' 어떻게 하는지가 보인다. 모든 행위의 핵심 은 자신이 자신을 소중하게 대하는 일이다. 그 과정 중에 '무엇을 어떻게 해결할 것인가?' 하며, 실제 문제를 문제로 보게 된다. 은 수 씨는 회사에서 벌어지는 일을 개인 차원이 아니라 전체 회사, 전체 부서라는 넓은 차원에서 바라보는 노력을 하게 되었다. 그랬 더니 전에는 이해할 수 없는 일도 '그럴 수 있는 일'로 받아들이는 여지가 생겼다. '어떻게 하면 이곳에서 잘 지낼 것인가?'를 궁리하니, 오히려 상처받는 일도, 분통을 터뜨리는 일도 줄더라는 것이다.

부모와의 관계에서도 변화가 생겼다. 가장 큰 일은 엄마 앞에서 '더 이상 엄마의 저울에 올라가지 않겠다, 내가 알아서 건강하게 체중조절을 하겠다.'는 폭탄선언을 한 사건이었다. 물론 어머니는 난리를 쳤지만, 이제 은수 씨는 더 이상 만만한 어린 아이가 아니지 않는가? 그런 어머니에 맞서 울고불며 화를 폭발하는 대신에, 자신의 의사를 표현하고 또 표현하는 방식을 택했다. 어느 날에는, '이번 주에 아빠와 언쟁이 있었는데, 제가 흥분하지 않고 가만히 듣고 있었더니, 논리도 안 맞는 주장을 좀 펴시다가 곧 그만두시는 거예요. 그때 아빠 표정이 좀 웃겼어요. 좀 풀죽은 어린 애 같다고 할까요?'라는 말을 전하기도 했다. 폭식, 구토는 잠잠해지고 있었으며, 점심도 여럿이 먹는 날이 늘어나고 있었다. 하지만 남자들을 비판적 시각으로 관찰하는 버릇은 한동안 계속되었다.

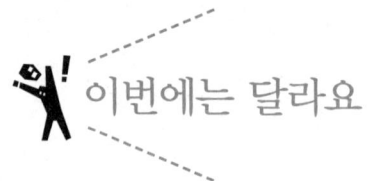

이번에는 달라요

선생님도 돈을 받으니까 절 만나시는 거잖아요. 다 똑같아요. 다들 저를 이용하기만 해요.

한 고비를 넘었다고 생각했는데, 다시 또 고비가 오는 것 같다. 수미 씨는 얼마 전 헤어진 남자에 대해 이야기하다가 치료자의 뭐가 마음에 안 들었던지 화살을 나를 향해 쏘고 있다.

다들 수미 씨를 이용한다는 기분이 드는군요. 믿었던 사람에게 또 당했다는 생각을 하니 분한 거죠.

선생님은 '그럴 줄 알았다, 샘통이다' 하시죠? 제가 오빠에 대해 자랑할 때도 선생님은 믿지 않았잖아요.

내가 그 오빠를 못 믿을 사람이라고 했어요?

그 말이 그 말이죠. '천천히 가자, 천천히 가자…' 했잖아요.

그래요, 천천히 가자고 했어요. 그 말이 무슨 의미였는지 기억해 보세요.

한쪽만 보지 말라고 하셨어요. 이것저것 다 보자고, 산에는 나무만 있는 게 아니고 바위도 있고 물도 있다고 하셨어요.

수미 씨는 이성교제에 사연이 많은 여성이었다. 우리가 처음 만났을 때 수미 씨 상태는 그야말로 화가 온몸을 다 채우고도 모자라 밖으로 철철 넘치는 형국이었다. 화가 활활 타올라 이러다가 이 여자가 재가 되겠구나… 그런 느낌이 전해졌었다.

전도사를 사랑했다고 했다. 만나게 된 시작도 영화 같았는데, 당시도 연애에 실패했을 때였고, 마음이 너무 아파서 교회를 찾았고, 하염없이 울며 또 울며 앉아 있었는데, 그때 다가와서 말을 건넨 남자가 그 교회 전도사였다. 수미 씨는 찢어지는 마음을 절절하게 토로하였고 전도사는 위로를 전하였다. 기도를 해 주었고, 영원한 사랑에 대해 말해 주었다. 수미 씨는 전도사가 정말 훌륭해 보였고, 매우 고마웠고, 자주 자주 전도사를 찾게 되었다. 물론 교회도 열심히 나가기 시작하였으며, 전도사에게 선물을 하고 메일을 보내고 만남을 청하여 개인적인 위로와 도움을 받기를 원했다.

남녀 사이라는 것이 알 수 없는 데가 있어서 그렇겠지만, 두 사람 사이는 점차 목회자와 신도의 관계를 넘어서고 있었다. 수미 씨는 어느새 전도사를 사랑하고 있었고, 그녀의 상상 속에서는 벌써 사모가 되어 있었다. 점점 더 사랑이 깊어진다고 여기면서 성적 관계를 갖는 데까지 그리 오래 걸리지 않았다. 한데, 문제는 그다음부터였다. 시간이 지날수록 수미 씨는 전도사와 점점 더 많이, 깊게 사랑하기를 원했고, 그건 곧 늘 함께 있어야 한다는 의미였다. 그게 현실적으로 어렵다면 수미 씨가 그렇게 느낄 수 있게 전폭적인 관심을 끊임없이 보여줘야 하는 것이었다.

하지만 전도사의 관심과 사랑이 수미 씨 기준에 미치지 못한다고 느껴지면서 수미 씨는 불안해졌고, 그 불안을 잠재우기 위해서 뭐든 해야 했다. 조르고 투정부리고 애원하는 것으로 되지 않자, 수미 씨는 전도사의 휴대폰을 뒤지기 시작했다. 목적은 오로지 전도사가 뭘 하느라 그리 바쁜지가 궁금했던 것인데, 아뿔사, 휴대폰 속에는 수미 씨 말고도 연인이라고 할 수밖에 없는 여성이 셋이나 더 있었다.

여기가 지옥으로 들어가는 입구였다. 수미 씨는 놀라울 만치 영리하고 집요하게 그들을 캤고, 그중 하나는 5년 이상 사귀어 온 결혼을 약속한 여성, 다른 하나는 수미 씨와 같은 신자, 또 다른 하나는 신도 중의 나이가 많은 부인이었는데, 거의 전도사의 스폰서 역할을 하고 있었다.

내게 왔을 때는 이미 피폐해질 대로 피폐해진 다음이었다. 그 세 여성을 다 만났고 다 까발렸고, 사태의 심각성을 느낀 전도사는 스스로 그 교회를 떠나 잠적했다. 그래도 직성이 다 안 풀린 수미 씨는 수면제로 자살을 시도했고, 병원에서 퇴원한 후였다. 수미 씨는 끝까지 잠을 못자서 자려고 했다며 자살 시도는 부인했지만, 상황은 그거나 저거나 진배없었다. 퇴원 후에도 심리치료가 필요하다고 여겨진 것은 수미 씨는 여전히 그 사건에서 빠져나오지 못하고 있었기 때문이었다.

수미 씨는 전도사를 과거 어느 남자보다도 확고하게 믿었던 것 같다. 하나님이 그동안 자신의 고통스러운 삶을 구원하라고 보낸 사람으로 여긴 것이다. 이제 자신의 방황은 끝이 난 것이고, 사모의 삶을 살면서 자기처럼 정신적으로 힘들어하는 사람을 돌보며 살 거라고 굳게 결심했는데, 그 인간이 자신의 모든 것을 다 짓밟았다는 것이다. 그러니 교단에도 이 사실을 알려서 자신과 같은 피해자가 더 이상 발생하지 않게 해야 한다고 펄펄 뛰었다.

아울러 세 여자 중 나이가 많은 부인에 대해서는 계속 그 집을 쳐들어가 자식과 남편 모두에게 다 알리고 풍비박산을 내야겠다는 것이었다. 다 늙은 여자가 자기 자식뻘쯤 되는(그 여성의 실제 나이는 그보다는 젊었지만) 전도사를 돈으로 농락했으니 교회 모든 사람에게 알려야 한다고 계속 주장하는 것이었다. 이미 난리를 칠만큼은 쳐서 스스로도 그렇게 고통을 받았는데, 아직도 부족하다니. 복수란 늘 내 쪽의 상처를 먼저 후벼파야 하는 것이 아닌가.

치료자는 웬만해서는 '옳다, 그르다'를 말하지 않으려고 한다. 정당한 판단을 회피한 채 안전지대에 남으려는 의도라는 비난을 당할 때도 있지만, 치료자가 판단하지 않으려는 것은 그것이 무용하기 때문이다. 정신증(신경정신과 문제 중, 현실검증능력이 손상된 분류다)이 아닌 바에는, 당사자도 뭐가 옳고 그른지를 모르지 않는다. 머리로는 다 알고 있다. 그러니 내게 와서 또다시 옳은 일을 해야 하고 그른 일을 하지 말아야 한다는 말을 들을 이유는 없다. 수미 씨와 난 복수를 해야 할지 말아야 할지에 대해서 '논쟁'하지 않았다. 수미 씨는 한 회에 한두 번씩 꼭 물었지만, 난 그저 시간을 좀 갖자고 했다. 그리고 우리가 나눈 이야기는 수미 씨가 어떻게 살아왔는지, 어떤 아이로, 어떤 소녀로, 어떤 성인으로 성장해 왔는지 그런 이야기였다.

수미 씨의 어린 시절에 대해 묻자 그녀도, 또 나도 좀 난감해졌는데, 큰 눈을 껌벅껌벅하더니, 하나도 기억이 안 난다고 했다.

그러면서 중학교 때 이야기를 하려는 것이다. 내가 초등학교 이전부터 좀 들어보자고 재차 물었지만, 그녀는 정말 기억이 없다는 것이다.

놀랍지 않은가? 20대 후반의 아가씨가 초등학교 때까지의 기억을 전혀 못하고 있다니! 어린 시절의 기억이란 망각에 매우 강건해서, 칠십이 넘은 분들도 대여섯 살 무렵의 이야기를 잘 하신다.

이런 경우 치료자는 두 가지 가능성을 염두에 둔다. 하나는 굳이 치료자 앞에서 거짓을 말하려는 것은 아니지만, 정말 이야기하기 힘든 주제가 있는 경우다. 많은 경우 친족에 의한 성폭행이나 출생의 비밀과 같은 것들이 '기억나지 않는 것들'로 자리 잡았다가 시간이 좀 지난 이후에 나오게 된다. 다른 하나는 기억하고 싶지 않은, 혹은 기억하기에 너무 벅찬 부정적인 내용을 무의식적으로 강하게 억압하면서 진짜로 기억이 나지 않는 것이다. 하지만 이런 경우라고 해도 상담이 진행될수록 기억은 점차 회복된다.

몇 회를 돌고 돌아 수미 씨가 조각조각 퍼즐 맞추듯 찾아낸 기억 속의 그녀는 외로운 아이였다. 아빠는 늘 집에 없는, 어쩌다 오시는 분이었다고 했다. 그런데 아빠 하면 기억나는 것은 '얼룩덜룩한 군복'과 또 하나, 무섭다는 느낌이다. 기억은 없는데 무섭다는 느낌은 분명하단다. 아빠의 무서운 모습은 수미 씨를 향한 것은 아니었다고 한다. 그래도 어쩌다 오신 아빠가 과자도 사주고 시장도 데려간 기억을 갖고 있었다. 하지만 그런 정겨운 장면에 오빠는 없었다. 아빠가 오빠한테는 야단도 많이 치고, 무섭게 했는데, 그 분위기에 수미 씨도 겁이 나서 숨기도 했단다.

엄마에 대한 기억은 늘 일하는 엄마였다. 엄마는 계속 재봉틀에 앉아 있었고, 어린 수미 씨를 향해 늘 '저리 가라.' 아니면 '나가 놀아라.'라고 한 것 같다. 수미 씨는 엄마가 재봉틀을 하는 방 한쪽에서 뭘 먹거나 TV를 봤던 것 같고, 좀 커서는 그야말로 골목길에서 하염없이 놀았던 기억이 있다.

아빠가 오는 걸 반가워했던 적도 있는 것 같아요. 누가 온 거니까요. 그건 늘 있는 일이 아니고, 신나는 무엇이니까. 그런데 그리고 얼마 후면 아빠는 간다는 말도 없이 사라졌던 것 같아요. 깨고 나면 없거나, 나갔다 오면 없거나. 어릴 때는 아빠, 아빠하면서 울기도 했던 것 같은데, 그렇다고 엄마가 뭘 어떻게 해 줄 수 있는 것도 아니고…. 어느 날부터인가는 아빠가 오는 게 별로 좋지 않았어요. 조금 반가웠지만, 아빠가 오면 오빠를 혼내고 집안 분위기가 살벌해지는 것도 싫고, 어떤 때는 엄마하고도 싸우니까 그것도 싫고 그랬던 것 같아요. 저는 예뻐하는 것 같았지만, 커갈수록 어쩌다 한 번 보는 아빠한테 다가가 안길 수도 없고 애교를 피우는 것도 이상했으니까요.

아빠는 수미 씨에게 갈망을 일으키는, 흥분시키는 대상이기도 하고, 또 욕구를 좌절시키는 거절하는 대상이기도 하였다. 아빠와 함께 어디 계곡 같은 데서 여럿이 함께 찍은 사진도 있긴 한데, 기억은 없고, 유치원 시절도 초등학교 입학식도 누가 함께 했는지 기억해 내지 못했다. 아빠는 수미 씨 초등학교 몇 학년 때인가부터 군인을 그만두셨는데, 그래도 집에서 오래 살지는 않았다.

얼마에 한 번씩 와서는 한동안은 아무 데도 안 가고 낮이나 밤이나 집에만 있으셨고, 그러다가 어느 날 학교 다녀 와보면 일하러 가셨다고 하는데, 그러면 또 한동안 집에는 아예 안 오는 그런 생활이었다.

오빠와 수미 씨를 다르게 대하고, 오빠에게 나쁘게 대하는 건 나이가 들수록 분명해졌다. 당연히 오빠는 집에 있으려고 안 했고, 고등학교부터 다른 지역에서 혼자 생활하는 쪽을 택했다. 엄마는 의류 수선집을 하기도 했고, 나중에는 분식집을 하기도 했다. 어쨌든 늘 혼자인 수미 씨는 일찌감치 친구가 세상에서 제일 중요한 아이가 되어 버렸다.

오빠는 어떤 사람인가요? 수미 씨와 사이는 어땠어요?
그게요, 저… 그게요, 오빠는요. … (침묵) …
수미 씨, 오빠와 관련해서 말하기 힘든 이야기가 있어요?

오빠에 관해 어렵게 꺼낸 이야기는 두 종류였는데, 둘 다 쉽지 않았다. 하나는 고등학교 때 부모님이 싸우는 소리를 듣고 알았는데, 아빠는 오빠가 본인의 자식이 아니라고 생각해 왔다는 것이었다. 아빠의 비탄에 잠긴 외침에 엄마는 뭐라고 항변하시는 것 같았으나, 부정이라고 하기에는 너무 약한, 결국은 탄식에 가까운 긍정이라고 할 수밖에 없는 대화였다. 그러니까 아빠는 평생 엄마를 의심하면서 사셨다는 것이고, 그래서 그렇게 집에 계시지 않으려 했던 것이며, 그래서 그렇게 오빠를 못마땅하게 대했던 것으로 수미 씨는 정리하고 있었다. 그 비밀을 알고 난 뒤에 한동안 수미 씨는 집에 들어가지 않았다고 했다. 도저히 엄마 얼굴을 볼 수 없어서라는 게 이유였다. 엄마가 사랑한 다른 남자는 누구였을까 하는 질문이 자꾸 올라왔고, 이제부터 오빠를 어떻게 대해야 하나 하는 문제도 너무 벅차서 자꾸 술을 먹었다고 했다.

다른 하나는 그보다 시기적으로는 이른 사건인 오빠의 성추행에 관한 것이었다. 추행이라고 하기에는 수위가 높은 성적 행동이 꽤 긴 시간, 그러니까 수미 씨가 초등학생, 오빠가 중학생일 때 한 1, 2년간 지속된 것 같다. 어린 시절 성추행을 당한 여성은 대부분 그 상대에 대해 큰 적개심과 분노감을 표현한다. 어느 경우는 그 강도가 현실 생활을 방해할 정도로 심각한 때도 많다. 그런데 수미 씨는 이 일을 이야기하면서 '선생님이 우리 집에 대해서 안 좋게 생각할까 봐' 머뭇거린 것일 뿐, 오빠를 비난하고 싶지는 않다고 했다. 심지어는 오빠를 보호하려는 마음인지, 자신을 책망하려는 시도인지, 수미 씨는 자신도 그렇게 하기를 원했었고, 또 오빠가 아니어도 아주 어릴 때부터 자위행위를 많이 했다는 말도 덧붙였다.

부모가 없는 집에서, 관심과 보호가 부족한 공간에서 심심한 아이들은 자신의 몸을 놀잇감으로 사용한다. 가장 손쉽게 접근 가능한, 누구를 귀찮게 하거나, 누구에게 사정하지 않아도 되는 놀이대상이 자신의 몸이기 때문이다. 근친과 성적 장난으로 쉽게 들어가는 것도 마찬가지다. 어른이 늘 눈여겨 바라보고 관심을 주는 환경에서 그런 일은 잘 일어나지 않는다.

게다가 고등학교 때 그 비밀을 알게 된 이후에는 수미 씨는 오빠를 향해 불쌍한 마음과 괜한 죄책감을 크게 가졌었다. 마치 자신은 강자고 오빠는 약자라는 식의 구분 같았다. 그래서 더욱 더 추행과 관련하여 별일 아닌 것으로 치부하며, 스스로를 피해자로 여기지 않고 살아왔던 것 같다. 어느 쪽이건 간에, 수미 씨는 성에 지대한 관심을 가지면서, 한편으로는 남자와의 깊은 관계에 매우 관대한 여성으로 성장하였다. 주변에서 그걸 큰일인 양 쉬쉬하는 애들을 보면 화가 치밀어서 별일 아닌 식으로 자신의 성경험을 죄다 털어놓는다는 것이다. 그리고 나서는 '내숭떠는 그들'을 향해 분노를 폭발하면서 스스로 관계를 끊어버리니, 수미 씨에게 이로울 것은 없는 습관이었다.

그 아이는 늘 혼자였군요, 아무도 곁에 없었어요.

엄마가 가게를 차린 다음부터는 더 나빴던 것 같아요. 집에 가도 엄마가 없으니까요. 그렇다고 엄마 가게에 가면, 엄마는 무척 바빠 보였고, 어서 집으로 가라는 말만 하고, 놀다가 애들이 한둘 씩 집으로 가고, 난 또 집에 가면 혼자고…, 혼자인 게 싫었어요. 나중에 남자 친구 사귀면서는 혼자가 아니어도 되는 게 제일 좋았던 것 같아요.

혼자 있는 게 싫었다, 또 혼자라는 게 어떤 건가요?

싫고요, 흐… 답답해요, 하… 답답해요. 막막하기도 해요. 그래서 늘 친구를 붙들었어요. 지금도 그래요.

답답하고 막막하고… 또요? 혼자인 그 느낌에 대해 더 말해 봐요.

그게요, 혼자 있으면 캄캄한 것 같고, 여기가 (가슴을 잡으며) 막 조여오는 것 같고, 방이 빙글빙글 돌아요.

　그런 느낌일 때, 주변은 어때요? 뭐가 보이나요? 어떤 분위기인가요?

　어두워지고 있어요, 전 그때가 제일 싫었어요. 아무도 없는 집에 컴컴해지는 데 혼자 있으면 막 사방의 벽이 움직이는 것 같았어요. 날 향해 사방 벽이 조여 오는데… 꼭 죽을 것처럼…, 그래서 죽어도 혼자 있지 않으려고 했어요, 아… 지금 생각해도 너무 싫어요.

　외롭다 못해 두려워요. 세상에 혼자 있다는 것, 아무도 집에 오지 않는다. 내쳐지고 버려진 느낌이에요…. 지금 잠시만 그 느낌을 느껴 봐요. 지금 여기서 그것 그대로 경험하는 거예요.

　싫은데… 힘든데… 난 이 느낌 되게 싫어하는데….

　알아요, 네… 하지만 할 수 있을 거예요…. (잠시) 머물러 보니 어떤가요?

　무서워요… 안 좋은 일이 생길 것 같아요. 나만 혼자예요. 어쩔줄 몰라해요. 그 아이는 왔다갔다 초조해해요… 슬퍼요… 슬퍼요.

　슬프죠… 두렵고 너무 무서워서 슬퍼요. 하지만 이제 무섭고 슬퍼져도 아무 큰일도 일어나지는 않지요. 서둘러서 막 밖으로 나가 아무라도 붙들어야 할 필요는 없어요.

　아무 일도 안 생긴다고요? 그… 그렇겠죠. 지금은 혼자 있어도… 제가 애도 아니니까요….

　그 비슷한 감정이 조금만 올라와도 막… 정신이 없어져요. 어쩔 줄 몰라 하면서 아무라도 자꾸 만나려 해요. 그런 자신을 조금 떨어져서 바라보세요.

아무 일도 안 생긴다!… 제가 자꾸 사람을 쫓아다니고, 없으면 못 견디고… 그런 게 이 감정을 못 견뎌서라는 말이죠? 정말 그랬어요. 늘 사람이 옆에 있어야 했어요. 근데, 선생님, 전 또 사람이 자꾸 바뀌었어요. 전 애들한테 되게 잘해 주거든요. 전 누구든 맞춰줄 수 있어요. 그래서 금방 사귀고 친해지는데, 얼마 지나다 보면, 좀 헉! 할 때가 있어요. 애네들이 날 애기 취급하는 것도 같고, 지들 맘대로 날 갖고 노는 것도 같고. 그러면 전 또 확! 그날로 딱 안 봐요.

예쁘장하게 생긴 수미 씨는 남학생들에게 인기가 많았고, 그 이유로 여자애들도 수미 씨를 좋아했다. 늘 무슨 오빠, 무슨 오빠 하면서 함께 몰려 다녔고, 여자애들은 그런 수미 씨 곁에서 오빠들과 같이 놀고 싶어 했다. 그때부터 여자 친구보다는 남자 친구와 있는 것이 더 좋았다고 한다. 그들은 수미 씨에게 예쁘다고 하고, 관심을 보여 주고, 좋은 것을 사 주고 했으니 너무 재미가 있는 것이었다. 성관계도 일찍 시작하였고, 고등학교 졸업할 무렵 낙태 경험도 있었다. 생각해 보면 사춘기 이후에 남자 친구가 없이 지낸 적이 없다는 것이다.

이번 헤어짐이 상담을 시작한 이후에 벌써 두 번째 남자였다. 첫 번째 남자 이야기를 할 때도 그 변화가 급박해서 놀랐었다. 전 도사와 관련해서 여기저기 다니며 당장 엎어 놓겠다는 것을 간신히 말리며, 자신의 분노를 좀 감당하면서 지켜보자고 애를 쓰고 있을 때였는데, 바로 다음 주에 와서는 '아는 오빠' 이야기를 하는 것이었다. 아는 오빠가 사귀자고 한다며 이런저런 이야기를 하는

데, 전도사와 관련된 부분은 벌써 저 멀리로 사라져 가고 있었다.

오빠 이야기에 치우치는 수미 씨를 붙들고, 연애 이외의 수미 씨에 대해 이야기하는 동안 첫 번째 오빠는 깊지 않은 흔적을 남기고 퇴장하는 것 같았다. 그리고 얼마 후 이번 오빠가 등장했는데, 아무래도 전도사 사건과 좀 멀어진 다음이어서 그랬던 건지, 수미 씨는 첫 번째보다 훨씬 더 빠르게 집중하고 흥분하는 것 같았다.

장거리 연애였는데, 주말을 설레며 기다리는 게 삶의 전부가 되었다. 하루의 시작도 그 오빠, 마감도 그 오빠였다. 수미 씨가 연애에 돌입하면 보이는 특성이 하나 있는데, 도무지 다른 사람을 만나지 않는 것이다. 평소에는 여자 친구들 없으면 못 사는 것처럼 늘 약속을 만들고 늦게까지 사람들을 만나는 게 일인 사람이 연애만 하면 변한다. 친구들 사이에서는 수미 씨가 연락이 안 되는 것으로, 수미 씨가 연애를 시작했다는 것을 자연스럽게 알 수 있을 정도다.

이번에도 그랬다. 치료자는 그런 수미 씨의 습관에 대해 물었고, 의미를 찾아보자고 격려했었다. 수미 씨의 답변은 "생각이 안 나요, 오빠하고만 있고 싶으니까. 옆에서 굳이 난리를 치지 않으면 다른 친구들이 궁금하지도 않고 다 잊어먹고 말아요."였다. 이번에는 좀 강하게 그 오빠에 대해 살펴보자고 했고, 두 사람의 관계에 대해 생각해 보자고 했었다. 수미 씨는 그런 치료자의 태도에 내가 오빠를 좋게 보지 않는다고 섭섭하다 했던 거다.

오빠가 관심의 대부분을 차지하던 즈음에 이런 일이 있었다.

그 남자는 보험을 하는 사람이었는데, 사귄 지 한 달쯤 되었을 때 수미 씨에게 보험 가입을 권유한 것이다. 치료자는 좀 찜찜한 느낌이 들었고 수미 씨의 생각을 물었다.

만난 지 한 달된 여자한테 보험을 권유한다…. 그 얘기 들을 때 어떤 기분이던가요?

선생님이 뭐 걱정하는지 아는데, 오빠는 그런 사람 아니에요. 절 위해서 그러는 거예요. 오빠는 연봉도 세고 되게 바빠요, 고객도 무지 많고요.

그 보험이 수미 씨에게 꼭 필요한, 이제껏 없었던 그런 거예요?

하나는 지금 있어요, 그런데 이쪽이 더 좋으니까 바꿔 타라는 거고요. 하나는 저축성이니까 지금 들어서 쭉 계속 부으면 나이 들어서 좋다고요.

오빠에 대한 신뢰가 확고하군요. 알겠어요. 사랑을 하니까 믿는 마음도 크겠죠. 그런데 수미 씨, 오빠와는 이제 한 달 사귄 사이예요. 그 사람을 많이 잘 안다고 하기에는 기간이 좀 짧아요. 주변에 보험에 밝은 친구가 있다면서 의논할 생각을 안 하네요.

괜히 말하면 오빠를 이상하게 볼까 봐서요….

이런 식의 대화를 수미 씨는 별로 좋아하지 않았다. 그저 나도 수미 씨의 관심에 그대로 부합해서 맞장구를 치며 함께 흥분해 주기를 바라는 듯했다. 하지만 그로부터 시간이 좀 지나자, 오빠 자랑에 숨이 넘어가던 수미 씨에게서 어쩐지 불길한 느낌이 전해지는 듯했다. 그 오빠라는 사람은 벌써 몇 번째 서울에 오지 않고 있고, 수미 씨가 간다고, 가겠다고 사정을 해서 내려갔다 오는 것이었다. 이 과정이서 수미 씨는 전화를 자주 하고, 불평을 하고, 그러면 오빠는 자못 냉정하게 대하기도 하는 것 같았다. 그러면 수미 씨는 급격히 불안해지면서 더 자주 전화를 하고, 이번 주말에 바빠서 못 본다면 주중이라도 자신이 내려가겠다고 고집을 피우는 것이었다. 결말이 보이는 게임을 또 시작하고 있었다.

수미 씨와 같은 성격적 문제를 지닌 사람들은 특히 대인관계에서 많은 문제를 일으키며 힘겨워한다. 이들은 필사적이며 강렬하고 불안정하다. 혼자 있는 것을 싫어하는 정도가 아니라 공포스러워 하면서, 관계에 쉽게 빠져든다. 필사적으로 사랑에 빠지지만, 도무지 기다리지 못할 뿐 아니라, 사소한 실망도 절망적인 표시로 받아들이면서 관계를 배반과 혐오로 바꾸어버린다. 전부가 아니면 포기해 버리는 흑백이 뚜렷한 태도 때문이다. 강렬하고 불안정한 정서는 자신이 매달린 바로 그 관계를 파괴한다.

활활 타오르듯이 사랑하는 게 아니라면 중간적인 미지근한 사랑은 없다. 수미 씨처럼 오빠와 매주 만나지 못한다는 건 그 사람이 다른 여자가 생겼거나 자신에게 싫증난 거라는 이유 외에 다른 설명은 없다고 보는 것이다.

보통 사람들은 혼재된 느낌을 견딜 수 있다. 남자를 사랑하지만 그 사람이 좀 부족하거나 마음에 안 들 수도 있다는 생각을 한다. 하지만 이들은 완벽하게 좋은 사람의 사랑과 보호와 우정이 있어야만 살 수 있다고 여긴다. 아니라면 그럴만한 대상을 빨리 찾아야 한다. 내면의 공허함이 너무 강해서 감히 혼자 있을 생각을 못한다.

사소한 단서도 자기가 거부당한 것으로 취급하면서 분개한다. 버려짐과 관련된 추측을 나름대로 펼치면서 극도로 두려워하고 상대에게 더 필사적으로 매달린다. 순간 자기는 없어지고, 상대를 위해서라면 어떤 희생도 다 감당할 것 같은 자세가 되는데, 그러면서 속으로는 엄청난 분노가 솟구치니 자기 연민과 상대를 향한 분노가 교차하면서 관계는 파국으로 치닫는다.

이런 정서의 급변에 버틸 수 있는 사람은 없다. 이들이 기대하는 '강하고 자극적이고 열정적이고 낭만적이면서, 게다가 자신의 요구에 완전히 반응해 주는 파트너'는 세상에 없다. 이들은 애정을 갈망하고 열정적으로 달려드는 일정 시기가 지나고 나면, 대부분의 시간은 우울하고 비관적인 태도로 살게 된다. 환경을 탓하고, 자신의 팔자를 비관하지만, 불행하게도 이들에게 시간과 경험은 구원이 되지 못한다. 매번 다른 사람과 매번 똑같은 게임을 벌이게 된다는 뜻이다.

그 오빠와 헤어진 후 치료자까지 싸잡아 화를 펄펄 내던 수미 씨였지만, 그래도 상담에 빠지지는 않았다. 헤어진 초기에는 선생님 때문에 보험을 두 개 다 들지 않고 한 개만 들었기 때문에, 오빠가 자신에게 실망한 거라고 치료자 탓을 하기도 했다. 그때도 지금 수미 씨가 한 말의 내용을 곰곰이 살펴보자고, 바로 그 말이 연인 관계에 등장하기에는 참으로 이상한 말이 아니냐고 되물었다. 그렇게 수미 씨가 비현실적인 생각과 태도를 보일 때마다 붙들고 멈춰서 뭐가 뭔지를 보자는 나의 권유에 그래도 보조를 맞추는 듯했다.

그러던 어느 날, 수미 씨가 또 표정 없는 얼굴로 안 좋은 기운을 풍기며 들어섰다. 얼마 전에 시작한 동호회가 문제였다. 두 번 참석했을 때까지는 즐겁게 묘사를 하더니만, 이번에는 아니었던 것 같다. 회원 중의 어떤 여성이 수미 씨보고 '성격이 참 좋은 것 같다, 주란 씨와 같은 과인 것 같다.'고 했는데, 알고 보니 주란 씨라는 사람이 '남자한테 꼬리치려고 모임에 나오는 꼴불견' 취급을 당하는 사람이었던 것이다. 즉, 수미 씨도 그렇다는 말이니 무척 열을 받았고, 다시는 나가지 않겠다고 화를 내는 것이었다.

애초에 동호회를 생각한 것도 좀 '무던한' 인간관계를 훈련해 보자는 취지였다. 너무 좋았다가 너무 싫어지는, 양극단을 휙휙 오가는 것 말고, 중간 수준에서 중립적인 감정을 지닌 관계에 대한 훈련 말이다. 수미 씨도 언어적으로는 자신의 문제를 이해하는 듯했고, 훈련의 취지에도 동의했지만, 이렇게 실전에서는 아직 오래된 감정적 습관이 또 고개를 내밀고 마는 것이 사람이다.

수미 씨, 속상하게 생겼어요, 그런데 잠시만요. 무슨 일이 어떻게 일어난 건지 봅시다. 모임에서 수미 씨의 행동, 태도, 모습이 어떠했을까요?

제가 사람들에게 친절하게 대하잖아요, 그냥 말을 잘 들어주었어요.

네, 친절… 또요? 남자를 대하는 것과 여자를 대하는 것이 같았을까요?

….

남자를 대하는 수미 씨 모습이 사람들 눈에는 어떻게 보였을까요?

네, 달랐을 거예요. 하지만, 선생님, 뭘 어떻게 해보려고 그런 건 아니에요. 꼭 누구를 사귀려고. 누가 마음에 들어서 그런 게 아니라고요.

알아요. 그래서 이렇게 억울하고 화가 나요. 그런데 잠깐만요. 모임에서 사람들 사이에 있을 때 수미 씨를 가장 지배했던 감정이 무엇이었는지 기억해 보세요.

…날 좋아하게 만드는 거요. 날 쳐다보게 하고 싶은 거요.

혼자가 되면 안 되니까요.

거기가 낯서니까요. 무서웠어요. 또 그 어찌할 줄 모르겠는 안절부절한 느낌… 그게 왔어요.

어릴 때 혼자가 싫어서 애들을 찾아다녔던 그 두려움이 또 올라왔군요. 그래서 날 금방 알아봐 주고 좋아해 주는 사람이 필요했고, 그건 남자들이 빠르다는 걸 아니까요. 낯선 사람들 사이에서 또 저절로 그렇게 되어버렸어요. 수미 씨, 그날의 느낌을 지금 여기에 다시 불러와 보세요.

버려지는 느낌, 나를 쳐다보지 않는 느낌요. 아무도 없고, 아는 척해 주지 않고, 어둡고, 캄캄해요… 싫어요.

할 수 있어요. 그 싫은 느낌들을 생생하게 느껴 보세요, 도망가지 말고 지켜볼 수 있어요.

수미 씨 안에 있는 고질적인 공허함과 외로움이 관건이었다.

재봉틀 하는 엄마 옆에서 겪었던 혼자인 느낌, 아무도 없는 컴컴한 방 안에서 자위행위 외에는 기쁨이 없었던 시절의 무서운 고립감이 불쑥불쑥 튀쳐나왔고, 그것들을 치료자와 함께 재경험해야 했다. 한 번씩 왔다 가는 아빠가 얼마나 갈망하는 대상이었는지, 하지만 한 번도 제대로 된 안정과 만족을 줬던 적이 없었다는 것도 깨닫게 되었다. 그건 엄마나 오빠도 마찬가지여서, 어린 수미 씨는 주변의 어떤 중요한 대상과도 안정적이며 일관된 관계를 갖지 못했다. 어떤 사람에 대해 실망하거나 미워할 때가 있지만, 심지어 싸우기도 하지만, 그런 것들이 전반적인 애정과 신뢰에 통합되면서 그 사람은 여전히 좋은 대상으로 존재하는 경험이 없는 것이다.

수미 씨에게 필요한 것은 안정적 대상이었고, 그 역할을 치료자가 감당하는 시간이 쌓여가면서, 수미 씨도 조금씩 현실에 발을 딛고 사는 시간들이 늘어 갔다. 주변 사람들과의 관계도 현실성을 띠기 시작했다. 마음에 안 드는 것을 마음에 안 든다고 적당하게 말하는 시도도 하게 되고, 누구를 꼭 만나고 싶을 때와 그러지 않고 싶을 때를 구분하였다. 자신의 행동이 불러일으킬 수 있는 반응도 객관적으로 보려고 애쓰게 되었다. 어느 날은 혼자서 북카페에서 책을 읽기도 하고, 또 난생 처음 혼자서 영화관을 다녀왔다며 자랑을 하기도 했다. 많은 것들이 새로운 경험이고, 새로운 생각이었다.

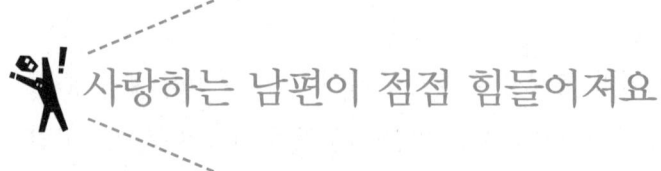

사랑하는 남편이 점점 힘들어져요

"엄마는 나를 가만 안 둘 거예요. 어흐… 날 끝까지, 송두리째 다 갈아먹어야 끝날 거예요. 휴흐…흐흑…."

한숨인지 흐느낌인지 모를 소리가 흘러나오면서 그녀의 입에서 나오는 말들은 이렇게 날이 서건만, 정작 그녀의 얼굴은 점점 더 하얗게 질려간다. 화장기 없는 단정한 얼굴, 단정하다 못해 경직된 채 어떤 표정도 읽기 어려운 무표정한 얼굴에서 나오는 말치곤 너무 독해서 섬뜩하다. 상담에서 희수 씨는 늘 이런 식이다. 나긋하고 조용조용해서 귀를 쫑긋해야 들리는 목소리로 담백하게 살아온 이야기를 하다가 한 번씩 감정이 건드려지면 적의가 번뜩여서 순간 내 몸도 움츠려드는 느낌이다.

지난주에 엄마와 전화로 한바탕 붙은 이야기를 하다가 분을 못 이겨 내뱉은 말이었다. 결혼 3년차인 희수 씨한테 아직 아이가 없는 문제가 주제였다.

"어쩔 셈이야? 왜 엄마한테 말을 안 해?"

"뭘?… 무슨 말을 해?"

"피임 안 한다고 했잖아?"

"아이… 그렇다고. 그렇다잖아."

"그런데 왜, 무슨 일이냐고? 김 서방이 무슨 문제가 있냐고? 그럼 엄마가 알아본다니까… 알아봐서 무슨 대책을 세워야지."

"아니야, 아니라고."

"그럼 뭐가 문제야? 내가 김 서방한테 직접 물어봐?"

"아악… 아니라니까, 우린 괜찮다니까, 걱정 안 한다는데. 왜 엄마가 그래? 왜 그래요?"

"너 결혼하고 변한 거 알아? 너 옛날엔 안 이랬어. 엄마한테 왜 이래? 다 알아서 한다고 하고… 너 왜 이러는 건데?"

엄마와의 대화는 늘 이런 식이에요. 엄마는 엄마의 생각대로 되지 않는 모든 일에 대해 끝장을 보려고 하세요. '뭔가 문제가 있고, 그렇다면 해결해야 한다.' 그렇게 생각하는 데 있어 엄마의 생각은 언제나 옳아서 누구의 말도 듣지 않으세요.

결혼하고 첫 번째 휴가였는데, 신랑이랑 둘이 계획을 짜서 즐겁게 출발을 했고 도착지에서 엄마한테 전화를 했는데, 그때 얼마나 혼쭐이 났는지 몰라요. 엄마 논리는 결혼 후 첫 휴가를 가면서 혼자 있는 엄마한테 함께 가지 않겠냐고 물어보지 않은 게 말이 안 된다는 거였어요. 시댁은 두 분이 계셔서 괜찮고, 본인은 혼자니까, 자식 떠나보내고 무척 쓸쓸할 엄마한테, 어쩌면 마음 씀이 그렇게 야박하냐고 눈물바람까지 하셨어요.

그런데 사실은 결혼 후 시댁에는 한 달에 한 번 가기도 바쁜데, 엄마한테는 매주 가거나, 심지어 가서 1박 2일을 하고 오는 때도 많았거든요. 엄마는 그것도 제가 친정에 가는 것은 쉬러 가는 거니까 김 서방이 이해하고 받아들이는 게 당연하다는 논리였어요.

희수 씨 어머니 이야기를 들을 때마다 매번 '참, 불통이다. 매사에 자기중심성이 과한 분이구나….' 하는 느낌을 받는다. 우주가 자신을 중심으로 돌아가야 한다면 지나친 수사적 표현이겠지만, 희수 씨 어머니는 최소한 자신의 주변 사람들은 자신의 뜻대로 움직여야 한다는 생각을 고수해 온 건 맞는 것 같다.

희수 씨는 이렇게 파르르하고 왈칵거리는 어머니를 아주 어릴 때부터 겪어 왔다. 어린 희수 씨의 기억은 늘 조마조마했다는 거였다. 엄마, 아빠에 대한 주된 기억은 싸움이었다. 두 분은 늘 다투셨던 것 같다. 음성이 커지다가 서로 고함을 지르고, 그러면 엄마는 큰 소리로 울기 시작하고, 물건을 던지고 몸부림치면서 방바닥을 치거나 자신의 가슴을 쥐어뜯는다. 그러다가 기절을 하는 바람에 119를 부른 적도 있었다. 다행히 아빠가 엄마를 때리지는 않았는데 한번은 엄마 혼자 분을 못 이겨서 뭘 내리쳤는지 팔이 부러져서 깁스를 한 적이 있었다. 그날 엄마는 희수 씨를 붙들고 '오늘 날짜를 꼭 기억해라.'고 하셨다. 엄마 말씀은 아빠가 자신을 이렇게 만든 날이라는 뜻이었다. 그런 날마다 희수 씨는 동생을 껴안고 울었다. 무작정 울기만 하던 시절이 있었고, 어느 때인가부터는 두 사람을 말리겠다고 우왕좌왕했던 기억이 있다.

엄마의 모든 불행의 원천은 아빠인 것 같았어요. 그리고 그 불행을 호소할 곳은 오로지 저밖에 없다는 식이었어요. 언제부터인지, 아주 어릴 때부터 전 엄마의 이야기를 듣는 아이였어요. 문제는 늘 아빠가 바람을 핀다는 거였는데, 엄마는 마치 눈으로 본 것처럼 상세하게 아빠가 어떻게 하고 다니는가를 제게 이야기하죠. 눈이 벌게지면서 목에 핏줄을 세워가면서 엄마가 얼마나 분하고 억울한가를 말하면 전 엄마 앞에서 유일한 청중으로, 판관으로 또 동지로 앉아 있을 수밖에 없었어요.

그런데 엄마한테 비밀로 한 것이 하나 있거든요. 엄마는 제게 모든 이야기를 하는데 난 엄마한테 비밀이 있다는 것이 영 조마조마하고 힘들었던 것 같아요. 그게 뭐냐면, 초등학교 2학년 때 아빠가 영화를 보여 준다고 해서 함께 갔었는데, 가보니 저도 아는 아줌마가 있는 거예요. 절 앞좌석에 앉히고 뒤에 두 사람이 앉아서 영화를 봤어요. 아마 아빠는 저를 아무 생각이 없는 아이로 여겼나 봐요. 하지만 전 그때 이게 바로 '엄마가 말하는 아빠의 나쁜 짓'이라는 것을 알았어요. 하지만 어떻게 엄마에게 그 말을 하겠어요? 또 그 난리가 날 텐데요. 전 말할 수 없었고, 타이밍을 놓치고 나니 영 말하지 못했고, 어린 마음에 엄마에게 큰 죄를 짓고 있는 것 같았던 거죠.

더 나빴던 건 엄마가 자주 아팠어요. 입원한 기억만도 몇 번인지 몰라요. 중학교 때 한번은 자궁 내막증이라는 거로 입원을 했었는데, 그때 분위기가 기억나요. 뭔가 심각하고 묵직하고 어른들이 쉬쉬하는 것도 같고, 어떤 큰, 나쁜 일이 일어나는 것 같았어요. 그런데 그때 제가 '동생을 내가 책임져야겠구나.' 하고 생각을 했었어요. 지금 생각하면 어이가 없는데, 왜 그랬는지 그런 생각을 했으니까요. 엄마는 자궁 쪽에 계속 문제가 있어서 하혈을 해서 병원에 실려 간 적도 있고, 이후에도 계속 머리가 깨진다, 메슥거린다 하면서 꼼짝 못하고 침대에 누워있을 때가 많았어요.

난감하다. 아빠와 싸우는 엄마를 보는 것만도 아이에게는 엄청난 부담이다. 싸우는 부모 사이에서 아이들은 죄책감을 경험한다. 자신이 무엇을 잘못했을지도 모른다는, 또는 자신이 무엇을 잘하면 이렇지 않을 텐데… 하는 식의 사고다. 그런데 거기에 더하여 아픈 엄마라니! 엄마든 아빠든 주요 보호자가 아플 때 아이들은 극심한 불안을 겪는다. 안 그렇겠는가? 아프다는 것은 늘 죽음을 배경으로 하고 있다. 아프면 움직이지 못한다. 아이가 원하는 것들을 해 주지 못한다. 그것이 곧 죽음의 그림자다. 그건 아이가 혼자가 된다는 것이고, 버려진다는 의미다. 그렇기 때문에 부모가 싸울 때, 부모가 아플 때 모두 아이들은 엄청난 심리적 시련을 겪게 되는데, 희수 씨는 이중의 고통을 겪었던 셈이다.

개새끼, 쥐새끼, 무슨 놈, 무슨 놈…. 전 세상에 있는 모든 욕을 사실 엄마로부터 들어서 다 알게 되었어요. 그런데 선생님, 평소에 엄마는 절대로 그런 말을 입에 올릴 수 있는 사람으로 안 보여요. 교양에 목을 매는 분. 엄마가 누군가를 험담할 때 먼저 등장하는 단어가 "교양머리도 없게시리…"이니까요. 하지만 그건 외부로 보이는, 누군가 바깥사람이 있을 때 엄마일 뿐이에요. 집에서의 엄마는 늘 기진맥진해 있거나, 짜증을 내고 있었어요.

그 화가 아빠한테만 향하지는 않았죠. 동생과 내게도 마찬가지예요. 잘해 줄 때는 엄청 잘해 주셨지만, 늘 짜증을 내고 신경질을 부렸어요. 말로는 늘 '내가 너희들 때문에 산다.'고 했지만 엄마가 우리 때문에 행복해하는 걸 본 기억은 없어요. 말대답이라도 잘못하는 날이면

'뭐… 너까지 날 무시해?' 하면서 팔자 타령을 하시니까요. 제 어린 시절의 한 가지 목표는 '엄마를 화나게 하지 않기'였어요.

희수 씨가 고등학생이 되면서 부모님의 불화는 더 심해졌고, 희수 씨 동생은 이 집안 전쟁에 지쳤는지 일찌감치 집 밖으로 눈을 돌렸다. 집에 잘 있지 않고 늦게 들어오고 심지어 말썽도 일으키는 동생을 향해 어머니는 또 '남편 복 없는 년이 자식 복도 없지… 아들도 못 낳은 박복한 년이 이제 자식 치다꺼리까지 하게 되다니….' 하며 신세 한탄을 했다. 하지만 동생은 막무가내였고, 점차 동생을 포기하는 분위기가 되면서 희수 씨는 엄마가 더 확실하게 붙잡는 자식이 되었다.

희수 씨는 이 모든 집안의 전쟁이 다 아빠 탓이라고 여기며 원망했으니, 아빠에 대한 적개심은 사춘기 시절이 정점이었다. 어머니는 희수 씨를 붙들고 모든 이야기를, 심지어 아빠와의 성생활에 대한 이야기, 그래서 무엇이 어떻게 의심스럽다는 이야기까지 하기에 이르렀다. 어머니와 차를 타고 아빠를 미행한 적도 있고, 심부름센터에 전화해서 아빠 자동차에 위치 추적기를 다는 문제를 세세하게 의논한 적도 있다.

어느 날은 동네에 있는 무슨 '맥주 양주 칵테일'이라고 간판이 적힌 술집 문을 무작정 열고 들어가서 그 순간 아빠가 어떻게 하고 있는가를 확인하고, 엄마에게 보고해야 하는 미션이 떨어진 적도 있었다. 그때 희수 씨는 고등학교 2학년이었는데, 자신이 그 임무를 수행해야 한다는 데에 한 치의 의심이 없었다. 그때는 여리고 민감한 사춘기 소녀에게 그런 일을 시킬 수 있는 엄마가 이상하다는 생각은 꿈에도 하지 못했단다. 아빠는 공공의 적이었고, 자신은 정의를 실현하는 중이었으니까. 그런데 막상 무슨 형사가 현장을 덮치듯 그렇게 술집 문을 열고 들어가 어두컴컴한 곳에서 아빠를 찾으니 아빠는 희수 씨도 알고 있는 아빠 친구와 술을 마시고 있었고, 그게 다였다. 그동안 주위들은 오만가지 정보를 총동원하여 온갖 음험하고 음탕한 분위기를 상상하고 들어간 곳 치고는 그저 좀 어두운 레스토랑과 별반 다르지 않다는 것도 실망스러운 일이었다고 한다.

희수 씨는 그날 자신을 쳐다보던 아빠의 절망적인 눈빛을 아직도 기억하고 있었다. 그 눈빛은 '이제, 이렇게까지? 너까지?….' 하는 듯했다. 하긴 어느 날부터 아빠는 엄마에게 더 이상 대거리를 하지 않으셨다. 서로 언성을 높이고 서로 뭔가를 집어던지는 일이 더 이상 일어나지 않은 것도 꽤 되었다. 엄마의 패악에 아빠는 그저 묵묵부답으로 덩그러니 계실 뿐이었다. 그날 희수 씨는 처음으로 엄마가 정상이 아닐 수도 있다는 생각을 했다.

대학에 들어가고 나서는 희수 씨 입에서도 "엄마, 그렇게 살려면 이혼하세요." 소리가 자주 나왔지만, 엄마는 "그랬다가 누구 좋은 일 시키려고?" 하면서 억울해서 그렇게는 못한다고 하셨다. 이혼을 하면 아빠가 다른 여자와 행복하게 살 테니 그렇게 하게 두는 건 있을 수 없는 일이다, 뭐 그런 논리인 것 같았다. 희수 씨는 엄마의 안전한 이혼을 위해서 가정법률상담소도 가보고 변호사한테 무료 상담을 받아보기도 했지만, 어느 날부터는 엄마의 진심은 아마 아빠와 헤어지는 것이 아닐 것 같다는 생각을 하게 되었다.

하지만 희수 씨가 결혼을 한 직후 아빠는 엄마 이름으로 바꾼 아파트 등기, 전 재산으로 보이는 통장과 도장을 남긴 채 베트남으로 떠나셨다. 엄마 입장에서도 다른 여자와 함께 떠났다고 펄펄 뛰기에는 통장의 돈이 꽤 되었다. 정말이지 아빠는 엄마를 벗어나고 싶었던 것 같다. 가끔 아빠와 전화 통화를 할 때마다 희수 씨는 목울대가 저려온다. 아빠가 너무 가엾고, 또 화가 나고, 또 미치겠고, 아주 나쁜 심정이 된다. 그러고 나면 한참 동안은 엄마와 통화를 하는 것도, 보는 것도 너무 힘들다. 동생은 동생대로 지방에서 혼자 지내면서 엄마와는 거의 연락을 하지 않고 있다. 기껏해야 1년에 한두 번 얼굴을 볼까 말까 하니 엄마에게 남은 가족은 희수 씨 혼자가 되어 버렸다.

희수 씨가 내게 온 직접적인 동기는 사실 남편과의 문제 때문이었다. 남편과 함께 있으면 가슴이 답답한데, 그 정도가 점점 심해진다는 것이었다. 그러다가 최근에는 낮에 혼자서 청소를 할 때, 설거지를 할 때, 몇 번에 한번은 '꺅~' 소리를 지르며 잡고 있던 청소기나 고무장갑을 던진다는 것이다. 그럴 때면 온몸이 부들부들 떨리기도 하면서 내가 이러다가 미치는 거 아닌가 싶단다.

남편에 대해 이런저런 질문을 하는 치료자에게 희수 씨는 "남편은 착한 사람이고, 제게 참 잘해 주는 사람이에요. 남편과는 아무 문제도 없어요."를 덧붙인다. 참 잘해 주고 착한 남편한테 밀어닥치는 답답함이라! 한 번씩 폭발한다는 그 무엇은 또 무엇인가!

말끝마다 남편을 좋은 사람이라고 매듭지으니, 마치 나보고 남편에 대해서는 아무것도 묻지 마세요 하는 것 같아요.

아니… 혹시 선생님이 남편을 뭔가 문제가 있는 사람으로 볼까 싶어서요.

문제가 있고 없고가 뭐 딱 정해져 있겠어요? 남편이 희수 씨와 어떻게 연결되는가, 어떻게 부딪치는가 하는 얘기겠지요. 그런데 왜 하필 청소나 설거지를 하다가 폭발하는 걸까요?

그게요… 오빠가요, 엄청 깔끔해요. 왜 남자도 깔끔한 남자 있잖아요? 더러운 걸 못 봐요. 제 눈에는 그만하면 됐다 싶은데 오빠는 기가 막히게 먼지도 찾아내고, 싱크대며 식탁 정리며… 그렇다고 저한테 심하게 화를 내는 건 아닌데, 불편해하는 티가 역력하게 나요. 표정이 싸늘하게 굳어서 오빠가 다시 치울 때도 있어요. 술을 먹고 늦게 들어와서도 현관을 닦고 정리하고, 그럴 때면 전 어쩔 줄을 모르겠고 내가 치우겠다고 나서게 되고, 서로 치운다고 하다가 싸움이 될 때도 있어요….

희수 씨는 다시금 남편이 자신을 비난하는 나쁜 남자가 아니라고 두둔하고 있지만, 사실 이 정도라면 좀 문제라고 봐야 하지 않을까? 배우자의 지나친 깔끔함이 결혼 생활에 도움이 되는 경우를 난 보지 못했다. 하지만 이 문제는 나중으로 미루는 게 나을 듯했다.

오빠는 어떤 사람인가요? 무엇이 이 사람을 남편으로 정하게 했어요?

제 얘기를 잘 들어줬어요. 대학 같은 과 선배였는데, 그때 오빠는 다른 일을 하다가 대학을 들어와서 나이가 저보다 다섯 살이나 많았어요. 그래서 오히려 만만했던 것 같아요. 남자 친구가 될 거란 생각을 별로 안 해서. 그때 전 처음으로 집안 이야기를 남한테 했을 거예요. 징글징글한 엄마 아빠의 싸움. 그리고 괴로워하는 엄마에 대해서도….

난생 처음 자기 이야기를 했군요. 그리고 누군가 제대로 들어줬고요.

네… 그리고 오빠는 절대로 화를 내지 않는 사람이었어요. 오빠 입으로도 헤어지자는 소리만 안 하면 화낼 일이 없다고 했고, 정말 그랬어요. 제가 이렇게 해도 저렇게 해도 정말 화를 안 내더라고요.

어떤 사람과 가까워지는데 화를 내고 안 내고… 그게 제일 중요했나요? 엄마 같은 사람인가, 아닌가를 본 거예요?

그때는 그렇게 생각 못했지만, 아마 그랬을 것 같아요. 화내는 건 정말 싫으니까요. 그리고 아마 눈치가 백단인 제가 오빠도 유복하고 편안한 집안 자식이 아니라는 것을 알아챘던 것 같아요. 오빠도 살아온 날들이 평탄치 않았어요. 시아버지는 외도 문제는 아닌데 주사가 심한 분이었대요. 심각하게 권위적이고 시어머니한테 군림하고… 그건 지금 제가 봐도 알아챌 정도예요. 차이가 있다면 시어머니는 지금까지도 매우 순종적이세요. 와, 저렇게 하고 어찌 살지? 할 정도로 참고 또 참고….

시어머니가 그런 모습이라면, 오빠가 시어머니 대하는 게 좀 남

다르겠군요.

　… 좀 그래요. 오빠는 시어머니를 아주 측은해해요. 불쌍히 여기고, 잘해 드리려고 무지 애를 쓰거든요. 오빠는 어린 시절 아침에 눈을 뜰 때마다 부엌에서 나는 도닥도닥 칼질 소리에 안심을 하면서 깼대요. 행여나 엄마가 도망을 갔을까 봐요. 어젯밤에 아빠한테 그렇게 당하고 자기가 잠든 사이에 엄마가 집을 나갈지도 모른다는 걱정이 늘 있었대요.

　심하게 참고 살았던 시어머니 모습에 익숙한 남편인데, 희수 씨는 남편에게 어떤 아내일까요?

　그게요, 그런 건 있어요. 확실히 결혼을 하고 나니까 아무래도 나하고픈 대로 하는 건 좀 아닌 것 같더라고요. 진짜 그랬다간 나한테 있을 엄마 모습이 나올까 봐서 그것도 겁나고요. 또 그랬다가는 시어머니와 내가 얼마나 다른가에 놀라 자빠질 것 같아서요. 가능하면 못마땅한 게 있어도 다 참는 편이에요.

　오빠는 희수 씨를 어떤 사람으로 알고 있을까요?

　대학 때 전 늘 오빠에게 엄마 걱정을 했어요. 사실 제 모든 관심이 엄마에게 가 있었고요. 빨리 졸업해서 돈 많이 버는 데 취직해서 엄마를 기쁘게 해드리려고 했어요. 엄마가 아빠에게 늘 하던 말이 '그 짓하고 다닐 거면 돈이라도 실컷 쓰게 해주든지…' 하는 것이었거든요. 자연히 저는 나라도 돈을 많이 벌어다주면 엄마가 좀 화를 덜 내지 않을까? 그러면 '남편 복 없는 년이 무슨 자식 복?'하는 말을 더 이상 하지 않겠지, 속 썩이는 동생 때문에 얼굴을 들고 살 수 없다는 엄마에게 나라도 자랑거리가 되어야지 하는 생각들이 관심의 전부였어요. 그러니 오빠는 날 정말 착한 아이로 알았을 거예요. 엄마 생각 많이 하는, 제 욕심 안 차리고 다 엄마한테 갖다 주는 요즘 보기 힘든 애…. 돈을 벌려고 과외를 많이 했고, 그것 외에는 오로지 공부만 했고요. 아니면 오빠 만나는 것. 그런 내 모습을 오빠는 착하다 얌전하다 속이 찼다… 하면서 좋아했어요.

가슴이 답답해 온다. 대체 몇 살까지 이 사람은 이렇게 살았다는 말인가? 그리고 또, 어쩜 이들 내외는 이렇게 같은 토양에서 똑같은 생각을 품고 성장했다는 말인가?

가정불화가 있는 집의 자식들은 극단적인 두 모습으로 성장한다. 하나는 희수 씨의 동생처럼 일찌감치 집 밖으로 관심을 돌리는 것이다(공교롭게도 희수 씨 남편의 형도 희수 씨 동생처럼 학창 시절 방황을 하다가 아직까지도 제 기능을 못하고 있었다). 가정이라는 데가 도대체 온전하게 숨을 쉬기 힘든 곳이니 산소가 부족한 물고기가 물 밖으로 나가듯 어쩌면 살기 위한 당연한 선택일 수 있다. 하지만 이른 나이에 집 밖으로 돌린 관심은 치명타가 되어 버린다. 그 연령대가 바로 한 사람의 성인으로서 제대로 성장하는 데 필요한 공부나 기능을 익혀야 하는 때이기 때문이다. 그 시기를 우왕좌왕 부딪치고 깨지면서 보내면 성인이 되어 다시 만족스런 삶의 궤도로 돌아오기란 매우 어렵다.

다른 한 그룹은 희수 씨와 희수 씨 남편처럼 피해자의 보호자 역할을 하는 것이다. 아이들의 인지 능력은 제한되어 있어서 단순한 선악 구조를 먼저 채택한다. 엄마가 왜 그러는지, 아빠의 진의

가 무엇인지, 두 사람 사이에 눈에 보이는 것 이외의 무엇이 오고 가는지 알아챌 수는 없다. 그저 엄마가 괴로워하는데 그 이유가 아빠다. 게다가 아빠는 바람을 피운다. 부도덕하다. 그러면 아주 단순하게 아빠는 가해자가 되고 엄마는 피해자가 된다. 그리고 당연히 피해자를 도와야 한다. 피해자를 구원하는 데 내 삶을 다 쓰겠다고 다짐하는 것이 당연하고 자연스러운 일이 된다.

언제부터 희수 씨 삶이 나오나요? 오래 기다리며 듣고 있는데, 희수 씨가 희수 씨 삶을 살았다는 이야기는 안 나오고 있어요.

제 삶이요?, 지금 제 삶이 없나요?

엄마를 기쁘게 하려고 무진 애를 썼던 때를 말해 주었어요. 그리고 결혼한 지금은 또 남편의 마음에 들려고 자기 진짜 마음 같은 건 아랑곳하지 않고 있어요.

그게요… 직장을 다니면서 비로소 내가 조금 이상하다는 것을 알게 되었어요. 제 나이 또래 여자들이 엄마에 대해서 저처럼 생각하는 사람이 없더라고요. 엄마한테 할 말을 하고, 엄마랑 다투기도 하는 모습을 보고 정말 깜짝 놀랐어요. 전 상상도 할 수 없는 일이었거든요. 전 그때까지 엄마 말에 토를 달아본 적도 없었어요. 엄마와 여행하고, 엄마와 쇼핑하고 영화 보고, 보너스가 나오면 엄마 가방을 사 드리고, 예쁜 봉투에 돈을 담아 드리고… 그게 제가 사는 전부였어요.

오빠하고 사는 현재 결혼 생활 속의 희수 씨 삶은 어떤가요?

선생님… 그게요, 말씀 안 드린 게 있는데요. 저희가요, 부부관계가 없어요… 아니 제가요, 그걸 못하겠어요.

이건 강박적으로 청소를 하며 시어머니처럼 온순한 모습만 보여 주려고 감정을 감추는 것과는 또 다른 문제의 출현이다. 사랑해서 결혼한 삼십대 부부가 성관계가 없다니? 자세히 물어보지 않을 수 없는 주제다. 떠듬떠듬거리며 난감해하는 희수 씨가 편안하게 느낄 수 있게 객관적으로 반응해 주었다. 성인에게 성과 관련된 문제는 그저 알코올 문제나 돈을 쓰는 문제처럼 중요하게 다뤄야 할 것 중 하나일 뿐이니 담백하게 있는 그대로 말하면 되지 않겠느냐고 격려하였다.

실은, 연애할 때도 성관계 없이 결혼했어요. 오빠는 그런 쪽에 쑥맥인 저를 오히려 기특하게 생각하는 것 같았어요. 저는 줄곧 성관계 없는 순수한 사랑을 이야기했거든요. 선생님, 왜 『좁은 문』이라고 옛날 소설인데 그 책 아세요? 거기에 나오는 사랑이 좀 그렇잖아요. 전 그런 사랑을 하고 싶다고 그랬거든요. 그러면 오빠도 그런 제가 순진해서 좋다고, 너같이 순수한 아이를 만나서 얼마나 좋은지 모르겠다고… 그런 식이었지요. 다행히 그런 제 의사를 존중해 줬고 그래서 오빠를 믿고 결혼을 결정한 게 컸어요. 이 남자는 그런 걸 좋아하는 사람이 아니구나, 밝히는 남자는 아니구나 해서요.

희수 씨 생각을 존중해 주는 오빠를 성욕이 없는 사람으로, 그래서 순수한 사람으로 생각했군요.

네…. 그런데 신혼여행은 어떻게 정신없이 지나갔는데, 그다음부터 오빠가 연애할 때 오빠가 아닌 거예요. 물론 심하게 막 몰아붙이고 그러지는 않아요, 제가 힘들어하는 걸 아니까 좀 지나면 괜찮아질 거야… 나아질 거야… 이러면서 시간이 자꾸 가는데, 영 제가 못 따라주니까. 물론 제가 괜찮은 척 연기를 할 때도 있기는 하지만, 어쨌든 오빠도 제가 힘들어하는 걸 알기는 알 테니까요.

희수 씨, 정말로 걱정하는 게 뭐예요?

불안해요, 선생님. 오빠도 그냥 여느 남자처럼 그렇게 여자랑 꼭 자야 되는 남자였나? 이러다가 오빠가 나가서 무슨 짓을 하는 건 아닌가? 그런 생각도 들고요.

희수 씨, 우리는 지금 남자가 호시탐탐 여자랑 자려고 하는 그런 얘기를 하는 게 아니라, 희수 씨 남편이 아내인 희수 씨와 자고 싶어한다는 이야기를 하고 있어요. 그런데 희수 씨는 그걸 마치 안 좋은 어떤 성향이 나타난 것처럼 말하고 있고요.

….

남편이 성관계를 원하는 것을 남편이 성에 탐닉하는 사람이라는 표시로 보면서, 그렇다면 남편도 아빠처럼 바람을 필 수 있는 남자라는 증거라고 생각하는 거예요? 그래서 성이 없는 사랑을 기대했고 남편도 그럴 수 있는 사람이기를 원했던 거예요?

남편을 믿을 수 있는 사람이라고 생각했어요. 내게는 남편이 오빠이자 아빠예요. 언제까지고 절 지켜줄 사람이라고 믿었어요. 가족으로요, 정말 가족! 아프게 하지도 않고 배반은 더더욱 하지 않는 가족 말이에요.

가족 맞아요. 그런데 오빠도 아니고 아빠도 아니고 남편이라는 가족이에요.

선생님, 아빠가 바람을 피우지 않았더라면 우리 집이 그렇게 되지는 않았을 거잖아요? 엄마도 저렇게 이상해지지 않았을 거고, 동생도 저렇게 되지 않았을 거고요….

희수 씨가 엄마 때문에 이렇게 마음 고생을 하며 쩔쩔매지도 않았겠죠. 희수 씨는 이 모두가 아빠의 바람기, 남자가 성을 원하는 것 때문이었다고 정리했어요.

얼마나 이상한 연결인가? 아버지의 바람기를 남편의 정상적인 성적 욕구와 대등하게 취급하고 있었다니! 건강한 여성으로서 마땅히 누려야 할 것조차 부모로부터 비롯된 상처를 막는 데 사용하는 재물로 버려야 했다니! 우리의 무의식은 이렇게 과거와 현재를, 이 대상과 저 대상을 어이없게 연결시켜 놓고 마치 진실인 것처럼 믿으라고 하는 과오를 범할 때가 있다.

이제는 '더 할 수 없이 착하고 잘해 주는' 남편을 향해 청소기도 던지고 고무장갑도 던지고 싶었던 그 마음이 무엇인지 알 수 있겠다. 희수 씨는 남편이 성관계를 요구하는 것이 정상이라는 것을 이성적으로는 판단하고 있으니까 억지로 응하면서 거짓으로 반응하는 시늉을 했다니 그게 오죽 힘든 일이었겠는가? 또한 남편은 남편대로 '순진한 아내'로 이해하기에는 성관계에서 오는 불만족감이 쌓여갔고, 그것을 표출하지 못하면서 청소니 정리니 하는 엉뚱한 영역으로 돌출되어 나왔던 것 같다.

실제로 희수 씨는 결혼을 하면서 극도로 남편에게 의존하는 어린아이 같은 모습으로 변해 갔다. 어머니를 태우고 어디든 다니던 여성이 어느 날부터는 운전대를 잡지 않으려 했고, 마트를 가는 것도 꼭 남편하고 같이 하려 들었다. 연애 때보다도 더욱더 귀엽고 예쁜 어린 아가씨 시늉을 하면서 남편 무릎에 앉으려 하고, 팔베개를 해야 자겠다는 식이었다. 성을 배제한 마치 보호자가 어린 아이를 돌보듯이, 그런 관심만을 받고자 하는 처절한 몸부림이었다. 그런 희수 씨를 보고 어머니는 "너 결혼하고 변했다."며 아우성을 쳐대는 것이었다.

그런데 엄마가 하시는 '너 결혼하고 변했다.'는 말은 뭔가요?

아무래도 시댁에 가서 자꾸 보니까요, 시아버지는 가부장적이긴 해도 술을 안 드신 상태에서는 말씀이 없으니까 실제로 전 두 분이 싸우는 걸 본 적이 없어요. 어머니는 그런 아버님을 깍듯하게 대하시고, 전 처음으로 '아, 아내가 남편을 저렇게 대하는 거구나.' 하는 걸 봤어요. 저희 집에서는 아빠가 냉장고 문을 열고 조금만 지체해도 '과일 동가리 하나 안 사들고 들어오는 위인이 뭘 먹겠다고 냉장고를 뒤지느냐?' 할 정도였어요. 참 어이없었지요. 엄마는 평생 한 번도 돈을 번 적이 없는데요.

반면 희수 씨의 어머니는 희수 씨가 결혼을 하고, 남편이 집을 떠나고 나자 희수 씨에게 더 매달렸다. 평생을 의심하고 비난하고 싸웠던 대상이 사라졌으니, 그 심리적 허탈감을 이해 못 할 바는 아니지만, 그 화살이 희수 씨를 향했다는 것은 두 사람 모두에게 더 큰 불행이었다. 어머니가 그럴수록 희수 씨는 자꾸 남편 뒤로 숨었다. 어머니를 객관적으로 바라보게 되면서 전처럼 어머니 말이라면 껌벅 죽는 시늉을 하지 않았다.

두 사람 사이의 간극은 자꾸 벌어지고 있던 참이었다. 점점 확연해지는 어머니를 향한 분노감이 희수 씨를 휘저어 놓았다. 그동안 엄마가 심한 것이었다면, 심지어 이상했던 것이라면, 자신이 믿고 행했던 것은 다 무엇이란 말인가? 진정 미칠 지경이었다. 그러면서 여전히 습관적으로 발동되는 죄책감을 처리하는 것도 아주 힘든 과업이었다.

엄마가 희수 씨에게 왜 그렇게 자주 불만을 터뜨린다고 생각하세요?

제가 엄마 말을 전처럼 안 들으니까요, 엄마한테는 저밖에 없으니까요. 엄마는 절 꼼짝 못하게 하세요. 엄마 말을 듣게 하려고, 절 붙들어 두려고요!

그래서 희수 씨가 그렇게 힘들어요. 할 수 있는 최선을 다했지만 어머니가 그런 희수 씨 마음을 알고 계실까요?

아니요, 아니요, 엄마는 모르는 것 같아요. 아니 몰라요. 엄마는 제가 뭘 어떻게 해도 만족하지 못하세요. 내가 엄마를 행복하게 해 준다는 건 애초에 가당치도 않은 꿈이었어요.

지금 이 말을 하면서 어떻게 느껴지세요?

… 답답해요.

'답답해요…' 그리고, 또 어떤가요?

화가 나요… 진짜 화나요. 아… 아… 화가 나서 미치겠어요.

희수 씨는 거의 고함을 쳤고, 눈에는 눈물이 솟구쳤다. 얼마나 허망하고 슬플지, 또 놀라고 당황스러울지, 그 느낌이 고스란히 내게도 전해져서 한참을 그렇게 함께 있었다. 우리의 감정이란, 깨닫는 순간 그것과 관련된 오만가지 집착에서 풀려날 때가 있다. 엄마를 싫어하면 안 된다는 원초적 억압이 희수 씨의 모든 정상적인 생각과 감정을 다 쥐고 있었던 것이다.

희수 씨는 '애초에 가당치도 않은 꿈'을 꾸면서 십대와 이십대를 다 보냈다. 그러면서 견디기 힘든 순간순간 훅훅 하면서 닥쳤던 분노의 여울을 철저히 억압했다. 억압한 분노는 결국 이상한 영역에서 이상한 조합을 한 채 예측하기 힘든 파도로, 해일로 희수 씨를 덮친 것이다. 결국 어머니와 아버지를, 그리고 두 분의 관계를 제대로 볼 수 있게 되면서 자신의 분노의 흔적도 찾아낼 수 있었다. 원래의 모습에 가깝게 확인된 분노는 정리하기가 쉽다. 흘려보낼 것과 기억할 것을 구분하기가 쉬워진다.

어느 날 희수 씨는 남편과 연애할 때는 자신이 사소한 스킨십에도 매우 설레고 신체적 반응도 느꼈었다는 기억을 해냈다. 스스로 성과 관련된 영역을 온통 금기시하고 무감각했던 것이 아니라는 증거를 찾은 것이다. 그랬던 것이 오히려 결혼을 하고 제대로 된 성을 감당해야 하는 시기가 오니까, 마치 신체의 감각이 다 고장 난 사람처럼 되어 버렸다는 것이 앞뒤가 안 맞는 것 같다는 말이었다.

분명 희수 씨 내면에 살아 있는, 쭉 살아 있었던 감각들, 그런데 일부러 닫고 묻었던 것들을 복원하는 일이 우리의 과제였다.

정체를 들켜버린 분노의 세력은 약해지고, 그 틈을 타서 우리는 분노와 함께 가두어졌던 감정과 감각을 복원시킬 수 있다. 비로소 진짜 자기와 만나는 일이다. 시간과 에너지를 필요로 하는 일이지만, 꼭 해야 하는 일이기도 하다.

사라지는 남자

흠… 험… 좀 곤란해져서요…. 여자 친구가, 아니 결혼할 사람인데, 흠… 헤어지는 걸 고려하는 것 같습니다. 날짜도 받아놓고 청첩장도 곧 나올 텐데. 모든 걸 일단 보류한 상태입니다.

그러면서 여친이 꺼낸 카드가, 선생님께 가는 거였습니다. 결혼을 늦추더라도 그렇게 해야 한답니다. 아니면 없던 일로 하는 것이 서로에게 좋다 뭐 이런 말인데, 전 완전 코너에 몰렸습니다….

근데, 선생님을 불신해서가 아니라, 전 이런 일이 좀… 그렇지요. 또, 제게 뭐 그렇게 치료받을 만한 큰 문제가 있다고는 생각하지 않습니다.

난감한 일이 아닐 수 없었다. 날짜까지 잡은 커플이 헤어짐을 거론하며 마지막 희망으로 심리치료라는 카드를 뽑았다는 말인데, 여기서 어떤 변화를 가져오지 못한다면 이 결혼은 깨지고 만다는 것이고, 그런데 이 남자는 자신에게 큰 문제가 없다고 하지 않는가?

그렇게 생각한다면 좀 억울하겠어요, 사람은 저마다 입장이 다르니까 충분히 그럴 수는 있어요. 한데, 억울한 마음을 조금 미뤄놓고 애인의 논지는 무엇인지 생각해 보지요. 애인이 뭘 갖고 그러는지 알아야 상구 씨가 고치든지, 아니면 애인을 설득하든지 하지 않겠어요?

그게 말입니다. 제가 너무 답답하다는 거, 뭐 속을 모르겠다는 거 하고, 또… 흠… 한 번씩 욱한다는 건데…. 저도 뭐 아주 아니라는 것은 아니고요, 점차 고쳐야지 생각은 하는데…. 이번에 이렇게 일이 크게 된 건, 제가 여자 친구와 말싸움 끝에 여자 친구를 밀쳤습니다. 좀 과격하게요. 여자 친구가 매우 놀랄 만하긴 했는데, 그게 평소의 제 모습과 워낙 다르다 보니….

네… 놀랄 만한 사건이군요. 그렇게까지 평소와 달라질 만한 어떤 일이 있었나요?

그게… 왜 그렇게 큰 싸움이 되었냐 하면, 실은 제가 웨딩 촬영에 가지 않았습니다. 제가 좀 그런 게 있긴 합니다. 난감한 상황이 되면, 아니 될 것 같으면 움직이지 않습니다.

그러니까 그게 무슨 그럴 만한 이유가, 사고나 건강상의 급박한 상황이나 뭐 그런 게 있어서가 아니라, 상구 씨 마음이 편치 않아서 움직이지 않았다는 말이에요?

네… 이해하기 힘드실 거라는 거 압니다. 저도 그렇게 한 번씩 잠수를 타고 나면 저 자신도 아주 난감해지고…. 사실 왜 그랬다고 뭐라고 어떻게 설명하기도 어렵습니다.

결혼할 여자가 왜 이렇게 독하게 나오는지 짐작이 갈 것 같다. 어쩌면 말다툼 끝에 여자를 밀친 사건보다 더 심각하고 중요한 문제가 이런 회피적인 태도인지 모르겠고, 또 아마도 상구 씨의 울컥하는 행동과 어처구니없는 회피 행동의 뿌리는 같은 것일 수도 있겠다고 생각했다.

여자 친구와 교제한 건 아직 1년이 채 되지 않았고, 결혼 이야기가 오고 간 건 석 달 전이라고 한다. 상견례를 하고 결혼 준비를 하면서 자꾸 의견이 대립하고 갈등이 증폭되어 갔다. 남들도 다 그런다고 당연하다고 하는데, 아무래도 자기네는 그게 좀 심했다는 것이다. 결혼 준비 과정에 부딪침이라고 하면, 대개는 신랑 쪽, 신부 쪽 어머니가 서로 기를 세우거나, 또는 며느리 자리와 시어머니 자리가 갈등하는 구조일 것이다. 그러면 그 중간에서 신랑과 신부의 역할이 생기면서 양쪽을 잘 무마하여 마무리가 되는 형태가 된다. 그런데 상구 씨가 이야기하는 그간의 사건을 들어보니 '…어머니가요… 그 친구가요…, 그런데 어머니는요… 그 친구는요…' 하는 식의 양쪽 입장에 관한 중계방송 일색이었다. 예식장을 정하는 문제가 말썽이 되었던 사건을 이야기하던 끝에 내가 물었다.

그래서 상구 씨는 어떻게 했나요?

저는, 저는… 그게요, 선생님, 전 그럴 때 어떻게 할 게 없습니다. 어머니 마음도 알겠고, 여자 친구 마음도 알겠는데 제가 뭘, 뭐라고 하겠습니까?

상구 씨는 어떤 누구의 마음도 조금도 불편해지지 않기를 바랐군요!

상구 씨는 초등학교 6학년 때 아버지가 돌아가신 힘든 기억을 갖고 있었다. 그 이후에 어머니는 세 살 터울의 형과 상구 씨,

여동생, 이렇게 삼남매를 안고 정신없이 살아오셨다. 다행히 경제적으로 아주 힘든 집은 아니었지만, 그래서 더욱 자식에게 거는 기대가 컸다고 한다. 아버지 몫까지, 아버지가 기뻐할 만큼 잘 살아야 하는. 또는 아버지 때만큼 다시 집안을 일으켜야 하는.

그런데 상구 씨 형은 좀 남달랐다. 중학교 때까지는 공부를 곧잘 하더니 고등학교 이후 다니던 학교가 마음에 안 든다고 자퇴를 하지 않나, 대학을 안 갈 거니 검정고시조차 안 보겠다고 온 집안을 들쑤셔 놓는 식이었다. 어머니가 이 형과 씨름하느라 흘린 눈물이 한 드럼통은 될 거라고 한다. 아버지가 계실 때는 사실 모든 것이 형 위주였다. 할머니까지 가세하여 모든 것이 형부터, 형이 잘돼야 그 집안이 잘된다는 말이 가훈처럼 내려오는 분위기였다. 그런데 형이 이렇게 삐딱선을 탄 다음부터 집안 친척들, 어른들의 말이 변하기 시작했다.

언젠가부터 친척들이 제게 하는 말이 달라졌어요. 전에는 으레 형부터 챙기던 분들이, '네가 잘돼야… 형이 저 모양이니 너라도 잘돼야… 니가 아버지, 형 몫까지… 너밖에 없구나…' 뭐 이렇게 된 거죠.

그 관심들이 어땠어요?

어땠냐고요? 흠… 그렇게 물어보시니… 전 아무 생각이 없었거든요. 오로지 내가 그래야 되는구나. 내 몫이구나 그러면서 지냈는데, 흠… 어땠냐… 좋지는 않았어요. 뭔가 사람들이 나를 볼 때 딱하게 보는 것 같았어요. 어이구, 넌 어쩌면 좋니? 그런 시선들이 딱 싫었고요. 그래서 괜찮다는 걸 보여 주고 싶기도 했어요.

괜찮다는 건 어떻게 보여 줘요?

씩씩하게 잘하는 거죠. 그들이 뭘 걱정하는지 아니까, 그런 걱정할 필요가 없게 하는 거죠.

어릴 때 상구 씨 별명은 '싱글이'였다고 한다. 주변에서 "넌 뭐가 좋아 그렇게 맨날 싱글거리냐?" 하는 말을 들을 정도였다고 한다. 공부도 잘했고, 어머니 심정도 헤아리고 걱정도 나누는 둘째 아들이었다. 대학생이 된 다음부터는 집안 경제를 걱정하고, 계산하고, 어머니와 함께 궁리하고 모든 집안 대소사에는 함께 참석하는 그런 아들이었다.

저희 어렸을 때 "초능력이 생기면 뭘 하고 싶냐?" 이런 질문이 유행했던 적이 있어요. 애들은 뭐 '스파이더맨, 투명인간, 미래를 보는 능력…' 그런 것들을 말했을 때 전 사람의 마음을 읽고 싶다고 했던 적이 있어요.

사람의 마음을 왜 읽고 싶었을까요?

다 맞춰주고 싶었어요. 전 제 주변에 있는 사람들이 다 저 때문에 행복해졌으면 좋겠다고 생각했어요. 그건 지금도 그래요, 저한테 있는 걸 100%, 200% 다 주더라도 그들이 만족하는 것 같으면 좋아요.

듣고 있자니 내 안에서 안타까운 마음이 뚝뚝 떨어진다. 어쩌자고 그렇게 살았냐고 볼멘소리가 나올 것도 같다. 하지만 아직은 뭐가 뭔지, 그게 그건지 모르는 내담자를 붙들고 내색할 수는 없는 일이다. 파혼 문제로 시작한 상담은 가족 이야기로, 다른 인간 관계로 또 회사 문제로 이어졌다. 당연한 이야기겠지만, '모든 사람의 마음을 다 맞춰줘야 한다.'는 주제는 상구 씨를 둘러싼 환경 어디에도 다 포진되어 있어서, 무슨 내용을 다루든 결국은 그 지점에서 만나곤 했다.

하루는 회사 이야기를 하던 중에 근래에 상구 씨가 회사에서 겪은 안 좋은 일이 나왔다. 내용인즉, 엄밀히 말하면 상구 씨 일도 아닌데 본인이 관여했고, 그래서 상사에게 확인을 요청했는데 상사는 '알아서 했겠지'로 넘어가 버리고, 하필 나중에 오류가 발생하면서 그 책임을 상구 씨가 떠맡게 된 상황이었다. 상구 씨로서는 억울할 수 있는 상황이었고, 대충 분위기도 그렇게 흘러가고 있었는데, 문제는 그 다음이었다.

당연히 주말에 나와서 일처리를 다시 해야 하는 상황에서 상구 씨가 연락두절 상태가 된 것이다. 웨딩촬영 상황과 유사한 장면이 또 나와 버렸다. 그냥 싫은 소리 좀 듣고 변명 좀 하고 다시 했으면 될 일이 아주 큰 사건이 되어 버렸다. 상구 씨는 자신이 상사를 실망시켰고, 결국 주변 사람들에게도 피해를 주게 된 상황을 어떻게 할 수 없었다고 했다. 그러면 순간 뇌 속의 전기가 확 나가 버리는 것처럼 깜깜해지면서, 숨 쉬기조차 버거워지고, 어두운 곳에 들어가 있고 싶다는 욕구 하나만 선명해진다고 했다.

그런데 상구 씨, 사실은 상구 씨도 억울하고 그래서 화가 날 만한 상황이었잖아요?

하지만 어쨌든 제가 잘못했으니까요. 제가 잘했더라면 일이 그렇게 안됐을 텐데….

그럼, 상구 씨는 대체 언제 화를 내지요?

음… 화… 음… 뭔가 뚜렷하게 상대방이 잘못했을 때요. 운전하다가 누가 갑자기 끼어들거나, 골목길에 개념 없이 주차해 놓은 차가 있다거나….

아니, 그런 거 말고 상구 씨와 관련된, 개인적인 일에서 말예요.

음… 흠… 없어요, 없는 거 같아요.

사실 상구 씨는 노(怒)도 못하고 노(no)도 못하면서 살아왔던 것이다. 그 사건도 상구 씨가 노(no)를 했더라면 얼마든지 빠질 수 있는 일이었다. 상담실을 찾는 사람들 중에 이런 문제를 가지고 있는 사람들은 정말 많다. 나는 사석에서 '내 일이라는 게 착하고 또 착한 사람들을 만나는 것이다.'는 말을 자주 한다. 내 사무실에서 독하거나 나쁘거나 양심이 불량하거나 염치가 없는 사람들을 만나는 건 아주 드문 일이다. 대부분의 내담자들은 착해도 너무 착해서 늘 문제다.

상구 씨를 포함하여 노(怒)도 못하고 노(no)도 못하는 사람들의 깊은 마음은 거부와 관련된 불안이 크다. 자신이 그런 표현을 했을 때 사람들은 실망할 것이고, 상처를 입을 것이고, 그다음은 자신을 내치거나 떠날 것이라고 염려한다. 따라서 이들은 어떻게 하든지 화를 느끼지 않으려고 애쓴다. 자신이 화를 내면 남들이 나를 싫어하지 않을까, 상대의 기분을 망치고 분위기를 깨지 않을까, 심지어는 화를 냈을 때 상대가 앙심을 품고 보복하지 않을까 꼬리에 꼬리를 무는 염려 속에 산다. 그러니 자기 입장이나 의견을 내세우는 대신 상대의 의견에 동의하는 척하거나 아예 입을 다물어 버린다. 마음이 내키지 않으면서도 상대의 의견에 따른다. 자신이 무엇을 원하는지 어떤 기분인지를 좀처럼 드러내지 않을 뿐더러 부당한 요구에도 'no'를 하지 않는 것이다.

결혼 준비 과정에서 사건이 터진 것도 같은 이유에서였다. 어머니가 어떤 제안을 하면 상구 씨는 '예'를 했다. 그러고는 여자 친구가 싫어할 것 같은 눈치를 채고는 그쪽에 아예 전하지 않았다. 거꾸로 여자 친구의 말도 어머니가 싫어할 것을 예측하면 전하지 않고는 이쪽에도 저쪽에도 다 'yes'를 해 왔던 것이다. 그러니 두 여자는 각자 자신의 의견이 상대편에 받아들여졌고, 그렇게 진행이 되는 것으로 알고 있었던 것인데, 막상 닥치고 보니 엉킨 실타래처럼 다 엉망이었던 것이다.

여자 친구는 그때서야 비로소 평소에도 '싫다, 아니다'가 거의 없었던 상구 씨에 대해서 생각하게 되었다. 그저 자신을 많이 사랑하고 또 사람이 착해서 그러는 거라고 여겼는데, 생각해 보니 석연치 않는 구석이 너무 많았던 것이다. 한번은 데이트 중에 형의 전화를 받았는데, 스마트폰에 무슨 케이블을 연결하는 방법을 좀 찾아봐서 알려달라는 내용이었다. 여자 친구는 어이가 없어서 얼떨떨하고 있는데, 조금 있다 어머니가 다시 전화를 하시더니 형이 머무는 데가 통신이 잘 안 터져서 그렇다고 하니 빨리 찾아보고 알려 주라는 재촉의 말씀이었다. 거기에 상구 씨는 그저 '예'

할 뿐이었다.

상구 씨의 집안에서 그의 역할은 매우 많고 다양했다. 대학 때 기말고사 기간에 어머니와 함께 친척 결혼식에 참석할 일이 있었다. 시험 시간에 간신히 맞춰 왔으나 하마터면 시험을 못 치를 뻔했다. 또 한번은 어머니가 세를 받고 있는 점포의 재계약을 하느라 중요한 수업을 빠지고 가야 했다. 여동생이 대학에 갈 때는 각 대학의 지원요건, 입시현황, 지원서들을 펼쳐 놓고 눈이 빠져라 분석하고 연구한 사람도 상구 씨였다.

분통이 터졌던 기억 하나는 형의 어학연수 건이었다. 알려지지 않은 지방대를 나온 형이기에 영어라도 해야 한다고 어학연수를 보내겠다는 건 어머니 의견이었다. 형이 그러겠다고 하니 그다음 모든 정보와 절차를 알아보는 것은 상구 씨 임무였다. 어학연수는 대학 때부터 상구 씨도 너무 하고 싶었지만 차마 입을 떼지 못했던 것이었다. 어머니는 그저 형이 하겠다고 하는 게 기특하니 마음 변하기 전에 어서 처리해서 보내자는 주장이었는데, 참 씁쓸했다고 한다. 무슨 일이 있을 때마다 형은 가만히 있으면 되고, 또 막상 중요한 일은 형을 믿을 수 없어서 상구 씨가 움직여야 하니, 결국 모든 일이 다 상구 씨 몫이 되는 것이다. 그런 상구 씨를 형은 '우리 집 집사'라고 부른단다.

방금 형이 상구 씨를 '집사'라고 부른다는 말을 하며 어깨를 으쓱해 보였어요, 그게 무슨 의미인가요?

제가요? 그랬어요? 흠… 뭐 어쩔 수 없다? 그런 걸까요?

글쎄요. 내게는 좀 기가 차다는, 좀 어이가 없다는 몸짓으로 보였어요. '집사'의 이미지가 뭐지요?

뭐든 시키면 다 하는 사람이겠죠. 군소리 없이 모시는 사람의 편리를 위해서라면 뭐든지, 아무 때라도….

그런데 상구 씨가 '집사'라고요?

어릴 때부터… 책임감을 많이 느꼈어요. 아버지가 그렇게 되시고, 아니 아니요, 형이 그렇게 되고 나서요. 친척들이 온통 '너밖에, 너밖에 없다'고 하는데 정말이지 미칠 것 같았어요. 겁났어요. 어떻게 해요? 내가 잘못하면 어떻게 되는 거예요?

흠. 두려웠군요….

잘못할까 봐서요, 실망시키게 될까 봐서요… 특히 어릴 때는 내가 커서 돈을 꼭 많이 벌어야 한다고도 생각했어요. 내가 엄마도 책임지고, 친척들이 다 걱정하는 형도 내가 벌어 먹여야 한다고 생각했어요. 우리 엄마가 불쌍하지 않다는 것을 보여 줘야 했어요….

참, 그 책임에 한계가 없군요. 나눠 질 사람도 없고, 해도 해도 끝이 없는 거예요.

세상에는 의지와 의무가 대치되는 사람들이 있다. 이들에게는 '나는 하고 싶다.'가 없고 '나는 해야만 한다.'가 존재한다. 마찬가지로 '나는 원하지 않는다.'는 건 어록에 없고, 최악의 경우에는 그저 '나는 할 수 없다.'가 있을 뿐이다. 이들에게 가장 중요한 것은 질책을 면하는 것이다. 모든 행동은 순식간에 외부의 누군가에 의해 명령받은 것이 된다. 그리고 그것을 잘해냈을 때 마치 명령을 잘 수행한 것처럼 안심한다. 그러면 비난받을 가능성이 없다고 봐서 그렇다.

이들에게는 의무를 이행하는 것이 개인의 욕구를 만족시키는 것보다 좋은 일이다. 스스로 도덕적이며 책임감이 강하고, 아주 양심적인 사람이 된 것으로 느낀다. 하지만 이런 태도로 살면 점차 분명하고 안정적인 '자기감'을 놓치게 된다. 시간이 지날수록 내가 무엇을 잘했는지, 무엇을 성취했는지에 대한 감흥이 없어진다. 다만 이번에는 누구의 마음에 들지, 안 들지, 안심해도 되는지 마는지에 대한 감각만 무성해질 뿐이다.

여자 친구를 더 근심하게 만든 것은, 이렇게 착하기만 한 것 같은 상구 씨가 돌변하는 순간이 있어서다. 운전할 때와 음식점이나 쇼핑몰 같은 데를 찾을 때 자칫하면 상구 씨가 달라진다고 한다. 특히 운전할 때 상구 씨는 아주 성마르고 엄격해지는데, 누가 조금이라도 법규에 어긋나는 짓을 하면, 가차 없이 클랙슨을 누르거나 창문을 내리고 소리를 치는 것이다. 도대체 이 사람이 그 상구 씨가 맞나 싶을 정도로 서슬이 퍼래서 따지는 데 이럴 때는 시비가 붙어서 경찰서에 가는 것도 불사한다.

식당이나 쇼핑몰 같은 데서도 점원이 어떤 실수를 하면, 곧바로 책임자를 찾는 과격한 태도를 보인다. 일을 이따위로 하고 남의 돈 먹으려고 하냐고 소리를 친다. 여자 친구가 왜 그렇게 화를 내냐고 말리면, 상구 씨는 자신은 화를 낸 것이 아니고 그저 틀린 것을 바로 잡으려 할 뿐이라고 맞선다. 자신의 일을 게을리하는 사람들을 용서하지 않는 것이 정의라는 주장이다.

그럴 때 상구 씨를 보면 평소와 너무 달라서 여자 친구가 정말 놀라겠어요.

그럴 때는 그렇게 해야 하지 않나요?

자기 책임을 다하지 않는 사람들, 규칙을 지키지 않는 사람들을 보면 견딜 수가 없어진다고요?

자기들이 무슨 특권이라도 있다고 생각하는지… 그걸 깨뜨려 줘야 해요. 그렇게 세상이 만만한 게 아니라는 걸 알게 해야지요.

가장 이상한 특권을 아주 오래 누리고 있는 사람이 바로 곁에 있잖아요. 또 그것을 방조하는 사람도 상구 씨 곁에 있고요.

….

그런데 그런 형이나 어머니에게는 한 번도 제대로 그러지 말라는 말조차 해보지 않았어요. 이제는 나도 힘들고 버겁다는 내색도 하지 못했고요.

….

겉으로 봐서는 강한 분노를 표출할 것 같지 않은 사람 중에 우리를 깜짝 놀라게 하는 사람이 있다. 수수한 체격과 외모에, 상냥하고 우호적으로 대화하면서 폭넓은 인간관계를 유지하고 사람들이 좋아하는 타입이다. 그런데 한 번씩 모욕적인 언행을 하면서 분노를 폭발시키는 것이다. 그들에게 그런 행동의 이유를 질문하면 '자신은 인내심이 부족하거나 화를 불쑥 내는 스타일도 아니고, 절대로 많은 분노심을 갖고 있지도 않다. 다만 그 일이 도저히 견딜 수 없는 것이어서 그랬다.'고 대답한다. 그리고 도저히 견딜 수 없는 그 일은 늘 명분이 뚜렷한 객관적인 일일 뿐, 본인의 개인적 문제와는 동떨어진 일이다.

상구 씨처럼 스스로 무엇에 분노를 느끼고 있다는 것조차 인지하지 못하거나, 분노할 만한 문제들을 회피하는 것이 바로 분노를 억압하고 살아가는 모습이다. 억압하지 않으면 더 불편하고 더 나빠질 것이라는 가정 때문에 문제 상황을 노출하고 표현해야 한다는 필요성을 무시한다. 늘 그렇듯이 감정의 억압은 그 개인이 고통을 피하려는 시도다. 물론 내적으로는 개인적 가치나 정당한 요구 그리고 자신의 신념을 보호하고자 하는 욕구가 있음에도 불구하고, 표현해 봤자 오히려 그러한 욕구의 좌절을 겪어야 하니, 그로 인한 상처를 피하기 위해서 아예 욕구 자체가 없는 것처럼 회피하는 것이다.

상구 씨는 점차 자신의 딜레마를 이해했다. 한 인간으로서의 삶 속에 가족의 돌봄도 가치가 있는 영역이겠지만, 그와 동등하게 아니 그보다 더 중요한 우선순위는 '그'가 '그답게' 사는 것이라는 새로운 가치를 인식하게 되었다. 지금까지와 같은 형태의 삶이 계속 유지된다면 상구 씨는 결국 어머니와 형을 잘 돌보는 일도 점차 하기 힘들어질 것이다. 심리적으로 건강하지 못한 개인이 가족을 잘 돌보고, 진정으로 좋은 관계를 오랫동안 유지한다는 것은 불가능하다.

상구 씨는 자신이 어린 시절부터 곳곳에서 얼마나 자주 가족들과 친척들에 의해 좌절하고 절망하면서 두려워했던가를 끄집어내게 되었다. 억압된 정서란 엉킨 실타래 같아서 한 끄트머리가 풀리면 그것을 따라 줄줄이 풀어지는 특성이 있다. 외로움은 무서움으로 다시 절박함으로 질투심으로 그리고 엄청난 분노심으로 연결되어 있었다.

　무엇에 얼마나 화가 났던가, 줄곧 얼마나 힘들어 했던가를 이해할 때, 비로소 현실의 문제를 현실의 문제로 바라보게 된다. 현실의 문제란 어머니와 결혼할 여자 사이에서 조절할 것을 조절하고 안 되는 것은 안 된다고 하는 일이다. 회사의 동료에게, 상사에게 할 수 있는 것과 할 수 없는 일을 구분하여 상황에 맞게 반응하는 일이다. 상구 씨가 그렇게 한다면 관계 안의 사람들은 실망할 수도 있고 불쾌해할 수도 있다. 그렇다면 거기서 다시 서로를 조율하고 맞추어 나가는 일, 그건 관계 안의 모두가 할 일이지 상구 씨 혼자 다 떠맡을 수 있는 일은 아니다.

　관계의 삐걱거림을 인정하는 일, 나의 역할과 상대의 역할을 구분하는 일은, 자신이 스스로 무엇에 얼마만큼 분노하고 있는가를 아는 것에서부터 시작해야 한다.

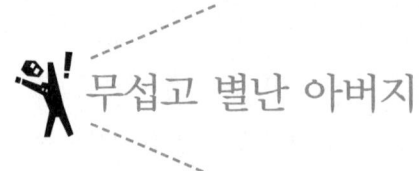

무섭고 별난 아버지

주변에서 자꾸 가보라고 해서요, 선생님께 미리 전화했던 혜은 씨가 동료예요. 거의 처음으로 직장에서 속 얘기를 하는 사람을 만났다고 하나? 아시겠지만 혜은 씨가 사람이 정이 많잖아요. 남의 힘든 것 그냥 안 넘어가고… 제 속내를 조금 비췄더니 근 한 달을 선생님께 가야 한다고 졸라댔어요. 그러더니 덜컥 예약도 해 버리고, 전 뭐 그 정도는 아닌데, 그냥 좀 기분이 우울하다는 건데….

우선은 잡티 하나 없는 희다 못해 투명한 피부가 시선을 사로잡는다. 게다가 깎아낸듯이 반듯한 얼굴이 자칫 온기가 느껴지지 않는 밀납인형같다. 미라 씨는 이렇게 서두가 길었다. 자신이 그다지 상담에 올 이유가 없는데, 어쩌다 보니 오게 되었다는 내용의 이야기를 한참을 하고 있었다. 상담에 와서 이렇게 본론으로 들어가지 못하는 사람들이 꽤 된다. 어색하고 난감한 기분이야 이해하지만 사실은, 자신의 문제와 그만큼 거리를 두고 있다는 말이다.

뭐가 제일 힘드세요?

그게요, 좀 우울해요. 그러니까 밤에 잘 때면 그냥 내일 아침에 눈을 안 떴으면 좋겠다고 생각해요. 아니… 뭐… 그렇다고 제가 죽을 생각을 한다는 건 아니에요. 그냥 내일 안 일어나도 별 상관이 없겠다 그런 거죠.

이 무슨 난감한 얘기인가? 이렇게 훌륭한 외모에 내로라하는 글로벌 기업의 잘나가는 이십대 후반 아가씨가 내일이 없으면 좋겠다니….

고단해요. 일이 너무 많아요. 하루를 분 단위로 나눠 사는 것 같아요. 새벽 5시에 일어나거든요. 아빠 식사 준비를 하고 전 부리나케 학원으로 가요. 출근 전에 중국어 학원을 가야 해서요. 회사에서는 전쟁이지요. 제 상사가 어마어마한 사람이거든요. 요구가 많고 철저하고 예리해요. 당연히 날마다 야근이에요. 집에 일을 안 가져오면 다행이지요. 하지만 어쨌든 퇴근 후에는 항상 운동을 하러 가요. 다행히 요새는 24시간 헬스가 있어요. 사흘에 한 번은 운동 가기 전에 마트에 가요. 아빠가 신장이 안 좋아서 식단에 늘 신경을 써야 해요. 집에 오면 보통 11시에서 12시예요. 12시를 넘기면 안 돼요. 12시를 넘기면 아빠가 난리를 치세요. 그때 들어와서 대강 치우고 내일 먹을거리 좀 손질해 놓고 그래야 하루가 끝나요.

어머니는 대학 4학년 때 암으로 돌아가셨고, 오빠는 외국에 나가 있다고 했다. 아빠는 퇴직을 하셔서 거의 집에 계시는데 신장이 나빠서 자칫하면 투석으로 갈 위험이 있다고 했다. 고단은 하겠다. 자기 공부만 하면 다 되었던 아가씨 생활이 주부처럼 되었으니 오죽 어렵겠는가? 글로벌 기업의 혹독한 상사 밑에서 버텨내기도 얼마나 힘든 일일지도 짐작이 간다. 그런데 그게 다인가? 그래서 조금 우울하다고? 조금 우울한 아가씨가 이렇게 분

단위로 시간을 쪼개 산다는 말은 또 무언가?

　살인적인 스케줄이네요. 주말은 어떻게 보내나요?

　대청소를 해야지요. 아빠가 지저분한 걸 못 견뎌 하세요. 드실 만한 음식을 만들어 드리고 한 끼 정도는 아빠와 외식을 하고, 또 장을 보고, 또 운동을 가야지요. 주말에는 운동을 좀 길게 하고 사우나를 해요.

　사람은 언제 만나요? 회사에서 일하면서 마주하는 것 말고, 마음을 터놓을 만한 친구나 남자나⋯ 그런 만남은 언제 하나요?

　시간이 없어요, 또 그럴 만한 여유가 없어요. 낭비를 하면 안 되거든요. 아버지가 언제까지 사실지 모르는데, 휴⋯.

　상담 첫날 자신의 문제를 다 토해 놓고 가는 내담자도 물론 많다. 시간의 제한이 있으니 시간이 부족해서 다 못할지언정 그 감정의 분출에 있어서는 바닥 끝까지를 오르내리며 자신의 걱정을, 고통을 내게 다 보여 주려고 안간힘을 쓴다. 하지만 또 다른 부류는 한 회가 끝났는데도 뭔가 아리송하다. 문제는 이쪽이 아닌 것 같은데, 뭔가 엉뚱한 쪽 얘기만 하고 간 느낌이다. 마치 이 얘기로 저 얘기의 접근을 막는 것도 같고, 석연치 않으면서 이 사람이 누구인지 대강의 그림을 그려내기도 어렵다는 막막한 느낌이 들 때가 있다.

　미라 씨가 그랬다. 첫회 상담 자료를 아무리 들여다봐도, 그래서 뭐가 문제지? 정말 일에 치여서 소진되었다고? 그런데 의무도 아닌 중국어 공부를 하고, 주말까지 운동을 하고, 극진하다고 할 정도로 아버지를 모시고 있다고? 외로움 때문인가? 저 외모에 저 나이에 남자를 마지막으로 사귄 것이 6년 전이라니…. 뭐가 문제인가?

다음 회에도 미라 씨는 회사 일이 얼마나 힘든가를 한참 말하고 있었다. 그러나 결국은 그 힘든 일을 놀랍게 잘 성취해 내고 있다는 내용이었다. 굳이 걸리는 것을 찾는다면 '지나치게 열심히' 하고 있는 게 아닌가 하는 느낌 정도였다. 그 회가 얼마 안 남았다는 걸 보고 난 다시 물을 수밖에 없었다.

근데 미라 씨, 뭐가 정말 힘든 건가요?
… 사실은요, 제가 강박증인 것 같아요.

어렵게 꺼내는 내용인즉슨, 그녀의 강박증이라는 것이 거의 생활 전반에 퍼져 있는 양상이었다. 가스 불을 확인하는 것부터 현관문 잠금 확인, 자동차 실내등을 켜 놓은 것 같아서 집에 들어왔다 나가는 일도 다반사였다. 슈퍼에 가서도 싱싱하고 좋은 것을 찾느라 보통보다 몇 배의 시간을 쓰고 있었고, 운동을 매일 가는 것도 안 그러면 마음이 너무 불안해서라고 하였다. 늘 메모를 하고 또 하고, 체크하고 그러면서 살고 있는데도 돌아서면 확실히 뭘 빠뜨리고 놓친 것 같아서 다시 또 보고 또 볼 수밖에 없다는 것이다.

그런 여러 가지 사건들을 말하는 가운데 좀 특별하다 싶은 것이 있었는데, 밤에 잘 때, 또는 자다가도 한두 번씩 아버지 방에 가서 살짝 문을 열어보고 별 일이 없는가를 확인한다는 것이었다. 아버지가 그렇게 위중하시냐고 물으니 그건 아니라고 했다. 그런데 자신이 잠든 사이에 아버지가 잘못될 수도 있다는 생각을 자꾸 하게 된다고 하였다.

스스로도 이게 병이라는 생각을 한다고 했다. 그래서 너무 부끄럽고, 그렇게 이리 뛰고 저리 뛰면서 오락가락 하다 보면 자신이 점점 정신이상자가 되는 것 같아 이젠 두렵기조차 하다는 것이다.

강박 성향이 있는 사람들은 일을 완벽하고 확실하게 처리하려고 든다. 그러니 완벽함이란 결코 도달할 수 없는 기준이기 때문에 이들은 언제나 질 수밖에 없는 전쟁을 하는 셈이다. 단 한 번도 충만하다는 느낌을 갖지 못하고, 자유롭게 행동할 수 없다. 직장에서는 일 잘한다는 소리를 들을 수 있지만, 그건 초기에만 그렇고, 시간이 지날수록 파괴적인 영향을 미치게 되는데, 완벽에 도달하고자 하는 욕구가 오히려 일을 마무리하지 못하게 만들기 때문이다.

강박 성향이 있는 주부라면 작은 먼지나 얼룩같이 사소한 오점에 집착하기 때문에 자신의 집은 늘 더럽고 그러니 계속 쓸고 닦을 수밖에 없다. 오늘 할 일을 깨알같이 적지만, 도무지 하루에 다 할 수 없는 정도의 목록이어서, 늘 해야 할 일의 양에 압도당하고 불안해한다. 이들은 "난 언제나 일을 너무 열심히 해요. 왜 그러는지 모르겠어요. 항상 뭔가를 하고 있어야 할 필요를 느껴요.

뭔가를 미친듯이 해야 해요. 일을 하고 있지 않으면 시간을 어떻게 보내야 할지 모르겠어요."라고 한다.

당연히 죽도록 일을 하지만, 보람이나 기쁨이 있는 것이 아니라 늘 우울하다. 이들은 본인의 생각과 행동이 불합리하다는 것을 알고 있다. 그렇게 살고 있는 자신이 멍청이 같고 정신이 어떻게 된 것 같다는 생각에 이차적으로 더 괴로워한다. 그래서 어떤 정서도 드러나지 않으려는 건조한 상태를 유지하려고 안간힘을 쓴다. 미라 씨가 첫날부터 우울을 이야기하는데도 그런 정서가 내게 잘 전달되지 않은 이유가 그래서일 거다.

이제야 조금 미라 씨가 내게 왜 왔는지를 짐작할 것 같다. 그녀가 왜 그렇게 회사에서도 개인적인 삶에서도 지나치게 열심히 사는지, 왜 늘 시간에 쫓기며 안절부절하는지도 어느 정도 짐작이 간다.

나는 상담 초기에 내담자의 어린 시절이 어떠했는가를 묻는다.

- ○○씨는 어린 시절이 어땠나요?
- 아버지는 어떤 분인가요? 어머니는요?
- 부모님 두 분 사이는 어땠나요?
- 형제들에 대해서 이야기해 주세요.
- 부모 외에 어린 시절에 가까웠던 다른 사람이 있었어요?
- 최초 기억을 떠올려 보세요.
- 가족들이 모두 나오는 어린 시절 한 장면을 기억해 보세요.

이런 질문을 하는 이유는 상담에 있어 현재가 중요하다, 혹은 과거를 탐색해야 한다는 이론적 논쟁과 무관하게 단지 지금 내 앞에 있는 이 사람을 이해하기 위해서다. 이 사람이 어떤 사람인지를 알기 위해서 그 사람이 어떻게 살아왔는가를 듣고자 한다. 또한 대부분의 심리적 문제라는 것은 현재를 현재로 살지 못하고 과거와 섞어가며 사는 데에 있다. 그러니 이 사람이 무엇을 무엇과 섞고 있는지 알려면, 살아온 날들에 대해 들어야 한다.

미라 씨는 자신의 어린 시절에 대해서, 부모와 연관된 경험들을 말하는 데 부담스러워하는 듯했다. 집중이 잘 안 되면서 쉽지 않은 듯 머뭇거렸다. 여전히 뭔가 석연찮다. 자기 얘기를 하겠다고 결정하고 내게 왔을 텐데, 뭔가 마지못해서 조심, 조심하는 태도가 나의 집중도까지 떨어뜨리는 것이었다.

미라 씨의 아버지는 한마디로 무서운 분이셨다. 아버지가 퇴근하실 때가 되면 어머니는 현관부터 챙기셨는데, 신발이 조금만 흐트러져 있어도 거기서부터 화를 내고 들어서는 아버지였기 때문이다. 현관 다음에는 거실에 리모컨 위치, 식탁에 물 컵이라도 있는 날이면 난리가 났다. 그러니 미라 씨와 오빠는 현관에서 얼른 인사를 하고 곧 방으로 들어가는 것이 상책이었다. 공부를 하고 있는 것이 아버지 폭언을 막을 수 있는 가장 좋은 방법이었다.

정말 말 그대로 어머니를 달달 볶는 아버지였다고 한다. 반찬에서부터 집안 정리, 돈 쓰는 것, 시부모 챙기는 것. 하다못해 어머니 옷차림새까지 뭐 하나 아버지의 레이다 망에 안 걸리는 게 없었고, 마음에 들지 않을 때는 모욕적이고 비하적인 말로 어머니를 공격했다. 특히 아버지는 돈에 너무 인색하셔서 늘, 돈 쓴 것을 가지고 엄마를 비난했다. 만약 어머니가 뭐라고 할라치면 냅다 고함을 쳐대니 어머니는 그야말로 꿀 먹은 벙어리가 될 수밖에 없었다. 어머니는 아버지가 안 계실 때면 유쾌하고 다정한 분이셨다. 다른 사람들한테 후덕하고 친절한, 아버지 없이 우리끼리 있을 때는 우스갯소리도 잘 하는 분이셨는데, 아버지만 계시면 다른 사람이 되어 버렸다.

어머니 이야기를 하면서, 미라 씨는 엄마가 돌아가신 게 아버지 때문이라고 생각한다고 했다. 그렇게 살면서 어떻게 암에 걸리지 않겠냐는 말이었다. 그 말을 하면서 순간 미라 씨한테서 전해지는 뾰족한 싸늘함이 있었다. 어떤 뭉침 같은 것인데, 그것이 송곳 같다는 느낌이었다. 외국에 나가 있다는 오빠에 대해서 묻자, 미라 씨의 표정은 더 기묘해졌다. 얼마나 좋은 사람인지, 따뜻한 오빠였는지, 자신에게 이렇게 저렇게 잘 대해 준 이야기를 하는데 뭔가 느낌이 자연스럽지 않고 우물쭈물, 쭈뼛쭈뼛이다.

미라 씨, 지금 오빠 이야기를 하고 있는데… 뭐가 마음에 걸리세요? 편안해 보이지 않아요.

눈이 벌개지면서 입 끝이 파르르하더니, 그다음 미라 씨 입에서 나온 말은 충격적이었다. 오빠는 외국에 나간 것이 아니라 자살을 한 것이었다. 그것도 지금 살고 있는 이 아파트에서 떨어져 죽은 것이다. 그러니 이렇게 힘이 들었던 거다. 오빠의 자살을 이야기하지 않고는 자신의 과거를 또 현재를 제대로 이어 나갈 수 없으니 그렇게 더듬더듬, 주저주저했던 것이다. 도대체 자신이 무엇을 말하고자 하는지, 자신의 생각이 어디에 있는지도 명료하게 가다듬을 수 없었을 것이다.

미라 씨 아버지가 특히 힘들게 한 사람은 오빠였다고 한다. 오빠가 무슨 말을 하면, 어떤 행동을 하면 아버지는 자주 '스투핏(stupid)'이라는 말을 하며 한심하다는 표정을 지었는데 미라 씨조차 그 표정을 기억하고 있었다. 물론 체벌도 잦았는데 대부분은 오빠의 성적 때문이었고, 또는 생활 습관, 식사 태도 등 셀 수도 없었다. 그야말로 코에 걸면 코걸이, 귀에 걸면 귀걸이! 도대체 뭘 그렇게 잘못했다는 말인지 아버지 진심을 알 수 없었다.

반면에 공부도 잘했고 딸이었던 미라 씨에게는 그렇게 가혹하지는 않았다. 하지만 오빠가 혼나고 매를 맞을 때마다 그 광경을 지켜 봐야 했던 미라 씨의 공포도 마찬가지로 극심했다. 또 자기는 빠지고 오빠만 맞은 것에 대해서는 너무 미안하고 또 미안해했다.

아버지는 오빠에게 경영대를 가라고 했는데 그만한 성적이 나오지 않았고, 글을 쓰고 싶다는 속마음이 있었던 오빠는 난생처음 아버지 뜻을 어기고 국문과를 갔다. 그다음부터 아버지의 못마땅함과 미움은 극에 달했다. 국문과를 갔으니 그러면 국어교사가 되라는 것이 아버지의 최종 타협점이었는데 오빠는 성적 때문에 교직 신청을 할 수 없었다. 오빠는 점점 침체되어 갔고, 아버지의 '제 밥벌이도 못할 놈'을 향한 분노는 더 커져 갔으며, 그 중간에서 엄마는 더더욱 말라갔다.

엄마 돌아가신 다음 해였어요. 집안은 폐가 같았고, 오빠는 자기 방에서 잘 나오지 않았어요. 전 어떡하든 아빠 비위를 맞추려고 회사와 집을 오가며 안절부절했고요. 아빠는 얼마에 한 번씩 오빠를 꿇어 앉히고는 역정을 내셨어요. 나이가 몇인데 애비 밥 먹어가며 그러고 있냐고. 한심하다고. 오빠는 점점 더 말을 잃어 갔고요. 전 그때가 입사 초기라 회사는 왜 그리 바쁜지, 집에 도우미 아줌마는 사흘이 멀다 바뀌고, 전 잠을 줄여가며 아등바등 살았어요. 오빠가 힘들어한다는 걸 알면서도, 오빠와 시간을 보내야 한다는 걸 알면서도 그러지 못했어요.

그래서 더 미치겠어요. 어쩌면 제 마음 한 편에서는 오빠가 지겹고 싫다는 마음이 있었는지도 모르겠어요. 왜 저렇게 사람 노릇을 못할까? 자기 갈 길을 좀 알아서 가지, 왜 저렇게 늘 분란을 일으킬까? 왜 나까지 힘들게 할까? 제가 그랬던 것도 같아요. 오빠는 세상에 나밖에 없었는데, 나조차도 오빠를 버렸어요… 제가 오빠를 버렸어요.

오빠는 새벽에 자기 방 창문에서 뛰어내렸어요.

엄마의 죽음, 오빠의 자살과 관련된 무렵의 미라 씨 이야기는 공감하며 듣고 있기에 내 안에서도 엄청난 감정의 소용돌이가 몰아치는 느낌이었다. 그런데 이보다 나를 더 격노하게 한 것은 이후의 아버지 반응이었다. 물론 미라 씨 아버지가 아무런 충격도 받지 않고 어떤 슬픔도 느끼지 않았을 거라고는 생각하지 않는다.

그 분도 가슴이 미어지고 심장이 멎는 듯했을 것이다. 아들과 결코 화목하지 못했던 서른 해의 시간이 어찌 기가 막히지 않았을까? 어쩌면 자신이 아들의 죽음의 원인일 수도 있다는 생각을 어찌 그 분인들 전혀 하지 않았겠는가? 그러나 이런 것들은 정상적인 사람의 정상적인 정서다.

미라 씨 아버지가 표면으로 드러낸 것은 '망할 놈! 끝까지 저러고 가네. 못난 놈들이 하는 짓은 다 하고 가네!' 이렇게 입에 담기 어려운 비난을 터뜨릴 뿐이었다. 연이어 나온 탄식은 "이제 아파트는 다 팔았네! 누가 이런 집구석으로 이사를 들어오겠어?"였다.

아버지는 어머니 사후에 그 집을 팔려고 하셨는데, 누가 어디서 지나가는 말로 '그 집이 안주인 죽은 집인데…' 하는 소리를 하더라며 노발대발하시던 분이셨다. 그런 마당에 사람이 떨어져 죽은 집이 되었으니, 이제 제 값 받고 집을 팔기에는 애저녁에 글렀다는 한탄이었다. 그래서 오빠의 죽음 이후에 아예 집을 안 판다고 하시면서, 사람들이 그 사건을 다 잊을 때까지는 여기서 살 수밖에 없다고 하셨다. 똥값 받고 팔 수는 없다며, 미라 씨와 아버지는 계속 그 집에서 살고 있었다.

'돈에 한없이 인색하다더니, 바로 이런 모습이구나!' 하는 생각이 스쳤다.

미라 씨는 아직도 오빠가 쓰던, 마지막에 있었던 그 방문을 열고 들어가지 못한다고 했다. 하지만 매일 그 방 앞을 지나면서 한시도 오빠 생각을 잊은 적이 없는데, 또 한 번도 제대로 그 생각을 해본 적도 없는 것 같다고 했다.

가족의 자살을 겪은 사람의 정신 상태는 극히 불안정하다. 연구자들은 가까운 사람의 자살로 인한 스트레스를 대참사나 수용소 생활 경험과 동일한 수준의 것으로 보고 있다. 남은 사람은 일단은 감당할 수 없는 쇼크 상태가 되며, 이후 무기력감, 세상에 대한 불신의 감정에 휩싸인다. 어제까지 자기 곁에 있었던 사람이 선택한 죽음 앞에서 이제 아무것도 확고하게 믿을 것이 없다는 느낌에 빠진다. 전반적인 우울한 기분을 포함하여 집중의 어려움, 그 사람이 자살을 결정하지 않게 자신이 무엇을 했어야 마땅하다는 죄책감, 안절부절 초조함, 결국은 자신을 조금도 고려하지 않은 채 내동댕이치고 떠나 버렸다는 데에 극심한 분노를 느낀다. 무엇보다도 형언할 수 없는 극단적인 슬픔으로 인해 아주 복합적이고 복잡한 감당할 수 없는 감정 상태가 된다.

자살은 다른 형태의 죽음과 다르다. 자기 자신의 의지로 떠난 것이다. 그런데 그렇게 결정하고 목숨을 버린 사람을 애도해야 한다. 왜 그런 선택을 했는지에 대해 끊임없는 질문에 시달리지만, 결국 아무것도 알아낼 수 없고 모든 것은 그저 추정일 뿐이다. 가장 나쁜 것은 끝나지 않는 죄책감이다. 세상의 온갖 이야기를 다 동원하여 자살이 결론이 아닌 플롯을 상상한다. '만약 그때 내가 그렇게 하지 않았더라면…, 만약 그때 내가 그렇게 했더라면…' 이 양자 간의 너울 속에서 또 생각하고 또 자책한다. 남은 자는 살아 있되, 삶은 아니다.

하지만 일단은 입을 닫는다. 자살은 어느 문화권에서도 금기시하는 것이며, 남은 사람들에게 심각한 오명을 씌운다. 금기는 묻지도 않고 입에도 올리지 않는 철저한 침묵을 요구한다. 자살한 사람에게는 마치 살아 있을 때의 삶이 없는 것 같다. '자살했다.'는 말로 그 사람의 일생을 규명하고 설명한다. 남아 있는 사람들의 무엇이 그 사람을 자살로 내몬 것 같은 죄책감과 그에 대해 손가락질 당하는 것 같은 수치심은 말을 삼킨 채 입을 닫게 만든다. 마치 아무 일도 없었던 것처럼, 절대로 누구에게도 그 말을 하지 않으려 든다. 하지만 진정으로 애도할 수 있으려면 말해야 한다. 꽁꽁 싸맨 상처를 들춰내지 않고는 어떤 상처도 낫지 않는다. 고통스럽더라도 풀어놨을 때 비로소 죽은 사람의 삶도, 산 사람의 삶도 현실이 된다.

오빠의 자살을 입에 올린 미라 씨 이야기는 급물살을 탔다. 저 가슴에 저렇게 많은 이야기가 묻혀 있었나 싶을 만큼 켜켜이 쌓아두었던 기억들을 쏟아냈다. 대부분은 이야기는 아버지와 관련된 것이었다. 아버지가 엄마에게 어떻게 했는지, 오빠에게 어떻게 했는지, 또 외갓집 식구들과의 에피소드, 친가의 할머니와의 관계 등, 기억하고 있었던 많은 이야기들이 나왔다. 아울러 여기서 더 진보하여 과거의 이야기가 아니라, 현재 요즈음 아버지 때문에 무엇이 어떻게 견디기 힘든지도 말할 수 있게 되었다. 그날도 자리에 앉자마자 아빠 때문에 미치겠다는 이야기를 하기 시작했다.

아빠가 도우미 아줌마한테 또 짜증을 부린 모양이에요. 글쎄 왜 음식 만들 때 쓰는 1회용 비닐장갑 있잖아요? 그 얘기를 했나 봐요. 아줌마가 퇴근하면서 음식물 쓰레기를 버리고 가는 데 아마 그 장갑을 챙겨 나가는 걸 아빠가 본 것 같아요. 지난번에 한 번 그러시더라고요. 지 물건 아니라고 귀하게 안 쓴다고, 그걸 제 손으로 버리고 닦든지 할 일이지 장갑을 끼냐고, 지가 무슨 귀부인이냐고요. 아마 오늘 나가는 아줌마한테 한 소리 했나 봐요. 아줌마가 어르신 까다로워 못하겠다고, 그거 돈 얼마나 한다고 그런 것까지 바깥어른이 참견이냐고… 그뿐이 아니라고, 또… 하고 시작하려는데, 제가 그냥 알았다고 그만 두시라고 하고 끊었어요.

더 듣기가 싫어서요, 지겨워서요… 이것저것 그동안 아빠가 잔소리하고 지적하고 비하하고, 나쁘게 한 일들이 오죽 많겠어요? 휴… 아빠는 아줌마 한 번 바뀔 때마다 제가 어떤 신경을 쓰는지 정말 그렇게 모르실까요? 몰라서 저러는 걸까요? 어떤 때 시간 안 맞으면 반차까지 내서 달려와서는 이런저런 사용 방법, 위치 다 설명해야 하는 게 제 일이잖아요? 그럴 때는 또 전혀 모른 척하세요. 본인과는 아무 상관도 없는 일인 양 아는 척도 하지 않으세요. 저 혼자 어쩌라고요… 지겨워요, 이제 정말….

왜 또 그렇게 절 찾는 건데요? 제가 놀러 다니는 것도 아니고, 얼마나 바쁜지 어떻게 사는지 뻔히 아시면서, 10시만 넘으면 벌써 문자가 오기 시작해요. 언제 오냐? 어디에 있냐? 일일이 다 어떻게 답을하냐고요. 회식일 때도 있고, 그러면 앞자리에 상사가 있을 때도 있는데, 문자에 얼른 답을 안 하면 전화가 와요. 소곤소곤 받으면 아셔야지요. 거기다 대고 왜 빨리 전화 안 받냐고 역정을 낸단 말이에요. 12시라도 넘기는 날이면 거실에 딱 자리 잡고 앉으셔서 현관에 들어서는데 벌써 소리를 지르세요. 너 때문에 늙은 애비가 잠도 못 잔다고!… 언제요? 제가 언제 아빠보고 절 기다리라고 했나요? … 우휴 … 미칠 것 같아요. 아마 아빠는 저러다가 저까지 죽어 자빠져야 저 버릇을 놓을 거예요.

이렇게 울분이 터지며 포악을 부리고 몸부림치는 시간이 있다. 대체 저 많은 분노를 어떻게 품고 살았는가 싶을 만치 부르르 치를 떨며 고통스러워한다. '어떻게 아버지한테 이토록 심한 말을 하나? 부인도 잃고 아들도 잃은 노인의 삶이 가엾지 않나? 모든 게 다 외로움 때문에, 비참한 삶에 대한 방어를 하느라고 그러는 것 아니겠는가?' 이런 반응은 지금 나올 순서가 아니다. '도리'나 '인간다움'보다 지금 미라 씨에게 더 절실한 것은 자신의 감정을 그것 그대로 인식하는 일이다.

내 안에 이토록 처절한 분노가 자리 잡고 있음을, 그것이 다른 누구의 것도 아니고, 잠시 헷갈려서 그러는 것도 아니고, 아주 오랜 시간 켜켜이, 굽이굽이 내 안에 쌓여 있던 것들이라는 것을 인식하고 수용하는 것이 중요하다.

미라 씨도 대부분의 많은 내담자들처럼 죄책감에 발목을 잡혀서 이 고비를 넘기 어려워했다. 한 시간을 이렇게 아버지에 대한 부정적 감정을 털어놓고 가면, 다음 시간에는 의기소침해진 채, 그래도 아버지가 얼마나 힘들게 살아온 분인지, 할아버지에게 얼마나 제대로 못 받고 살았던 분인지를 이야기하려 든다. 자신이 못할 짓을 했다는 느낌 때문에, 자신의 말을, 태도를 지우고자 하는 시도다. 치료자는 그럴 때마다 '지금, 여기에 충실하자.'고 말한다. '지금 미라 씨가 말하고 있는 아버지는 미라 씨 안에 들어와 있는 그 아버지일 뿐, 아버지의 전부가 아니라는 것을 나도 잘 알고 있다.'고 말한다. 미라 씨가 아버지를 이해하는 것은 미라 씨 자신을 이해하고 난 다음의 과제다.

"아마 아빠는 저러다가 저까지 죽어 자빠져야 저 버릇을 놓을 거예요."라는 폭언을 하며 감정에 복받쳐 하는 미라 씨에게 치료자는 다음과 같은 말을 하였다.

미라 씨, 초기에 강박적 행동들을 이야기하다가 한밤중에 아버지 방에 귀 기울이며 잘 주무시는지를 자꾸 확인한다는 말을 했었어요. 기억해요? 난 지금 그 장면이 떠올랐어요, 그게 뭘까? 미라 씨가 왜 그랬던 걸까? 물론 한 분 남은 가족인 아빠의 건강이 염려가 돼서도 있겠지만, 그럴 만큼 위중한 상태는 아니라고 했었어요. 뭘까요? 난, 어쩌면 미라 씨가 아버지가 돌아가기를 바라는데, 그런데 그런 자신의 생각이 너무 두려워서 그러는 건 아닐까 싶어요. 엄마와 오빠를 죽게 한 아빠니까, 평생 우리 가족을 힘들게 한 아빠니까, 지금 나도 이렇게 괴롭히는 아빠니까 돌아가시는 게 맞지 않을까?… 하다가도 그 생각 자체가 무섭고, 그러면 큰일이다라는 생각에 오락가락 우왕좌왕하는 거예요.

….

미라 씨는 그날 나머지 시간 동안 말을 잇지 못할 만큼 눈물 바람을 하였고, 그다음부터는 아버지에 대한 비난이나 원망보다는 현실적인 이야기가 차지하는 비중이 늘어났다. 똑같은 아버지의 고집이나 억지에 대한 내용이라도 이제는 '어떻게 대처하면 내가 좀 덜 힘들 것인가?'로 초점이 바뀌는 것이다. 또한 아버지 이야기가 아니어도 다루어야 할 이야기는 얼마든지 있었다.

미라 씨는 아버지에 대한 분노라는 감정을 통제해야 했다. 그건 절대로 표면으로 올라오면 안 되는 것이기에 통제를 잃을 것에 대한 두려움이 너무 커서 감정 그 자체를 적으로 삼고 살아온 셈이었다. 어떤 대가를 치루더라도 통제감을 얻기 위해선 지금 경험하는 것들을 묵살하고 희생시킨다. 생각과 감정을 계속 분리시키는 것으로 목표에 도달하려고 한 것이다. 미라 씨에게는 아버지에게 복종하는 것이 항상 가장 중요한 주제였지만, 그러면서도 마음한 구석에서는 반항하고 싶은 마음이 커서 심리 저변에서는 날마다 양자 간의 전쟁이 일어났다. 그 자체가 엄청난 두려움이면서 그렇게 살고 있는 자신에 대한 분노와 죄책감도 크게 존재했건만 실제로는 아무것도 느끼지 않는 것으로 대처하려 들었던 것이다.

치료 회기가 거듭되면서 자신의 경직성, 과도한 수치심, 또다른 모든 정서를 행동으로 대처하려는 태도를 직면할 수밖에 없었다. 그러면서 자신의 욕구와 감정을 정상적인 것으로 재규명하고 또 정당화하는 시간이 미라 씨에게 안심을 주었던 것 같다. 결국 더 이상 아버지를 살피는 것이 아닌, 미라 씨 자신의 경험과 감정에 주의를 기울이면서 아버지와의 관계도, 일상의 문제들도 해법을 찾을 수 있었다.

물론 미라 씨는 과거보다 많이 자고 덜 바빠했다.

저 하나 참으면 다 잘 되잖아요

　　은미 씨는 40대 초반의 딸 둘을 둔 부인이었다. 첫날 호소했던 내용은 불안과 관련된 이야기였는데, 불안한 기분에서 그칠 때도 있지만 가끔 가슴이 옥죄어 오거나, 이빨이 득득 부딪치기도 하는 등 신체적 반응을 수반한 불안 증세가 있었다. 결혼한 이후로 마음이 편한 날이 하루도 없었지만 지난 추석 명절 이후에 증상이라고 할 만한 것들이 생겼고, 벌써 4개월이 넘어가고 있었다.

　　요는 시댁과의 문제였는데 시어머니보다는 시댁 큰동서와의 어려움이 더 컸다. 연령을 고려하더라도 요즘 세상에 그리 흔하지 않는 경우였다. 치료자를 찾게 된 직접적인 원인은 시간이 지나면 불안 증세가 좀 나아질 줄 알았는데, 차도가 없을뿐더러 얼마 후 닥칠 설 명절을 생각하면 벌써 몸이 떨려온다는 것이었다.

　　은미 씨의 남편은 둘째 아들이었고 위의 형님이 부모님을 모시고 살고 있었다. 은미 씨 결혼 당시에는 시골에 계시던 부모님이 5년 전부터 올라와서 함께 지내는데, 형님 시집살이가 갈수록 심해진다는 것이다. 물론 결혼 때부터 공무원인 손윗동서는 전업주부인 은미 씨 앞에서 유세가 심했다. 당시에는 명절을 시골집에서 모여 보냈는데, 형님은 일이 늦게 끝나고 길도 막히니 차라리 당일 새벽에 오는 게 낫다고 하면서 차례 상을 다 차려놓으면 들어섰다. 하루이틀 함께 지낼 때도 자신은 손윗동서니까 시키면 되는 사람인 양, 어머니 곁에서 수다 떨기에 바빴고 부엌은 은미 씨

담당이었다. 그러면서 또 이건 저렇게 해야 하고, 저건 저게 맞다는 식의 타박은 심했다고 한다.

막상 부모님과 집을 합치고 나서는(경제적으로 꽤 이득을 취했다고 알고 있다) 형님의 유세는 더 심해졌는데, 이제는 무슨 날이 아니어도 수시로 집에 와서 부모님을 좀 챙겨야 하지 않느냐고 노골적으로 요구하는 것이었다. 자신이 모시고 사니까 자주 와서 노력봉사를 해야 하는 것 아니냐는 논리인데, 처음에는 그게 맞는 것도 같고 어쨌든 부모 모시고 사는 어려움이 있을 테니 그냥 다 맞춰야 한다고 생각했다. 그런데 가서 부모님 식사를 챙기는 것이 문제가 아니라 은미 씨가 오면 대청소를 해야 한다는 둥 커튼을 빨아야겠다는 둥 점점 은미 씨 역할이 가사 도우미처럼 되어가는 것이다.

왜, 그런 기분이 있지 않아요? 내가 한 것에 상대방이 고마워하고, 그러면 나도 기분이 좋아지고, 기꺼이 더 하고 싶은…. 그런데 형님 앞에 서면 전 꼭 일하는 아줌마예요. 뭘 해도 일단 다 틀리고 점검을 받아야 하고, 다시 해야 하고… 왜 그렇게밖에 못하냐 늘 그런 식이니까요.

그러면서 이래저래 벌써 십여 년을 이렇게 살아오고 있군요. 큰동서와 나이 차이가 많이 나나요?

아니에요, 겨우 두 살이에요. 그것도 1년 2개월인가 그 정도….

흠… 그렇게 힘들 정도면 남편이나 시어머니 보시기에도 좀 무리가 있다 했을 텐데요.

그게… 제가 그냥 다 웃으면서 네, 네, 하는 편이라서요. 남편도 이번에 제게 문제가 생기면서 알게 됐어요. 아니면 여태껏 아무도 몰랐을 거예요. 실은 지난 추석 지나고 얼마 후에 그 발작 같은 게 와서 병원에 실려 가고 난리가 났었거든요. 응급실에서 공황장애 같다고 하면서….

남편이 무슨 문제냐고 캐물었겠군요.

네… 뭐가 스트레스냐고… 저도 그때 증상이 너무 무섭고 꼭 죽을 것 같아서 울며불며 그간의 심정을 좀 털어놨고, 그래서 남편이 심각성을 알게 됐어요. 그다음부터 지금까지 형님 댁에 안 가고 있는데, 곧 구정이잖아요. 어떻게 할까 생각만 하면 가슴이 금세 또 답답해져요.

거의 신기할 정도예요. 한두 달도 아니고 십여 년의 시간을 어떻게 그렇게 힘든 마음을 가지고 네, 네를 할 수 있나요?

제가 안 그러면 집안이 시끄러워질 거 아니에요. 또 처음에는 진짜로 제가 다 틀렸고 형님이 다 맞다고 생각도 했어요. 형님은 좋은 대학 나오고 공무원이고….

누가 봐도 자존감이 아주 낮은 사람이었다. 보통 사람들은 가능한 한 좋은 대접을 받으려고 하고, 그렇지 않을 때는 어디가 잘못되었는가를 생각한다. 고칠 수 있는 것은 고치고, 고칠 수 없을 때는 어디까지 견딜 수 있는가를 점검한다. 가능한 좋은 대접이라는 것은 꼭 물질적 융숭함도 아니고 더군다나 아부를 받거나 타인을 착취하는 것은 아니다. 고마운 것을 고맙다 하고, 감사할 일에 감사를 받는 가장 기본적인 인간관계의 상호성을 말한다. 그런데 은미 씨는 그 기본이 지켜지지 않는 관계에서 자신을 억누른 채

긴 시간을 이렇게 지내오고 있었던 것이다.

아주 상식적인, 혹은 세속적인 준거 몇 가지를 물어보았다. 이를테면, 대학을 어디 나왔는지? 또는 친정의 경제적 수준이 어떠한지? 친정 부모님은 어떤 위치인지? 뭐가 동서보다 한참 처져서 그러는 건가 싶은 마음에 던진 질문이었다. 하지만 별로 그럴 것도 없었다. 은미 씨는 서울 소재 4년제 대학도 나왔고, 어릴 때는 아니었지만 현재는 친정도 퍽 부유한 수준이었다. 무엇일까? 무엇이 이렇게 형님이라는 사람 앞에서 자신을 저렇게 낮추고, 스스로를 지킬 수 없는 여자로 성장하게 했을까? 의문이 아닐 수 없었다.

무엇보다도 은미 씨의 지나치게 공손하다고 하기에도 좀 뭐한 어색한 태도가 자꾸 마음에 걸렸다. 한 회에도 몇 번씩이나 '선생님 말씀이 옳아요. 아, 그렇군요, 제가 아는 게 없어서요.' '감사합니다, 정말 감사합니다. 진작에 선생님을 찾아뵈었어야 했는데요.' 이러는 식이다. 들어올 때도 나갈 때도 여러 번 인사를 하는데 그렇게 깍듯할 수가 없었다. 지나친 공손함! 주변 사람들이 인격적으로 성숙하고 덕이 많다면, 이런 은미 씨를 더 좋게 보고 더 잘 대하겠지만, 모든 사람들이 다 그렇지는 않다. 비교적 많은 사람들은 이런 태도를 '이 사람은 좀 쉽게 대해도 좋을 사람이구나, 좀 어려운 부탁을 해도 거절을 못할 테니, 그래 볼까?' 하는 식으로 해석할 수 있다.

은미 씨의 이런 태도가 치료자를 정말로 존경해서 이 치료자에게만 보이는 것일 수도 있지 않을까? 그건 그렇지 않다. 내담자가 치료자에게 와서 보이는 태도와 행동은 그 사람이 평소 세상에서 다른 사람들과 하는 상호작용의 샘플과 같다. 우리가 샘플을 통해서 전체를 짐작할 수 있듯이 여기서 치료자를 대하는 모습이 그 사람의 평소 행동이라고 보면 별로 틀리지 않는다.

말도 안 되는 형님과의 관계, 치료자를 대하는 지나친 공손함의 원인은 여러 곳에 있었다. 은미 씨의 부모님은 시골에서 상경해서 그야말로 이를 악물고 자수성가를 한 경우였다. 단칸방에 고만고만한 아이 셋을 놔두고 종일 시장에서 장사를 했는데, 아이들은 먹을 것만 챙겨 주면 끝이었다고 보면 될 것 같다. 부모 얼굴을 보기 어렵고, 그냥 대충 살아내야 하는 상황이었다. 위로 오빠, 은미 씨 그리고 여동생 하나 이렇게 셋이 어떻게 하든 지내야 했다. 여기까지도 쉽지가 않을 텐데, 하필 오빠라는 사람이 동생들을 때리는 위인이었던 것이다. 은미 씨가 초등학교 3학년 때 서울로 왔다고 기억하는데, 오빠가 많이 때리기 시작한 것도 그 무렵, 그리고 은미 씨가 고등학교를 졸업할 때까지 맞았다고 한다. 그 때리는 정도가 아주 잔인해서 옛날 우리네 집에서 쓰던 연탄집게, 총채, 또 허리띠까지도 동원되었다니 참, 기가 막힐 노릇이다. 은미 씨는 여동생을 보호하려고 매를 자청한 적도 있었다고 하니, 이래 맞고 저래 맞고, 하루도 성할 날이 없었다.

한데 더 교묘한 것은 꼭 잘 안 보이는 데, 옆구리나 등짝 같이 부모님에게 일부러 보여 드리지 않는다면 겉으로 드러나지 않을 데만 공격했다고 한다. 철이 일찍 든 은미 씨는 오빠가 때린다는 말을 차마 못했고, 어떻게 하면 오빠 심기를 건드리지 않을까를 모색하거나, 가능하면 집에 늦게 들어갈 구실을 만드느라 고심했다.

오빠에게 맞은 이야기를 하는 은미 씨 태도 또한 내 마음을 아프게 했다. 마치 못할 말을 하는 것처럼, 해서는 안 되는 이야기를, 마치 입이 가벼워 비밀을 지키지 못하는 사람처럼 굴었다. 또한 그 오빠를 내게 이해라도 시키려는 듯한 태도가 분통을 터뜨리게 했다.

오빠도 그때 굉장히 힘이 들었을 거예요. 그래도 시골에서는 그렇게 좁은 집은 아니었는데, 여기 오니까 겨우 방 하나 부엌 하나 그랬거든요. 아는 친구들도 없고 오빠도 되게 답답했을 거예요.

그러면 동생들을 그렇게 심하게 때려도 된다고요?

아니… 오빠도 시골에 그냥 있었으면 그러지는 않았을 것 같아서….

은미 씨가 오빠를 왜 변명해야 하는 건지 잘 모르겠어요. 그때 그 은미라는 아이가 얼마나 힘들고 고통스러웠는지에 대해서 알아주고 이해하는 은미 씨는 없어요.

그때부터 은미 씨는 눈물을 터뜨리면서 그 시절 이야기를 제대로 할 수 있었다. 시골에 있을 때도 오빠는 동생들을 툭툭 치거나 자빠뜨리거나 하는 일들은 있었지만, 워낙 동네가 열린 구조이다 보니 '앙!' 하고 울면서 도망가면 차마 쫓아오지는 못하는 식이었다고 한다. 그러나 서울 집에서는 그게 더 이상 가능하지 않았던 것이다. 부모님은 말끝마다 오빠 말 잘 들으라고 하셨고, 어린 은미 씨가 봐도 부모님은 너무 바쁘고 힘들어 보여서 "오빠가 우리를 때려요."라는 소리를 할 수 없었다고 한다. 아마 처음부터 전혀 안 한 건 아닐 텐데, 어느 날부터는 부모님이 신경 쓸 말은 하지 않기로 결심한 것 같다고 했다. 그저 '말썽을 안 일으켜야 한다. 부모님 속상하게 하면 안 된다.'가 당시 삶의 목표였다.

은미 씨를 더욱 난감하게 한 것은 학교 생활이었는데, 시골에서 온 그들이 전학을 한 지역이 하필 서울에서도 부자 동네였다. 아마도 지금 같이 뭐가 뭔지 다 알았더라면 '꽥' 죽어 버리는 한이 있어도 그 촌스러움을 떨면서 그 학교를 다니지 않았을 거라고 했다. 그때는 가난이 뭔지 잘 모르고, 촌스러움이 뭔지 잘 모르면서 시작을 했으니, 그저 어리바리 우왕좌왕하다가 한 학기가 가고 또 한 학기가 가고 그랬던 것 같단다. 하지만 시간이 조금씩 갈수록 애들이 자신을 우습게 보는 느낌, 내쳐지거나 무시당한다는 느낌이 확연해졌다.

의식적으로 착한 아이로 살기로 작정한 것은 아니지만, 어느새 은미 씨의 삶은 그렇게 흘러갔다. 애들 말도 잘 들어주고, 청소도 잘하고, 봉사활동도 자청하고, 또 공부도 잘해야 살아남을 수 있다는 절박함! 그러면서 늘 긴장하고 있는 상태! 내 본색이 드러나면 안 된다. 나 사는 이야기를 절대로 누가 알아서는 안 된다. 가난하고 매 맞는 아이, 아무도 편 들어주지 않는 아이, 누구도 좋아해 주지 않는 아이가 은미 씨가 생각하는 자신이었다.

상담 초기에 은미 씨에게 출신 대학을 물어봤을 때도 유난히 입을 떼기 어려워했던 기억이 있는데, 공부와 얽힌 사연이 하도

기구해서 그랬던 것이다. 은미 씨는 상황 판단이 빠르고 이해력도 좋아서 서울에 와서도 공부를 따라가기가 어렵지는 않았다고 했다. 그런데 여기에 은미 씨 딜레마가 있었으니 공부를 너무 못하면 얘들이 자기를 더 무시할 테고, 그렇다고 또 너무 잘하면 그나마 있던 친구들이 자기를 싫어할까 봐 두려웠던 것이다. 그러니 시험 때마다 어떻게 하면 적정 수준으로 성적이 나올까 그것을 걱정하였다. 공부를 많이 할 수도 없고 또 안 할 수도 없었다.

여기서 시작한 공부와 관련된 불편한 느낌이 중학생, 고등학생이 되면서 이상한 불안 증상으로 나타났는데, 결국에는 책을 보면 집중이 안 되고 이상한 생각이 떠오르는 데까지 이르렀다. 공부를 하려고 들면 자기보다 공부 못하는 친구가 슬피 우는 것 같은 환상, 또 자신이 잘하면 어떤 친구의 석차가 자신보다 떨어질 테니 그러면 그 친구한테 못할 짓을 하는 것 아닌가 하는 생각에까지 이르렀다. 시험 때가 되면 친구들을 챙겨 주느라 더 정신이 없었다. 노트를 빌려 달라면 당연히 빌려 주고, 몇 시에 깨워 달라면 깨워 주고, 도서관에 가지 말고 자기 집에 가서 공부하자면 능률이 오르지 않아도 그렇게 했다. 나중에는 시험 때 공부를 하는 것이 극도로 불안해지고, 다른 짓을 하고 있어야 마음이 편했다는 것이니 참으로 기가 막힐 노릇이다.

결국 은미 씨는 삼수를 해서 대학에 입학했는데, 친구들이 다 학교에 들어가고 나니 더 이상 경쟁에 대한 부담이 약해지면서 마지막 해에는 그래도 공부를 좀 할 수 있었다는 말이다.

고등학교 졸업 무렵부터 부모님 경제 상태가 퍽 호전되었고,

은미 씨도 대학에 입학을 하고 오빠는 더 이상 손을 대지 않게 되었으니 이제 은미 씨 고난이 다 끝난 것 같았다. 하지만 불행은 여기서 그치지 않았다. 대학 선배를 만나 연애라는 것을 시작했는데, 나이도 한 살 차이밖에 나지 않는 선배라는 남자가 말할 수 없게 강압과 독재가 심했던 것이다. 무슨 조선시대에서 튀어나온 사람처럼 여자 친구의 행동 하나하나를 감독하고 지시하고 또 제지하는 식이었는데, 안타깝게도 은미 씨는 "싫어."를 하지 못했다.

여기에 인간의 비극이 있다. 과거의 은미 씨는 현실에서는 더 이상 존재하지 않는데, 은미 씨는 자신을 여전히 지하 단칸방으로 숨어들어가는, 오빠의 매질을 견디는, 아이들 눈치를 보며 숨을 죽이는 여자 아이로 생각하는 것이다. 당장 자신이 사는 집만 봐도, 자신이 입고 있는 옷만 봐도 그게 아니라는 것을 뚜렷이 알 것 같은데, 정작 본인만은 그걸 모른다. 계속 과거에 살고 있다. 분명 매번 다른 등장인물이 나오고 다른 상황이 펼쳐지는데도, 정작 나는 똑같은 것으로 보고 만다. 새로운 증거가 눈앞에 있어도 내가 동일한 색안경을 끼고 있는 한 모든 것은 똑같을 수밖에 없다. 인간의 의식은 이렇게 무지한 데가 있다.

은미 씨와 같은 경험을 한 사람들은 자칫하면 파트너의 희생물이 되는 위험을 초래하기 쉽다. 이들은 외모에서 정신적 능력에 이르기까지 모든 면에서 자기가 불충분하다고 진짜 믿고 있다. 잘 웃고 상냥하게 대하는 얼굴 뒤에는 실은 아주 낮은 자존감이 포진해 있으면서, 제발 어떻게 하든 빨리 불안을 잠재울 수 있는 안심을 찾고자 하는 욕구는 커진다. 이럴 때 파트너란 놓칠 수 없는 애착대상이다. 누구랑 붙어 있어야 할 것 같은 불안감이 파트너 곁을 찾게 만든다. 스스로를 매력적이라고 여기지 않으니, 이를 메워 나가려고 더 자신을 낮추고 더 잘 참는 태도를 취한다. 자신의 진심이나 본모습을 보이면 파트너의 기분을 상하게 할까 봐, 곧 관계에 해가 될까봐 결코 그렇게 하지 않는다. 그러니 이들을 너무 착하다거나 멋대로 해도 다 통과가 되는 대상으로 여기는 파트너, 상대의 이런 성향을 중요하게 취급하는 대상에게 잡힐 가능성이 높다.

은미 씨는 똑 부러지게 "싫어."를 못하면서 핑계를 대고 숨거나 피하거나를 반복했고, 남자는 집요하게 은미 씨를 찾아 나섰다. 한 번씩 은미 씨가 헤어짐과 유사한 태도를 보일 때면 남자는 꼭 죽을 것처럼 은미 씨를 붙잡고 못 헤어진다고 난리를 쳐대니, 은미 씨는 또 '내가 뭐 그리 대단한 여자라고, 저렇게까지 내가 좋다는데!'를 하면서 항복하였다. 그런 일들이 몇 번씩 반복되었지만 여전히 떠나지 못했던 그 남자가 지금의 남편이다. 그러니 10년이 넘는 세월 동안, 은미 씨가 시댁의 어려움을 입 밖에 내지 못했던 배경에는 남편의 역할도 있었던 것이다.

결혼 후에 남편은 더 독재적으로 변했고, 은미 씨는 모든 걸 맞춰 주는 관계로 자리를 잡아 버리고 말았다. 은미 씨 의견이라는 것은 아예 존재하지 않는 듯 눈치를 보고 비위를 맞추는 상황에서 시댁에 관한 어떤 말도 할 수 없었다. 도무지 내 편을 들어주고 나를 귀히 여기는 남편이라는 확신도 없는데다가, 입만 열면 "부모님께 잘해야 한다. 부모님 모시고 사는 형님네에게 잘해야 한다."를 외치는 남편에게 어찌 "내가 형님 때문에 고통스러워!"를 할 수 있었겠는가?

　　부모님에게도 오빠에게도 아무 말을 못하던 은미 씨가 이제는 남편 앞에서 또 아무 문제가 없는 척, 아무 말을 할 수 없었군요. 그때나 지금이나 집안이 편해야 한다는 말이지요? 그때나 지금이나 내가 죽을 것처럼 힘이 든 것은 별 게 아닌 게 되는 거죠?

　　저 하나 참으면 다 잘 되잖아요.

　　그때 그 여자아이는 작고 연약했고 어떤 힘도 없어서 그렇게 할 수밖에 없었을 거예요. 하지만 잘 생각해 봅시다. 오빠가 군대 이후에 매질을 멈춘 것이 은미 씨가 그간 잘 참아서일까요? 부모님이 경제적으로 안정을 찾으셔서 은미 씨 집안이 사는 게 나아진 게 그 아이가 그때 부모님께 힘든 얘기를 하지 않아서일까요?

　　….

　　주변의 비위를 맞추고 내 본심을 숨기는 것이 이로운 경우는 거의 없다. 물론 철저한 계산 끝에 내가 이 환경에서 살아남기 위해 일시적으로 그런 선택을 하는 경우는 예외일 수도 있겠다. 하지만 지속적인 인간관계, 특히 가족처럼 수십 년을 함께 해야 하는 관계에서 이런 태도는 결국 큰 대가를 치를 수밖에 없다. 은미 씨의 경우처럼 그런 결정의 후유증은 의식적인 수준의 생각이나 행동을 넘어서서, 세포 하나하나에 왜곡된 경험으로 저장되기 때문이다.

"구정에 형님 댁에 가야 하나요? 말아야 하나요? 어찌하오리까?"를 묻고자 했던 은미 씨였지만, 상담이 진행되면서 자신이 무슨 짓을 벌이며 이십대, 삼십대를 살았는지 보게 되었다. 시댁 동서와의 관계가 문제의 전부라고 여겼지만, 동서가 착한 사람이 아닌 것이 모든 문제의 원인이라고 여겼지만, 점차 그 이상의 것을 보게 되었다. 물론 어떻게 봐도 동서가 좋은 사람은 아니지만, 어쩌면 은미 씨가 상대방을 그렇게 만들어 왔다는 것도 가능한 설명이다.

어렸을 때 은미 씨 친구들이 그러했듯이, 또 남편이 은미 씨에게 그러했듯이, 아마 다른 사람을 동서로 만났다고 해도 비슷했을지 모른다. 얼마간의 시간이 흐르고 나면 은미 씨를 쉽게 본다든지, 함부로 대하려 들게 되는, 그 중심에 은미 씨 본인이 있다는 말이다.

은미 씨와 비슷한 문제를 지닌 사람들이 많다. 이들은 남에게 베푸는 것을 통해서 자신의 가치, 존재의 의미를 찾는다. 만나는 사람 누구에게나 잘해 준다. 대인관계를 중심으로 삶을 살아간다고도 볼 수 있다. 언제나 남을 돕는 것이 중요한 가치 체계이므로 자신의 욕구를 희생하면서도 상냥하고 친절하고 착하게 구는 것에 우선순위를 둔다. 그러한 행동에 별다른 의문을 느끼지 않으면서 타인을 돌보기 위해서라면 자신의 무엇을 포기해도 좋다고 여긴다. 그러니 능력을 넘어서는 많은 일을 한꺼번에 맡아서 건강을 해칠 정도로 일을 하거나, 오만 신경을 쓰다보면 한순간도 마음 편한 때가 없다.

그런데 이때 발생하는 문제가 하나 있으니, 늘 따라다니는 원망의 느낌이다. 그렇다고 대놓고 이러저러해서 억울하다고 한다거나, 상대보고 나쁘다고 표시를 하는 것은 아니다. 이들의 마음 깊은 곳에는 자신의 수많은 노력에도 불구하고 남들이 노고를 알아주거나 인정해 주지 않는다는 생각이 늘 있다. 이는 어느 정도 사실이면서, 또 사실이 아닐 수도 있다. 사실은 자신에게 주목되는 관심을 견디지 못하고 금방 돌려 버리기 때문에, 주변 사람들은 이들의 노고를 그것만큼 알아채지 못하게 만드는 면이 있다.

이들은 건방지게 보이거나 나서기 좋아하는 사람처럼 보일 수도 있다는 걱정 때문에 애써 자신을 드러내지 않는 것이다. 그러면서 사랑받고 인정받고 싶어 하는 마음은 여전하니 마음 한구석이 내내 묵직할 수밖에 없다. 또 막상 남들로부터 도움이나 즐거움을 받을 때는 자신은 그럴 자격이 없다는 마음에 죄책감이 든다. 편안하게 느끼지 못하며 난처한 마음이 커지니, 서둘러 상대가 그렇게 못하게 만든다. 그러니 은미 씨 같은 사람의 곁에 있는 사람들은 자신도 모르게 '나쁜 사람 역할'을 하게 될 수도 있다는 말이다.

타인과의 관계에서 줄곧 자신의 권리를 찾지 못하며 살아 왔던 이런저런 사건들을 나누던 무렵이었다. 상담실 문을 열고 들어서는데, 은미 씨 손에 또 뭐가 들려 있었다. 두 주 전에도 집에서 구운 과자라며 과분한 포장을 해서 갖다 준 적이 있었다. 이번에는 과자보다 더 예쁜 형형색색의 비누였다.

뭐… 별거 아니에요, 선생님.

　치료자는 가끔 선물을 받는다. 상담이라는 것이 워낙 개인적인 내면을 나누는 관계여서, 시간이 지날수록 내담자는 치료자를 가깝게 느끼고 또 좋아하게 된다. 그건 치료자 쪽도 마찬가지여서 내담자가 중요해지고, 내담자에게 깊은 관심이 가면서 치료관계가 형성된다. 이렇게 관계에서 오는 신뢰와 돈독함이 없다면 아마 심리치료 자체가 불가능할 것이다. 내담자 쪽에서 '이 선생님은 나를 세상에서 가장 잘 이해하고, 나에게 가장 좋은 것을 주려고 애쓰고 있다.'는 믿음이 없다면 치료자의 말을 의미 있게 듣겠는가? 사실 그 좋은 마음은 시간과 공간을 통해서 서로에게 저절로 전달이 된다.

　그런데 좋은 마음을 꼭 물건으로 표현하고 싶어 하는 사람들이 있다. 우리 문화에서 익숙한 선물 수준에서, 명절이나 스승의 날, 또는 벽에 걸린 자격증에 나와 있는 내 생일을 기억하고 뭔가를 들고 온다. 그럴 때면 전문가의 윤리 규정에 맞는 수준의 소소한 선물에 대해서는 대부분 기꺼이 감사하며 받는다. 한데 은미 씨의 선물은 짚고 넘어갈 필요가 있었다. 같은 액수의 같은 선물이어도 그저 감사하면 될 내담자와 이렇게 토를 달아야 할 내담자가 따로 있다.

　은미 씨, 날 이렇게 생각해 주니 고마워요, 고맙고 기뻐요. 그런데 이런 선물이 없다면 우리 관계가 어떻게 될까요?

아니… 뭐, 그냥 다른 사람 것 챙기다가 선생님 생각이 나서요, 정말 별거 아니에요.

별거다, 별거 아니다가 중요한 게 아니고요, 좀 머물러 봐요. 선물이 없다면 내가 은미 씨를 어떻게 생각할까요?

그래도, 그래도 똑같겠죠. 선생님은 그래도 절 똑같이 대할 것 같아요.

네… 그럼, 다른 관계에서는 선물을 했을 때와 하지 않았을 때가 다를 거라고 생각하세요?

그게 … 아무래도… 전 빈손으로 다니는 게 너무 이상해서요, 발걸음이 잘 안 떨어져요….

빈손이건 뭐가 들렸건, 같은 은미 씨잖아요. 은미 씨를 만나는 누구든 은미 씨를 보고자 하는 것이지, 그 이상 뭐가 더 필요한가요? 더구나 지금 나와의 이 시간과 이 공간은 오로지 은미 씨 것이지요. 은미 씨에게 권리가 있지요.

권리요?… 권리… 한 번도 누구와 만나면서, 뭘 같이 하면서, 뭐가 내 권리라고 생각해 본 적이 없어요.

자기 지위가 확고하고 안전하다는 생각을 한 적이 없어서 그래요. 원래 다 내 것이었는데도 그랬어요. 부모님에게는 장녀로서의 권리가 있었고, 여자 친구의 권리, 아내의 권리, 둘째 며느리의 권리도 확실히 있었지요. 원래 은미 씨 자리가 있는 거예요. 그런데 늘 그냥 내 자리는 없고, 나는 없고, 누구 요구에 맞춰 줬을 때 잠깐만 은미 씨가 존재하고, 아니면 언제라도 내쳐질 것 같다는 느낌을 갖고 살아왔어요. 나는 없는 것처럼….

폭력을 겪으며 자란 아이들은 그것이 너무나 고통스럽기 때문에 더 이상 고통받지 않기 위해서 자신에게서 완전히 빠져 나가 버린다. 몸이야 계속 기능하고 말하고 걸을 수 있지만 아이들은 자기가 없는 것처럼, 마치 꼭두각시처럼 살아간다. 학대를 도저히 벗어날 수 없을 때 살아남기 위한 나름대로의 방어기제가 스스로 자신을 부재하게 만드는 일이다. 더 이상 자신의 몸속에 내가 존재하지 않는다. 내적으로 자신을 사라지게 만듦으로써 나름대로는 폭력에 완전히 파괴되지 않고 생존할 수 있는 방법을 찾은 것이다. 은미 씨도 그러하였다.

은미 씨는 비로소 자신의 마음 깊숙한 곳에 자리 잡고 있는 '나는 사랑과 주목을 받을 만한, 또 즐거움을 누릴 만한 자격과 가치가 없다.'는 느낌의 정체를 파악할 수 있었다. 사실은 언제나 그것을 간절히 바랐고, 그것을 얻기 위해 노력했지만 한 번도 제대로 자신이 누구인지와 무엇을 원하는지 깨닫지 못한 채 살아온 것이다.

이러한 태도는 이성교제에도 그대로 적용되었다는 것도 알게 되었다. 남편을 만나기 전과 후에 은미 씨에게 관심을 보였던 두 명의 남자가 있었고, 둘 다 연결이 되지 않았는데, 이제 와서 생각해 보면 참 순하고 너그럽고 은미 씨에게 잘해 주었던 소위 '착한 남자'였다는 기억이다. 그런데 당시에 은미 씨는 남자가 자신에게 그렇게 친절한 것이 영 창피하고 불편해서 안절부절했고, 어색해서 화를 내거나, 회피를 하면서 남자가 포기하게 만들었다는 것이다. 결국은 받기만 하고 주지 않는, 강압적이고 자기 중심적이어서 무섭기만 한 남편을 선택한 자신의 심리 상태를 이제는 알 것 같다고 하였다.

이런 인식을 바탕으로 우리의 이야기는 점차 현실적으로 진행되었다. 치료자는 매 시간 '무엇을 하고 싶은가요?' '지금 무엇을 원하지요?' '아까 그 상황에서 진짜 마음은 무엇을 원했던 건가요?'와 같은 질문을 수시로 하였다. 누군가 은미 씨의 의견을 물었을 때를 가정하여 "아무거나 상관없어요."는 답변을 아예 배제하고, 어떻게 하든지 다른 대답을 찾아보는 연습도 이루어졌다.

다른 시간에는 남들로부터 어떤 것을 받고 싶은지, 그들이 은미 씨를 위해서 했으면 하는 모든 목록을 만들어 보는 작업을 했다. 그런 장면에서 고개를 드는 어색함을 극복하기 위하여 중간중간에 상상 훈련을 포함시켰는데 이를테면, 어떤 모임에서 은미 씨가 함께 온 사람들 커피를 챙기러 가려고 할 때 다른 누군가가 그렇게 하는, 물론 은미 씨 커피까지 챙겨오는 상상을 하는 것이다. 훈련 처음에는 상상만으로 불편해하며 자리에서 일어나려고 안절부절 못하는 은미 씨가 떠올랐지만, 인내심을 발휘해서 지긋이 앉아 있는 훈련이 은미 씨에게는 필요했다.

거기서 더 진전한 것은 원하는 것을 요구하는 단계로 진입하는 것이다. 이미 작성해 놓은 목록을 바탕으로 상대에게 해 줄 것을 부탁하는 일이다. 이것도 시작은 상상 훈련부터다. 상상 다음은 난이도가 가장 낮은 단계로부터 차츰 난이도를 올려서 실천해 보기 단계로 연결된다. 물론 훈련의 주요 대상으로는 남편이 포함되어 있었다. 상대가 거절을 하는데 그래도 한 번 더 요구하거나,

거절을 당해서 서운한 심정을 표출하는 상황이 가장 난이도가 높은 장면이었다.

이런 연습과 훈련 과정에 걸림돌이 되는 습관이 두 가지가 있었으니 하나는 "미안해요."라는 말을 남발하는 것과 다른 하나는 죄책감을 느끼기 때문에 실제 실천에서 주춤하는 것이었다. 은미 씨는 자신이 "미안해요."를 하는 상황과 횟수를 모니터링하면서 평소에 얼마나 자주 이 말을 하며 살고 있었는가에 스스로도 놀라워했다. 그때마다 치료자와 함께 '그것이 정말 그렇게 미안해 할 일인가?' 자문하면서 그 속에 자리 잡고 있는 오래된 사고와 태도의 습관을 확인하곤 했다. 죄책감이 밀려올 때도 다만 10분이어도 아무것도 하지 말고 긴장을 풀고 편하게 이완하면서 이 감정의 정체를 느끼고 또 바라보고자 하였다. 마찬가지로 죄책감 또한 은미 씨에게 오래전에 프로그래밍된 정서일 뿐, 지금 여기에서의 상황과 어울리는 것은 아니라는 것을 발견할 수 있었다.

은미 씨는 구정 명절에는 형님 댁에 가지 않았다. 몸이 아파서 못가는 것으로 둘러대는 임무는 남편이 맡았다. 살면서 배짱이 필요한 순간도 있다.

말이 없는 남편

아내와 함께 들어오는 민재 씨는 앉아서도 쉽게 입을 떼지 않았다. 오히려 옆 자리에 앉은 아내가 먼저 입을 열었다. 사실 상담을 신청한 사람도 민재 씨가 아니라 아내였다. 이렇게 본인이 아닌 가족이나 친구가 대신 상담을 신청하는 경우가 간혹 있다. 이런 시작은 상담에 대한 당사자의 의지나 동기에 의문을 갖게 한다. 당연히 전화 걸 줄을 몰라서, 목에 이상이 생겨서 전화를 못 하는 건 아니지 않겠는가? 그래서 이런 경우 나는 두 가지를 챙긴다.

우선, 어떤 상황인지는 모르겠으나 상담이라는 것은 개인의 동기와 의지가 매우 중요한 작업이어서, 가능하면 본인이 다시 연락할 수 있도록 격려해 주면 좋겠다는 이야기를 전한다. 그럼에도 굳이 본인이 아닌 사람이 예약을 해야겠다고 한다면, 당사자에게 상담에 올 의사가 있는가를 확인한 것인지 묻는다. 혹 미심쩍다면 이 부분을 분명히 하고 다시 예약할 것을 청한다. 간혹 상담이 꼭 필요한 비자발적인 내담자라고 해도 이런 사전 대화는 보호자와 당사자 모두에게 상담을 좀 더 진지하게 접근할 수 있게끔 한다.

상담치료라는 것은 어떤 면에서는 아주 모호하고 지난한 과정이다. 1, 2회에 뭐가 번쩍하고 확 다가오는 그런 작업이 아니라는 말이다. 조금씩, 점진적으로 발걸음을 떼는 과정일 텐데, 누구에 의해서 혹은 심지어 강제로 시작했을 때 과연 그 과정을 얼마나 버티겠는가?

지금 입을 떼려고 하지 않는 민재 씨도 이런 과정을 거쳐 아내가 예약을 했고, 지금 이렇게 셋이 앉아 있는 거다. 부부 상담을 원하는 것은 아니라고 했는데 아내는 남편이 영 못 미더운 눈치로 좀처럼 자리를 뜰 생각을 하지 않는다.

그럼, 이렇게 하지요. 지금 민재 씨가 시작하기를 어려워하는 것 같으니, 잠깐 아내 분이 뭐가 걱정이 돼서 남편 상담을 예약했는지 말해 주겠어요?

아내가 남편 쪽을 바라보니, 민재 씨는 좋다는 뜻으로 끄덕거렸고, 아내는 이야기를 시작했다.

아니, 뭐⋯ 다 괜찮은데요, 다 좋은 아빠고 좋은 남편이고⋯. 그런데요, 그게요, 경품을 너무 해서요. 지난번에 그때가 마지막이라고 철석같이 약속했는데, 이번에 또 하는 게 걸려서요. 이건 아니다, 뭐가 있다 해서요.

다시 남편 쪽을 한 번 더 보더니,

그리고 원래 이건 오래됐는데⋯ 말이 너무 없어요. 이 사람은 그게 뭐 어떠냐고 할지 모르는데 전 이제 지쳐요. 2박 3일을 같이 있어도 몇 마디 말 하는 게 없으니, 이제 아이들도 곧 사춘기가 될 텐데 사내 아이들을 저 혼자 감당할 수도 없고, 아빠가 좀 아빠처럼 딱딱 뭐 이런 게 너무 없으니까요.

민재 씨는 듣고 있는지 아닌지 표정 변화가 없는 가운데 슬쩍 얼굴이 붉어지는 게 보였다. 더 말을 이어가려는 아내에게 이제 더 많은 이야기는 민재 씨에게 듣는 게 좋겠으니 대기실로 가서 기다려 달라고 말을 끊었다. 아내에게는 오래 견딘 답답함이 절절히 느껴졌고, 민재 씨에게는 뚫고 들어가기 힘든 단단함에서 오는 갑갑함이 느껴졌다.

아내 분이 할 말이 많은가 봅니다. 아내 이야기 들으면서 어떤 기분이었나요?

뭐… 그냥….

아뿔사! 기분을 묻는 것을 첫 질문으로 하지 않는 편이 나을 뻔 했다. 민재 씨에게 구체적인 사안도 아니고 감정을 묻는 질문이 쉬울 리 없었을 것이다. 대부분의 성인 한국 남자들이 그러하다고 볼 수 있는데, 설사 말의 양이 많은 사람이더라도 감정을 다루는 것은 서툴다. 하물며 이토록 말을 아끼는 사람에게 감정이란 암호 해독 같은 것일 수밖에 없을 것이다.

민재 씨가 뭔가 말할 거리가 있을 만한 주제로 보이는 '경품' 에서부터 시작했다.

아니, 뭐 그냥 소일거리로 좀 하는 건데…. 제가 운이 좋은지 그게 잘 맞거든요. 그거 해서 집사람하고 제주도 여행도 다녀온 적이 있어요.

와우… 크군요. 나는 경품이라고 해서 뭐 그냥 그릇이나 문화상품권이나 그런 건 줄 알았지요.

그런 건 수도 없고요. 아내 가방이 당첨된 적도 있는데요.

경품에 관한 이야기를 하자, 민재 씨는 말문을 좀 열었다. 결국은 본인도 인정을 했지만, 경품 자체가 나쁜 것이 아니라 자신이 거기에 쏟는 시간과 노력이 엄청나다는 것이 문제의 핵심이었다. 민재 씨는 가족과 떨어져서 혼자 지방 근무를 하고 있었다. 주말 부부로 지내는 게 벌써 3년째인데, 혼자서 지내는 주중 야간 시간을 거의 경품에 관한 일을 하고 있었다. 사이트를 찾고, 응모를 하고, 응모에 필요한 사연을 쓰거나 사진을 찍거나 하는 식이었다.

경품과 관련해서 아내가 기막혀 하는 것은 몇 가지 이유에서였다. 하나는, 경품에 응모하기 위해서는 일정 금액 이상을 뭘 구입해야 하는 경우가 많아서, 그로 인해 쓸데없는 물건을 자꾸 산다는 것이 한 걱정이었다. 또 다른 하나는 직장생활하는 사람이 자기 계발을 위해서 어떤 노력도 하지 않는다는 것이다. 이를테면 승진 시험도 준비해야 하고 영어 공부도 해야 하는데, 몇 년째 제자리라는 말이다. 마지막으로 한 가지가 더 있는데, 나는 이것이 가장 큰 문제로 보였다. 도대체 사람들과 어울리지 않고 있다는 점이다. 직장 사람들과 함께 하는 것은 점심시간이 전부이고(그것도 어울린다고 하기에는 좀 뭐한 그저 구내식당에 같이 내려가서 한 테이블에서 같이 식사하는 일), 1년에 몇 차례 있는 꼭 가야 하는 큰 회식에 가는 것이 전부였다. 즉, 최소한의 삶을 제외한 모든 관심과 에너지가 경품으로 가 있다는 걱정인 것이다.

이야기가 진행될수록 확연해지는 한 가지는, 민재 씨가 의사소통에 문제가 있다는 점이었다. 좋은 회사의 연구직에 있는 사람이라고 믿기 어려울 만큼 말이 참 어눌했다. 혼자 웅얼웅얼거리는 듯, 굉장히 귀 기울여 주의를 집중해야 할 정도로 발음도 크기도 정확하지 않았다. 언어 표현에 무슨 문제가 있나 의심받을 정도였는데, 그나마 말의 양이 워낙 적어서 서로가 통하고 있다는 느낌을 갖기가 어려웠다. 다른 것은 몰라도 이 문제는 분명 민재 씨를 괴롭힐 거라 싶어서 이쪽으로 질문을 했다.

경품을 제외하고 민재 씨가 걱정하는 게 있나요?
뭐… 그다지… 그냥 아이들 잘 크고, 뭐 그냥 그런 정도….

그렇군요, 두 아들이 잘 크기를 바라는 마음… 오늘 제게 오면서, 아내가 가자고 하니까 가는 거 말고, 그래도 도움을 받을 수 있다면 이런 걸 말하고 싶어… 하는 게 있었나요?
아내가… 아내가 점점 절 힘들어하는 거 같아요. 이렇게 상담을 신청한 것도 그렇고, 아내는 글쎄… 저와 사는 게 행복하지 않은 게 아닐까, 저한테 불만이 많은 게 아닐까 합니다.

내 예상은 빗나갔다. 사회생활을 하는 사람이라면 당연히 본인의 말하는 태도, 능력, 그로 인해 생기는 문제들이 고민이라고 할 것 같았는데(현재 본인의 상태가 분명 그러한데), 민재 씨는 그것을 큰 고민으로 여기지 않고 있었다. 아내가 자기를 힘들어하는 것 같은 게 자신의 걱정이라니, 이걸 공감 능력이라고 해야 하나 말아야 하나…. 말은 그렇게 하면서 그러니 자신의 이런저런 점을 해결할 수 있었으면 좋겠다는 동기는 그다지 느껴지지 않았다. 그저 '아내가 좀 그러지 않았으면' 하는 정도였다.

말하기를 별로 즐겨하지 않는 민재 씨의 태도는 이후 몇 회의 상담에서도 여전했지만, 그래도 아내 없이 혼자서(이건 첫날 한 약속이기도 했다) 빠지지 않고 오는 것이 희망적이었다. 회사 사람들 사이에서 경험하는 불편한 느낌, 아내가 또 화를 냈다는 이야기, 또 경품을 안 할 수는 없고 줄이기는 해야겠는데 어떤 방법이 좋을지 그런 이야기들을 나누면서 몇 회가 지나갔다.

자신의 원가족(결혼 전의 본인과 부모님, 형제들로 구성된 가족)에 대한 이야기가 유난히 힘든 내담자가 가끔 있기는 하다. 치료자와 마주 앉아서 모든 면을 솔직하게 노출하면서도 유독 그 주제로 들어가기를 꺼리는 듯한, 흐릿하게 말하고 넘어가려고 하는 듯한 태도가 보이는 것이다. 민재 씨가 그랬다. 그래서 더는 물러설 수 없겠다고 여겨지는 한 순간에, '민재 씨, 아세요? 어머니 이야기만 나오면 괜히 말꼬리를 흐리거나 다른 주제로 넘어가고 있거든요.' 하며 개입하였고, 빤히 바라보던 민재 씨 눈빛이 잠깐 흔들리더니, 꺼내 놓은 이야기가 참, 쉽지 않은 내용이었다.

민재 씨는 사생아로 태어났다. 갓 스물이었던 어머니에게서!

지금의 아버지와 함께 살게 된 건 민재 씨가 일곱 살부터였다고 한다. 물론 아버지는 계부다. 장녀였던 어머니가 고등학교를 졸업할 무렵 할아버지의 사업이 완전히 망해서 어머니 대학은커녕 식구들 끼니를 걱정할 정도가 되었다고 한다. 영리하고 미모가 출중했던 어머니가 관광객을 대상으로 하는 토산품 가게 같은 곳에 취직을 해서 생계를 도왔는데, 거기서 재일교포였던 친아버지를 만났다고 한다. 어머니와는 20년 나이 차이가 나는 사람이었다. 그 다음을 민재 씨는 퍽 강조했는데, '정식 결혼이라고 아셨대요. 일본에 가서 같이 사는 거로 되어 있었대요.'

하지만 정식은 말뿐이고 1년 후에 민재 씨가 출생했건만, 일본으로 데려간다는 아버지의 약속은 지켜지지 않았다고 한다. 어머니가 쫓아 들어간 일본에는 아버지의 여러 부인과 그 부인에게서 낳은 자식들이 여럿 있었고, 물론 정식 이혼도 되어 있지 않은 상태였다. 아버지가 한 말 중에 사실인 것은 오로지 돈이 많다는 것 하나였다.

민재 씨가 어릴 때 어머니가 술을 드시면 늘어놓는 푸념이 꼭 있었는데, 그건 "아버지는 어쩌자고 나를 그런 결혼을 시켰어? 딸 팔아 먹고 사니까 좋은가?…" 뭐 이렇게 할아버지나 할머니에게 원망하는 내용이었다. 어머니는 당시로서는 자그마한 집을 한 채 살 수 있는 정도의 돈을 받는 것으로 친아버지와의 인연을 완전히 끝냈다고 한다.

이후 어머니는 무섭게 돈을 벌었고, 아니 돈만 벌었다. 이 말은 민재 씨를 거의 돌보지 않았다는 말이다. 할머니에게 맡겨졌던 민재 씨는 그것마저 별로 운이 좋지 않았는데, 할머니는 민재 씨를 미워했다. 따스하고 자애로운 할머니와는 거리가 멀었고 민재 씨는 할머니의 야단과 잔소리의 대상이었다. 할머니는 민재 씨를 향해 "쯧쯧… 미운 버러지 모로 긴다더니!… 쯧쯧" 하는 말을 자주 하셨다. 어릴 때는 그 말이 무슨 뜻인지도 모른 채, 나쁜 말 같기는 한데, '아마 할머니는 나를 징그러운 벌레처럼 미워하나 보다.'라고 생각했다고 한다. 나중에 커서 그 속담의 의미를 알고 나서는 더 나쁜 마음이었다. 나라는 존재 자체가 이미 태생부터 사랑을 받기는 글러버린, 절대로 반갑거나 귀하지 않다는 증표의 말이라는 것을 알았으니 말이다.

어머니가 결혼을 결심한 것도 사실 민재 씨 때문이었다고 한다. 학교를 가야 할 연령이 되니 호적을 정리해야 할 것 아닌가. 그래서 평소부터 어머니에게 호의를 보이던 남자 중 오로지 착한 사람, 그래서 어머니의 허물인 민재 씨를 받아줄 사람이 어머니의 결혼 조건이었다. 함께 살게 된 계부는 실제로 착한 분이었다. 민재 씨에게 일부러 나쁘게 하거나 눈치를 준 기억이 없다. 하지만 거기까지다. 그런 나쁜 기억이 없는 대신에 좋은 기억도 없었다. 이윽고 태어난 여동생을 대하는 것과 자신을 대하는 것이 뭔가 다르다는 건 아주 눈치가 둔한 아이도 알 만한 수준이었다.

어머니가… 힘들었어요. 그러니까 아버지가 아니라 어머니가 엄하고 때리기도 많이 하셨어요. 보통 집들은 공부 때문에 혼나고 뭐 그런다는데 전 그건 아니고, 뭐 인격, 도덕, 품성…. 이런 말들을 귀가

따갑게 들은 것 같아요. 어릴 때도 그게 뭔지 참 답답한 기분이었는데, 뭘 어떻게 해야 도덕적인 사람인 건지, 그렇다고 뭐 남의 물건에 손대지 말아라, 거짓말을 하지 말아라 그런 수준의 이야기도 아니었거든요. 그런 거면 쉬웠겠죠. 남을 배려해야 하고, 약속을 잘 지키고, 의젓하고, 욕심을 부리면 안 되고… 뭐 그런 거였던 것도 같은데, 아무튼 뭔지 잘 모르는데 결국 뭘 하지 말아야 할 것들이 많은 세상… 이런 거로 이해했던 것 같아요.

답답하고 힘이 드네요. 어떻게 노력을 해야 좋을지도 모르면서 뭔가를 잘해야 할 것 같은, 안 그러면 큰일이 나는 분위기라면 난감하지요. 어른도 아닌 아이가!

언제부턴가 어머니가 절 싫어한다고 생각했어요. 난 태어나지 않았어야 하는데 태어난 아이라고… 아무도 좋아하지 않는 아이, 어머니 인생의 족쇄가 되는 아이, 그래서 어머니가 날 싫어하는 거라고….

아이는 자꾸 자꾸 안으로 움츠러들지요. 뭔가를 하기보다는 가만히 있는 쪽을 택했겠어요.

네…. 뭘 안 하는 게 상책인, 그저 가만히 혼자 있는 게 낫다는 거지요. 제 방에서 혼자 할 수 있는 것들을 하는 게 가장 화를 면하는 방법이니까요. 동생이 좀 크니까 마루에서는 동생이 떠드는 소리가 나고 부모님이 웃는 소리도 나고 그랬어요. 그럴 때도 전 그냥 제 방에 있었어요.

민재 씨의 눈이 벌개지면서 눈물이 고인다. 참으려고 애쓰려고 잔뜩 힘을 주고 있는 그 눈이 더 애처롭다. 치료자는 가만히 지켜볼 수밖에 없다. 진작에 좀 이렇게 울 수 있었더라면, 아무라도 붙들고 이렇게 털어놓을 수 있었더라면, 저 가슴에 쇠창살이 저렇게 심하게 쳐지지는 않았을 텐데…. 세상을 향해서 스스로 창살을 치고 그 감옥에 스스로 들어앉아 살면서 얼마나 서럽고 또 얼마나 분노했겠는가!

한 번 닿은 기억이 그 언저리를 찾아 나가는 건 어렵지 않았다. 자신을 향해서는 다정한 눈빛이었던 적이 없었던 어머니, 그 어머니의 인정을 받기 위해서, 아니 비난을 피하기 위해서 자신이 얼마나 전전긍긍했던가를 회상하였다. 어머니 앞에서는 늘 어쩔 줄을 몰랐다. 심하게 매를 맞을 때에는 아버지를 향해서라도 구원의 눈빛을 보냈었건만, 그저 슬쩍 안으로 들어가 버리는 아버지 뒷모습에 얼마나 절망했던가도 기억해 냈다.

묻힌 기억들을 토해 내면서 그것과 함께 묻었던 감정들도 올라오기 시작했다. 눈물로 시작한 기억은 한숨으로 이어지거나 어느 때는 목덜미까지 벌겋게 달아오르면서 분노를 견디느라 애쓰기도 하였다. 자신이 어떤 아이였는지 왜 그런 아이로 성장하게 되었는지, 왜 무엇을 못했는지, 할 수 없었는지, 그 아이가 이상하게 생겨먹어서가 아니라, 그렇게밖에 할 수 없는 압력 속에 있었다는 것을 조금씩 알아가기 시작했다.

민재 씨는 말도 없고 행동도 없는 아이로 성장했다. 어릴 때 들었던 별명은 '벙어리'와 '괴물'이었다고 한다. 좋게 말하면 아주 의젓하고 듬직한 아이고, 달리 말하면 사람들과 관계하고 싶어하지 않는 고독한 아이였다. 컴퓨터 귀신이었고, 사람이 아니라 기계

쪽이 훨씬 편안하고 안전했다고 한다. 여자를 사귀어 본 적도 없고 그럴 필요도 별로 느끼지 않고 살았는데, 같은 회사 다른 부서에 다니던 아내가 적극적으로 나오는 바람에 결혼을 하게 되었다.

아내가 아니었으면 여태껏 독신으로 살았을 거예요. 아내는 처음에 제가 과묵해서 좋았대요. 또 성실하고 무엇보다도 의리를 지킬 것 같았대요. 장인이 여자 문제가 좀 있었더라고요. 그래서 아내는 절 쭉 지켜보면서 워낙 여자 문제고, 술 문제고 그런 게 없으니까, 그 부분이 좋았대요.

그건 아내 쪽 감정이고, 생각이고요, 민재 씨는요? 민재 씨는 아내가 어땠나요?

전… 그냥요, 그냥….

그냥… 말고 자기 것을 한번 찾아보세요.

그게요, 선생님, 전 아내가 절 좋아해 주는 게 좋았어요(이번엔 내 눈에 눈물이 핑 돌 지경이다).

흠… 그렇군요. 누가 지극하게 날 사랑해 준다는 그 느낌이 처음이었군요. 그 느낌이 낯설고 그러면서도 좋았군요.

그랬는데, 요사이 아내가 날 싫어하게 되는 건 아닌가 해서… 그게 좀 불안? 아니 좀 무서웠어요.

드디어 민재 씨가 자신의 감정을 이야기하고 있었다. 그랬겠다. 민재 씨라면 아내가 어떤 이유에서든지 자신에게 화를 내고 짜증을 부리는 것이 불안을 넘어서 아주 무서웠겠다. 자기 쪽에서 무슨 행동을 했는가를 가늠하기 이전에, 아내의 화 앞에서 "왜 그랬니? 그렇게밖에 못하니? 그렇게 하면 안 된다고 했잖아?"로 이어지는 어머니의 비난이 떠올랐을 테니 얼마나 두려웠겠는가?

아내는 어쩌면 이 세상에서 그래도 민재 씨가 믿었던, 믿고 있는 유일한 사람이 아니겠는가? 초기 양육이 적대적이며 냉담했거나, 아이의 욕구에 둔감하거나 무시를 했을 경우 그 아이는 타인으로부터 만족을 얻는 것에 대한 희망을 일찌감치 포기하게 된다. 인간이든 동물이든 모든 생명체는 상처를 받지 않으려는 강한 열망이 있기 때문이다. '가까이 하면 위험하다.' '누구도 믿어서는 안 된다.'가 민재 씨가 인간관계에 갖게 된 신념이다. 또한 가능하면 자신의 느낌으로부터 스스로를 분리시키려고 노력한다. 그래야 치고 올라올지 모르는 불안과 두려움으로부터 자신을 안전하게 보호할 수 있다.

민재 씨가 그토록 타인과의 대화에 서툴렀던 것은 필립과 페리의 『인생학교: 정신(How to stay sane)』에 소개된 두뇌 발달 부분에서 답을 찾을 수 있다. 인간의 뇌는 좌뇌와 우뇌로 나누어져 있다는 것은 잘 알려진 사실이다. 그중 좌뇌는 언어, 논리, 추론 같은 합리적, 논리적 사고 기능을 담당하며 우뇌는 직관이나 감정 같은 비언어적인 것을 담당한다. 인간의 뇌는 생후 2년 동안 우뇌가 활발하게 움직이고, 그 뒤로 2, 3년 동안은 반대로 좌뇌가 더 많은 활동을 한다. 그런데 우뇌에 깔리는 신경회로는 생의 초기에 사람들과의 관계에서의 신뢰감, 유대감, 편안함, 공감 정도와 같은 것에 의해 결정된다는 것이다. 이때는 언어를 통해서가 아니라 그저 어떤 느낌, 냄새, 촉감 이런 것들을 통해 전달된 감정에 따라 신경회로가 연결된다.

　한편 2세 이후에는 좌뇌의 발달이 활발해지면서, 아이는 언어를 이해하고 사용할 수 있게 된다. 이제 아이는 좌뇌의 언어 능력을 이용하여 우뇌의 감정을 말로 표현하는 통합을 시도할 수 있다. 그러니 어린 시기에 아이가 양육자와의 관계가 좋지 않거나 정서적 고통을 겪게 된다면 어떻게 될 것인가? 아이의 기분을 무시하거나 감정 표현을 못하게 하고 심지어 심하게 체벌을 한다면 아이는 우뇌에서 일어나는 감정을 잘 처리하지 못하게 되고, 그것을 언어로 이해하는 능력도 키울 수 없다. 이러한 능력이 어린 시절에 제대로 습득되지 않았다면, 성인이 되어서도 온전하게 그 능력을 회복하고 활용할 수 없게 된다. 민재 씨의 어린 시절을 돌아볼 때, 그 환경이었다면 민재 씨가 자기 마음을 말로 표현하는 것이 얼마나 어려운 일이었을지 짐작이 간다.

　힘들면 힘들다고 말하는 것이 쉽지 않은 것이다. 그래서 그런 감정을 애써 외면하는 것이 자존심이며 능력이라고 믿으며 살아왔다. 스스로를 부끄럽게 여기는 수치심 때문에 자신에게도 남에게 의지할 권리가 있다는 것을 인정하지 않았다. 과거에 받은 상처, 버림받은 기억 때문에 누군가를 신뢰하고 의지하려는 자연스런 욕구가 손상된 탓이다. 어떤 면에서는 인간의 유한성을 받아들이는 것이 더 건강하다. 그건 건강한 수치심이다. 우리는 완벽한 신이 아니며 완벽할 필요도 없다는 것을 받아들이는 일, 그래서 우리 모두가 서로의 도움이 필요한 존재임을 인정하는 일은 중요하다.

아이들 교육 문제로 주말 부부가 된 이후, 민재 씨는 급격하게 불안해졌다. 아내를 만나고 나서는 줄곧 누군가 곁에서 자신을 바라보고 챙겨 주던 돌봄이 있었건만, 그것이 빠져버린 감정의 공백을 어떻게 처리할 줄 몰랐다. 그리고 얼마 후 승진을 하게 된 것도 민재 씨에게는 좋지 않은 일이었다. 과거와는 다르게 사람들을 대표하고 이끌어야 한다는 건 민재 씨가 사는 방식과 맞지 않았다. 그저 조용히 자기 할 일만 성실하게 해내면 되는 게 아니었다. 그 혼란스러웠던 무렵, 민재 씨가 경품에 몰두하게 된 것이었다.

마흔이 넘은 남자와 치료자는 새삼스레 '사람 사는 공부'를 해야 했다. 사회적 단서나 관례에 대해서 알려고 해본 적이 없는, 그래서 당연히 사춘기 소년 수준에도 못 미치는 민재 씨의 '사회적 센스'를 높이기 위한 목적이었다. 보통 사람들은 이렇게 생각하고 저렇게 말하고, 이럴 때 곤란해하고 저럴 때 불편해한다는 것들이다. 지금까지 '위험'의 범주에 처넣어 버렸던 '남들과 함께 살기'를 이제부터는 '연구하고 익히면 좋을 영역'으로 가져오는 일이었다. 민재 씨는 마치 낯선 나라에 가서 새로운 문화를 익히듯이 이 작업에 흥미를 가졌다. 사람들과 관계 맺는 것이 무섭거나 두려운 것이 아닌, 해볼 만한 일이라는 열린 마음이 출발점이었다.

어린 자신이 무엇에 분노하다가 쓰러졌었던가를 알게 된 민재 씨는 현재 세상이 자신의 어린 시절 환경과 다르다는 것을 이해하게 되었다. 그 어머니와 그 아버지, 그 할머니로 구성된 과거의 환경은 이제 더 이상 존재하지 않는다는 것을 믿게 되었고, 그렇다면 이제는 얼마든지 본인이 다르게 해볼 수도 있다고 생각하였다. 자신이 어릴 때 믿었던 것들을 수정하고 다르게 행동한다면 이 세상의 사람들은 어머니나 아버지와는 다르게 자신을 대할 것이라는 점을 믿는 일이다.

또한 아내의 화와 짜증이 어머니의 그것과는 다르다는 것, 그건 무서운 것이 아니라 민재 씨보고 다르게 하라는 그저 신호에 불과하다는 것을 진심으로 납득하는 일도 큰 공부거리였다. 하지만 심리치료가 갖는 매력은 개인의 열 가지 문제를 열 개로 풀지 않아도 된다는 것이다. 어느 한 영역이 풀리기 시작하면 신기하게도 다른 영역에도 그 변화가 파급된다. 이를테면, 민재 씨는 아이들과 정서적 관계를 형성하는 일, 힘이 있으나 다정한 아버지로서 기능하는 일을 치료자와 굳이 다루지 않아도 어느 날부터 이미 하고 있었다.

또 다른 수확 하나는 민재 씨의 오랜 의문인 어머니가 대체 왜 그렇게 자신에게 혹독했을까? 하는 부분에서 나왔다. 어머니와 관련해서 민재 씨가 어렸을 때부터 헷갈려했던 점 하나는 그렇게 무섭고 자신을 싫어한다고 여겼던 어머니이건만 민재 씨를 위해서라면 아낌없이 돈을 쓴다는 것이었다. 민재 씨 것은 늘 가장 좋은 것들이었고, 최상의 교육환경을 마련해 주셨다. 어머니가 자신을 미워하고 있다는 믿음과는 상충되는 지점이었다. 게다가 민재 씨가 성장하면서 대학생이 되고 직장인이 되고 결혼을 하면서 점점 어머니는 더 부드러워졌다고 한다. 특히 결혼을 성대하게 치러 주시고, 결혼 후에는 마치 원래부터 끔찍이 사랑하는 하나밖에 없는 아들인 것처럼 자신을 대한다는 것이다.

어쩌면 당연한 것이겠지만, 상담 중간중간 민재 씨가 가장 많은 시간을 할애한 건 이런 어머니에 관한 이야기였다. 상담이 중반을 훌쩍 넘어 종반으로 가던 그날도 어머니에 관한 이런 저런 이야기를 하던 중이었다.

지난 주말에 또 어머니가 고기며 해산물을 잔뜩 보내셨더라고요. 아내는 좋아서 입이 떡 벌어지고… 전 그럴 때마다 입으로는 감사하다고 말은 하면서… 영 마음이 좀 그래요….

불편했군요. 난감하기도 했을 것 같고요.

네… 뭔가 어머니와 연관한 일이 생기면… 전, 제 마음은 벌써 쿵쾅거려요. 평상시 마음이 안 되고 이상해요.

그렇지요, 옛날 생각이 자꾸 나죠. 또 어릴 때 어머니와 너무 다르니까….

풀지 못하는 수학 문제처럼 자꾸 생각해요. 선생님, 어머니는 대체 내게 왜 그러셨을까요? 제가 불쌍하지는 않았을까요?

… 민재 씨, 어쩌면 어머니가 그렇게 엄격하게 하신 게 어머니가 가장 염려하는 일을 막으려고 한 것 아닐까요? 그러니까 어머니는 민재 씨가 친아버지처럼 될까 봐 염려했던 거죠. 돈도 많고 유능한 분이었다면서요? 그렇지만 아버지에게 부족했던 것들, 도덕이니 양심이니 인격이니 하는 것들요, 어머니는 그런 걸 그렇게 혹독하게 강조하셨으니까요. 그러면서 이제 민재 씨가 착하고 반듯한 어른으로 성장하는 것을 보니 안심을 하셨겠죠. 마음을 놓으면서 점차 민재 씨에게 친절

해지신 게 아닐까요?

아… 아! 그건가요! 한 번 보지도 못한 친아버지의 난봉꾼 피가 내게도 흐를까 봐서, 어머니가 그걸 염려했을까요? 그래서 그렇게 엄격했을까요? 아… 그렇게 생각해 본 적은 없었어요. 어머니로서는 그게 가장 피해야 할 가장 중요한 것이었겠죠?

난 민재 씨 표정이 그렇게 환해지는 것을 그날 처음 보았다. 어머니가 자신을 사랑하지 않았을 뿐 아니라 증오했다는 민재 씨의 오랜 믿음이 무너지는 순간이었다. 그러고는 자신에게 어떻게 하든 사생아의 꼬리표가 붙지 않게 하기 위해서, 어머니의 방식으로 최선을 다했던 슬픈 운명의 여인에 대해 이야기할 수 있었다.

어떤 사람도 부모나 가족에게 분노의 마음을 지닌 채 살고 싶어하지 않는다. 가능하면, 어떻게 하든 화해하고 용서하고 싶은 마음이 우리의 가장 밑바닥의 근원이다. 하지만 무작정 부모님의 은혜를 앞장 세우게 되면 그 개인의 진짜 감정은 또다시 꼬리를 잘라낸 도마뱀처럼 안으로 깊숙이 숨게 된다. 우리는 모두 '당위'를 모르지 않는다. 당위를 모르지 않지만, 그와는 별개로 내 안에 똬리를 틀고 있는 분노가 나를 놓아주지 않고 있는 것이다.

만약에 민재 씨에게 '불쌍한 어머니의 인생'에 대해 먼저 주목하고, 다 큰 성인으로서 마땅히 지켜야 할 도리나 효를 이야기했더라면 어찌 되었을까? 아마도 민재 씨는 전적으로 동의하고 자신의 좁은 마음을 자책하고 더 훌륭한 아들 노릇을 다짐했을 것이다. 하지만 거기까지였을 것이다. 결심은 결심이고 그 후로도 민재 씨는

어머니를 보면 경직되고, 누구와도 말을 섞고자 하지 않고, 가족과
도 정서적으로 동떨어진 채 중년을 보내게 되지 않았을까?

내 상처 받은 경험 속의 나의 분노를 먼저 알아주는 것이 순
서다.

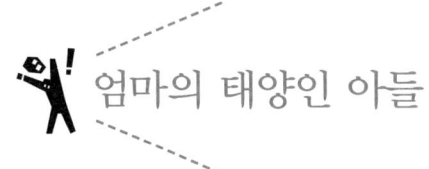

엄마의 태양인 아들

독특한 분위기였다. 상하의를 모두 검정으로 입은 사십대 여성은 앉자마자 아이 문제 때문에 왔다며 깊은 한숨을 삼켰다. 내놓고 늘어지게 한숨조차 쉬기 어려울 만큼 심장 가득히 뭐가 잔뜩 얹혀 있는 듯했다. 아주 말랐고, 가늘고 길고, 각진 얼굴이 심각하고 어두웠다. 세련되고 독특해서 멀리에 있어도 눈길이 갈 것 같은 여성이었다.

어디서부터 말해야 하는지… 아무튼 도저히 믿겨지지가 않아서요. 계속 가슴이 벌렁거리는데, 휴… 이러다 이게 큰 병이 되겠다 싶어서요. 물론 아이 문제이긴 한데, 저도 쉬운 사람이 아니라는 것을 제가 알아서, 저도 이게 정상은 아니지 싶어요….

본론으로 들어가기가 쉽지 않다. 어렵게 어렵게, 여기 쬐끔, 저기 쬐끔…. 그렇게 오락가락 하면서 신애 씨가 내놓은 이야기는 이러했다.

시작은 특목고에 다니는 아들이었다. 아들 이야기를 할 때 신애 씨의 표정은 둘 중 하나였는데, 어린 시절을 이야기할 때의 아주 아련한 아지랑이가 금방 피어날 것 같은 표정이 있고, 또 하나는 고등학교 이후 일들을 이야기할 때의 곤혹스럽다 못해 처참하게 일그러지는, 곧 눈물인지 핏물인지가 뚝뚝 떨어질 것 같은 표정이 있었다.

'특별한 아이'였다고 했다. 3세 때 별 노력 없이 한글을 떼고, 5세 때는 미국에 있었는데, 그때도 영어 책을 곧잘 읽었다고 했다. 운동이면 운동, 피아노면 피아노, 미술이면 미술, 시켜서 못하는 게 없는 아이였다니 자신의 인생에 믿기지 않는 행운이 찾아왔다고 생각하면서 키웠다고 했다. 초등학교 6학년 때는 전교 회장을 했는데, 그것이 귀국해서 그 학교로 전학 간 바로 그 학기여서 학교에서도 이런 일은 개교 이래 처음이라고 했단다. 잘 생겼고, 체격도 좋고, 인기 많고, 모두가 바라보는 아들…. 완벽한 그림이다.

중학생 시절도 성공적으로 보내고, 크게 애쓰지 않고도 손꼽히는 특목고에 입학했다. 아이는 기숙사 생활을 해야 했는데, 신애 씨는 이때가 기쁘면서도 도저히 적응이 안 되었던 시기, 아들을 낳고 가장 힘든 시기라고 생각했단다. 아이가 너무 그립고 보고파서 거실과 주방 곳곳에, 그리고 침실까지 아이 사진으로 도배를 했다는 말이다. 아이한테 찾아가는 날을 기다리고, 나오는 날을 기다리고, 전화를 기다리고…. 그러면서 그 시기를 버티었는데, 그러던 중에 난리가 난 것이다.

나는 여기까지 들으면서도 '난리는 이미 났구나!' 하는 느낌이 올라왔다. 어린 시절을 이야기하면서 신애 씨의 눈동자가 너무 빛이 나서, 그저 아들을 자랑스러워하는 어머니의 모습으로 보기에는 지나쳤다. 애착을 넘어선 부착 같은, 응당 있어야 할 조금치의 거리도 용납하지 않고, 어머니가 다 없어지고 아들에게 스며든 것 같은 모자관계로 보였다. 그러니 이미 건강하지 못한 토양이 배경에 있었다는 말이 아니겠는가?

　난리는 한 학기가 끝날 무렵에 났는데, 아들이 한 여학생으로부터 따귀를 맞는 일이 생겼고, 그 장면을 찍은 동영상이 아이들 사이에 퍼지게 된 것이다. 학교 아이들이 이 사건을 모두 알게 되면서, 동시에 그동안 아들이 여러 여학생과 사귀고 깨끗하지 못하게 헤어졌고, 또 심지어 도를 지나친 문란함이 있었던 일련의 사건들까지 다 터졌다. 한 아이가 입을 열기 시작하니까 '나도 그런 이야기를 들었다, 봤다.' 등의 폭로가 연이어진 것이다. 더욱이 따귀를 때린 여학생이 정서적으로 무너지면서 힘든 심경을 부모에게 토로하였고, 그 부모는 분노에 치를 떨면서 이를 학교에 공론화하기에 이른 것이다. 신애 씨의 아들은 '가장 인기 있고 잘 나가는 남학생'에서 하루아침에 '부도덕한 파렴치한'이 되어 버렸다.

　아이가 겪은 충격도 물론 이루 다 말할 수 없을 것이다. 여러 차례의 위원회와 회의에 불려다니면서 아이는 혼이 나간 듯 정신을 못 차렸고, 그런 아이를 바라보면서 신애 씨는 사실상 '죽었다!' 현실적으로는 사태를 수습하고 아이를 기숙사에서 빼 오고, 전학 문제를 마무리 짓는 일들을 어쨌든 해냈지만, 막상 일이 어느 정도 수습이 되고 나니 비로소 본인이 더 이상 살아 있지 않다는 것을 알았다.

　자식을 키우는 사람으로서 이 어머니의 심경을 이해하고 공감하는 일이 뭐 어렵겠는가? '천길 낭떠러지에 매달린'이라는 표현이 지나치게 상투적이기는 하나, 꼭 그만큼 긴박하고 두렵고, 절망적일 것이다. 눈을 감았다가 뜨면 모든 일들이 다 꿈이었기를 기대하는 그 절박함을 백 번, 천 번 이해한다. 그러나 신애 씨에게는 그런 어머니의 절망감 이상의 무엇이 있었다. 정말이지 말 그대로 삶을 다 놓아 버린 허탈감, 그 사건이 종료되고 수개월, 차라리 아이는 나름대로 유학 준비를 하고 있다는데, 신애 씨는 도대체 현실로 돌아오지 못하고 있는 것이다.

신애 씨의 어린 시절은 어떠했나요?

그걸 물으실 거라고 생각했어요. 요 몇 개월 심한 불면에 시달리면서 저도 놀랄 정도로 선명하게 자꾸 어릴 때 기억이 떠올라서요. 이제는 아이 문제가 아니라 그게 더 저를 심하게 괴롭히는 거예요. 다 잊었다고 여겼는데, 사실 별 기억 없이 살고 있다고 여겼는데, 이게… 그게 아닌 거예요.

잘 말씀하려고 하지 않으셔도 됩니다. 그저 떠오르는 대로 마음속에 있는 것들을 얘기해 보세요.

신애 씨의 최초 기억은 하필 경찰서 장면이었다. 그곳에서 '징징, 잉잉' 울고 있는 자신이 보이는데, 아마 길을 잃어 거기까지 간 것 같고, 경찰 옷을 입은 아저씨들이 껌도 주고 뭐도 주고 그러면서 울지 말라고 그 아이를 달래는 장면이다. 확실하게 기억하는 하나는 엄마가 자신을 찾으러 오지 않을 거라는 생각을 했다는 것이다. '엄마가 나를 찾지 않을 것이다. 나는 이제 영영 집에 가지 못할 것이다.' 그런 생각을 하면서 슬피 울었다는 기억이다.

그다음은 좀 커서 한 초등학교 2학년 때쯤이라고 기억하는

데, 울면서 택시를 타고 작은 엄마네로 가는 장면이다. 엄마한테 많이 맞고 난 뒤 엄마가 부엌에 계실 때 챙긴 가방을 들고 찻길로 나와 택시를 잡았고 기사에게 어느 동네 어느 골목을 가자고 정확하게 말했단다. 어린 아이가 혼자 타서 어디를 가자니 기사는 사연을 물어 봤을 테고, 그 아이는 '엄마가 계모인데 너무 때려서 작은집으로 가는 거예요.'라고 말했다는 것이다. 집 앞에서 벨을 눌러 작은엄마를 찾았고, 혼비백산하고 달려 나온 작은엄마에게 그 기사는 '아이가 계모 밑에서 고생을 많이 하는 것 같으니 어른들이 잘 돌봐줘야겠다.'며 갔다는 후일담이다.

신애 씨 기억 속의 엄마는 이렇게 강팍했다. 때릴 때도 많았는데, 그럴 때는 무조건 옆에 있는 물건 아무거나 집어들어 아무 데나를 때리는 식이었다. 때리는 것만큼 나빴던 것은 무관심이었다. 신애 씨의 생각도 기분도 심지어 성적까지도 어떤 것에도 별 관심이 없었다. 신애 씨가 맏딸이었고 밑으로 여동생 하나, 그 밑에 남동생이 있는 가족관계였는데, 어머니는 아이들을 돌보고 살림을 하는 것을 굉장히 힘들어했다. 자주 누워 있거나 소파에 기대어 TV를 보다가 조금만 아이들이 성가시게 굴어도 소리를 빽 질러 버리는 그런 식이었다. 나이가 들수록 엄마가 자신을 사랑하는 것은 언감생심 꿈에도 기대하지 않았고, 사랑이 아니라 자신을 매우 귀찮아한다는 것을 역력히 느끼면서 컸다고 했다.

어머님은 극히 인색하셨는데, 그건 아버지와도 쿵짝이 잘 맞아서 이 집안에서 가장 혼나는 일은 "돈 좀 주세요."라는 말이었다. 돈을 달라고 해서 기분 좋게 아무 문제없이 넘어가는 적은 단

한 번도 없었다. 이 집안에서는 정말로 꼭 필요한 것이 세상에 없었다. 결국 내놓을 수밖에 없는 소액의 돈도 결국은 화를 내면서 주게 되어 있었다. 학교 준비물은 늘 공포의 대상이었다. 한번은 줄넘기를 가져가야 했는데, 어머니는 '빌려서 쓰라'며 돈을 주지 않으셨다. 그날따라 선생님은 왜 그리 빡빡했던지 집에 가서 가져오라며 아이를 보냈고, 다시 와서 사정했건만 어머니는 냉담했다. 다시 학교로 가면서, 교문으로 들어서지를 못하고 한참을 돌면서 그 아이는 얼마나 울고 또 울었던지!

당연히 상급학교를 진학할 때가 가장 난감했는데, 교복이며 체육복이며 실내화 같은 규정에 맞는 무엇을 새로 구입해야 하기 때문이다. 헌것을 구하다 구하다 안 될 때, 남들과 다른 모양의 것들을 신고 입어야 했고, 그도 정말 안 돼서 제대로 된 것을 제값을 주고 사게 되면 여파가 몇 달은 갔다.

가족 중에 단 한 사람, 예외가 있었다면 그건 남동생이었다. 남동생에게 어머니는 눈에 띄게 허용적이었다. 화를 내도 순하게 낸다는 것을 알 수 있었고, 돈을 줘도 의례적으로 한 번 "뭐?" 하며 찡긋하고는 무사 통과였다. 신애 씨와 일곱 살 차이가 나는 남동생은 어렸을 때부터 신애 씨가 많이 돌봤었는데, 아이를 데리고 문방구를 가거나 슈퍼를 갈 때도 어머니는 딱, 남동생 먹을 것, 쓸 것만치만 돈을 주셨다. 더운 여름날, 남동생이 아이스크림을 먹는 걸 물끄러미 지켜보고 있는 누나…. 참으로 진저리 쳐지는 장면 아닌가? 일곱 살 차이라고 해봤자, 그때 그 누나도 역시 아이인 것을!

몇 회에 걸쳐서 신애 씨는 이런 기억들을 토해 냈다. 얼음 같은 냉정함으로 곁을 안 주던 사람이 "꺼이 꺼이" 소리를 내면서 몸부림을 쳐댔다. 고통스러운 어린 시절을 꺼내면서 더 크게 고통스러워하는 사람들은 대개 이런 표출이 처음인 경우다. 나이가 몇이든, 그 사이 조금씩이라도, 일부라도 가까운 사람에게 속내를 비치면서 살아온 사람들은 폭풍의 강도가 확실히 낮다. 그런데 신애 씨는 아니었다. 그 나이가 되도록 어쩌면 그렇게 철저하게 외면하고 살아왔을까 싶을 정도로 꺼내 놓는 기억 마다마다 스스로도 놀라면서 이야기를 하고 있었다.

　　고등학교를 마칠 때까지 변변한 참고서 한번 제대로 갖지 못했고, 학원이라는 데는 가본 적도 없었다고 한다. 그런데 이게 서울 시내 중산층 가정의 이야기다. 여동생은 자신보다는 좀 나았는데, 이 친구는 아주 영리하게 신애 씨 표현으로는 '미꾸라지처럼' 살살 잘 빠져 나가고 잘 요구하고 잘 타내는 타입이었다고 한다. 이를테면, 아빠가 약주를 거나하게 하고 들어오셔서 기분이 좋을 때 "아빠, 아빠" 하면서 필요한 것을 말하고, 바로 그 밤에 돈을 타내는 식이었다. 어떤 때는 아빠가 술이 깨고 나서 군말을 할 때도 있었지만, 그럴 때도 여전히 생글거리면서 비위를 맞추는 '참, 놀라운 아이'라는 것이다.

　　불행히도 신애 씨는 그런 능력이 없었다. 오히려 더 침착하고 단단하게 부모로부터 거리를 두는 쪽을 택했다. 하루빨리 이 집을 벗어나야겠다는 생각으로 살았으며 더더욱 아무것도 요구하지 않는, 최소한의 것으로 살 수 있는 궁리를 한 것이다. 나이가 들수록 더 조용해졌고 냉담해졌으며, 한집에 살되 한집에 산다는 것을 잊으려고 했다.

원한으로까지 연결되는 사건 하나는, 대학 선택이었다. 공부를 잘했던(이를 악물고 했으니) 신애 씨에게 부모님의 요구는 교육대학을 가라는 것이었다. 등록금도 쌀뿐더러 빨리 돈을 벌어 동생을 책임지라는 것이었다. 신애 씨는 정말, 정말 싫었다고 한다. 자기 인생의 그림에 교사라는 것은 한 번도 없었다. 일반대학 첫 번째 등록금만 해 주면 자신이 아르바이트를 해서 다니겠다고, 그리고 그 돈도 졸업 후에 꼭 갚겠다고 그렇게 사정을 했건만 먹히지 않았다.

고등학교 3학년 2학기, 교육대학 말이 나온 다음부터 대학 시절까지가 자신에게는 그 전 어느 때보다도 더 극심한 암흑기였다고 회고하였다. 아무 희망도 가질 수 없는, 철저하게 내동댕이쳐 버린 저주하고 싶은 운명이었다는 말이다. 부모에 대한 마지막 실망이었고, 원한이었다. 하지만 신애 씨는 지독하게 공부해서 장학금을 타는 것으로, 줄곧 과외를 해서 부모에게 돈을 갖다 주는 것으로 빨리 계산을 끝내고 싶었다고 한다. 놀랍게도, 나중을 생각해서 부모에게 돈을 드릴 때마다 일일이 날짜와 액수를 기록했다니, 비극은 이런 걸 두고 하는 말이 아닐까 싶다.

졸업 후에는 잠깐 아주 잠깐 교사 생활을 했지만, 자신의 목표는 어떻게 하든 빨리 결혼을 해서 이 집을 떠나는 것이고, 식구들을 안 보는 것이고, 인연을 끊는 것이었다고 했다. 다행히 유능한 남편을 만나 결혼하면서 임신과 출산, 이후 외국 생활로 연결되는 신애 씨의 삶은 싫어하던 교사직도 접을 수 있었고, 친정과의 연결도 약해지면서 끔찍한 과거도 다 묻히는 것 같았다.

그날도 가슴을 부여잡았다가, 쓸어내렸다가 하면서 굽이굽이 한 맺히는 지난 시절 이야기를 하던 중이었다. 부모라는 사람들이 자신에게 얼마나 가혹했는지, 인색했는지, 얼마나 살아내기가 어려웠는지를 이야기했다. 고등학교 시절 학교 등나무 계단에 앉아서 하염없이 올려보던 하늘을 이야기하던 신애 씨는 스스로 놀랍다고 했다. 자신이 이토록 생생하게 그날들을 기억하고 있는 게, 그런데 단 한 번도 꺼내지 않고 다 잊었다고 생각하고 살았던 게 놀랍고 또 놀랍다는 것이다.

신애 씨, 그 묻어 버린 기억들이 신애 씨 안에서 아무 일도 하지 않았을까요?

무슨 짓을 했을까요? 선생님, 그것들이 대체 제 안에서 무슨 짓을 벌였을까요?

전, 신애 씨가 남편과 있었던 일들을 이야기하는 걸 들어보지 못했어요. 부모님과 관련된 이야기, 본인이 치열하게 살았던 이야기를 하다가는 곧 아들 이야기로 가곤 해요.

아… 남편은 괜찮아요, 아마 나쁘지 않아서, 별로 심각하지 않아서 할 얘기가 없어서 그러지 않았을까요?

아들이 아주 자랑스럽고 그래서 가장 행복했던 시절을 이야기할 때도 남편 이야기는 빠져 있었어요.

아… 그… 그랬나요?

결혼을 말할 때도, 친정에서 벗어나는 것에 초점이 가 있었어요, 한 남자를 얼마나 어떻게 사랑했는가에 대한 감정은 큰 비중이 아닌 것처럼 말예요. 출산을 하고 나서는 그야말로 인간 신애 씨는 온데간데가 없고, 오로지 아이와 관련된 것만 나타나지요.

신애 씨는 임신 초기에는 생각이 아주 많았다고 한다. 빨리 교사를 그만둘 수 있는 좋은 핑계가 생겨서 다행스러운 마음도 있었지만, 자신이 엄마가 된다는 것이 그다지 기쁜 감정은 아니었다. 괜히 '흥!' 하는 삐딱한 심정이 되는 게 난감했었는데, 절대로 아이에게 껌벅 죽는 엄마는 되지 않을 거라고 다짐 같은 걸 하기도 했단다. 그러던 신애 씨가 아들이 태어나고 나서는 그야말로 180도 다른 사람이 된 것이다! 해가 떠도 아들, 달이 떠도 아들! 그 아이를 중심으로 우주가 돌아가는 상태에 이르렀다.

아무도 안중에 없었다. 당연히 남편도 없었고, 친정 부모든 형제들이든 아무도 관심이 가거나 중요한 사람이 없었다. 상담 첫날 아이가 3세에 한글을 별 노력 없이 터득했다고 말했지만, 이제 생각해 보면 태어나서부터 얼마나 열심히 책을 읽어 줬는지 모른단다. 한 1세 반쯤부터는 아이를 옆에 끼고서 한 글자 한 글자 짚어가며 하루에도 몇십 권을 읽고 또 읽어 줬으니 그렇게 빨리 한글을 떼지 않았겠냐고 했다. 아이가 다 잘했다고 하는 것들도 그랬다. 그만한 정성이면 하늘이라도 감동할 만큼 신애 씨는 아이에게 그렇게 매달렸다.

어느 날 남편이 신애 씨에게 아들을 지칭하며 '돈 먹는 하마'라는 말을 했다가 부부 싸움을 엄청 심하게 한 기억이 있다. 그때가 가장 크게, 또 처음 싸운 날이었다고 한다. 세상에 어떻게 부모가 아이한테 그런 말을 하냐고 거의 남편을 죽일 듯이 달려들었다. 남편은 너무 황당해하며 "아니, 그냥 농담… 농담이라고."를 반복했지만, 신애 씨는 자식에게 들어가는 돈이 아까우면 새끼는 왜 내놓았느냐고 하면서 길길이 뛰었다는 것이다.

부모에게 하고 싶은 말을 남편에게 했군요.

그랬나 봐요… 어쩌면 그랬나 봐요.

그리고 내가 받았으면 했던 것들을 아들에게 했어요. 그토록 철저하게 외면받았던 것들을. 어떻게 하든 회복하려고 그렇게 무진 애를 쓴 거예요.

제가 저에게요?….

신애 씨에게는 어른인 엄마가 자신의 아이에게 좋은 것을 베풀고 돌보는 안락한 여유로움이 배어 나오지 않아요. 매우 빡빡하고 안간힘을 쓰는 것도 같아요. 신애 씨가 아이를 대하는 모습은 마치 놓치면 큰일날 것들을 하나하나 체크해 가며 점검하는 것 같아요.

긴장하고 있는 건가요?… 제가 아이를 대할 때 상태가 긴장이었던 거죠?

지나친 애씀…이었겠죠. 오로지 아이를 향한 몰입! 그 와중에 남편의 자리도 약해지고, 신애 씨가 한 사람의 여성으로, 또 한 인간으로 마땅히 누려야 할 것들도 다 뒷전이 됐겠죠.

상담을 진행하면서 신애 씨는 비로소 아이와도 대화 같은 대화를 나눌 수 있었다. 태양이고 하늘이었던 그 아이도 비로소 땅에 내려올 수 있었던 것이다. 땅에 내려와 그냥 보통 아들로서 엄마에게 그간 자신이 하늘에서 태양으로 살기가 어떠했는지 말하게 된 것이다. 이제와 말이지만, 특목고 입학 후 기숙사에서 살다가 첫 외박을 나온 날, 아이는 숨이 턱 막히는 게 꼭 미칠 것 같았단다. 집에 들어서는데 거실, 주방, 안방에 온통 자기 자신이 도배가 되어 있는데, 그게 기분 좋고 반가운 게 아니라 무슨 공포 영화의 한 장면처럼 갑자기 목이 조여 오는 기분이었다는 말이다.

'엄마의 망원경과 엄마의 현미경'이라는 말도 하더란다. 엄마와 가까이 있을 때는 엄마의 현미경이 작동하고, 떨어져 있으면 엄마의 망원경이 작동하는 기분이었다는 것이다. 한마디로 단 한 순간도 엄마로부터 자유로웠던 적이 없이 살았다고, 그 기분이 얼마나 거지같은 건줄 아냐고 눈물이 그렁그렁해지더란다.

아마 아이가 그렇게 삐딱선을 탄 게, 그렇게 감쪽같이 저를 속이고 모두를 속이고 비열한 행동으로 갔던 게 저와 관련이 있는 것 같다는 생각을 했어요. 갑갑해서 지독하게 숨이 막혀서 깃발 들고 길거리로 뛰쳐나가는 심정이 아니었을까요?

그런데 선생님, 전요? 걔는 그렇게라도 비명을 질렀다고 하면, 전요? 전 그런 것도 한번 못 해봤잖아요? 단 한 번도 '못 살겠다. 죽고 싶다. 이건 아니다…' 전 그렇게도 못 해보고 고스란히 당했잖아요? 전요… 전요?

우리는 각자가 다 각자의 아픔을 안고 산다. 물론 신애 씨는 불쌍하고 슬프다. 누가 봐도 그렇다. 하지만 그렇다고 신애 씨 아들보고 철이 없어 호강에 겨워 배부른 투정을 한다고 말할 수도 없다. 그 아들은 또 자신의 상황이 어렵고 벅차다. 문제는 자신의 분노는 자신밖에 경험할 수 없다는 데에 있다. 따라서 그 분노를 감지하고 해결하는 일도 오로지 본인밖에 할 수 없다.

부모는 아이의 인생에 일찌감치 자신의 희망과 꿈을 건다. 그건 아이가 어떤 사람이냐에 따르지 않고, 부모가 어떤 사람인가에 기초를 둔 꿈이다. 사실, 조건 없이 사랑할 수 있는 부모는 아무도 없다. 아이에게 사랑을 준 다음, 깊은 속마음으로는 경이롭고 감격스러운 결과를 기대한다. 놀라운 방식으로 그 사랑을 돌려받기를 소망하는 것이다. 여기가 자식으로서는 아주 힘든 지점이다. 부모의 사랑과 기대를 구분해야 하는, 직면하기 힘든 시험이 도사리고 있다. 여기서 대부분의 아이는 자신의 행동, 외모, 성취가 부모가 기대하는 수준에 도달해야 한다고 생각한다. 사랑을 받기 위해서는 그래야 한다고 판단하고, 결국엔 그 안에 갇힌다.

"항상 훌륭하다는 것을 부모에게 증명해 보여야 했어요. 내 뜻대로 할 수 있는 건 아무것도 없는 보여 주는 삶을 사는 거죠." 이건 사실, 우리 모든 자식들의 고백일 것이다. 조건 없이 자신의 존재를 확인받고, 무비판적으로 공감받기를 바라던 유년기 욕구는 충족되지 못한 채 남는다. 아이의 존재는 주변 사람들의 감탄과 인정을 받고 싶어 하는 부모의 욕구를 충족시키는 데 사용되기 때문이다. 아이는 본성에 맞는 행동을 해서는 안 되고 자기에게 주어진 임무에 충실해야 한다는 사명을 일찌감치 깨닫는다.

우리 삶에서 역할을 수행한다는 것과 사명을 완수한다는 것은 다르다. 역할은 비교적 쉽게 바뀔 수도 있고, 경우에 따라서는 포기할 수도 있다. 하지만 사명에는 그것을 위임한 사람에 대한 특별한 충성심이 들어 있다. 만약 누군가가 자신에게 주어진 사명을 따르지 않겠다고 결정을 내린다면, 그것은 심한 죄책감을 감당할 각오를 할 때만 가능한 일이다. 사명에 포함된 충성심은 더 솔직하게는 '심리적 착취'와도 별로 다르지 않다. 선택권도 없고 결정권도 없다. 당연히 독립적인 인격으로 성장하는 데 근본적인 장애가 되면서 성숙을 방해한다.

대개는 뚜렷한 의도나 자각도 없이 부모의 기대와 사랑은 슬그머니 연결되어 버린다. 때로는 자식에게서 자신과 반대되는 모습을 기대하고, 또는 자신과 같아지기를 바란다. 어떤 때는 자식의 모습에 자부심을 갖고 또 어떤 때는 견딜 수 없어 한다. 신애 씨처럼 자신이 갖지 못한 것을 대신 쏟아 부음으로써 자식은 자식이면서 내가 되기도 한다. 이런 오류의 원인은 부모 자신이 어릴 때, 자기의 모습 그대로가 인정받지도, 찬양받지도 못했기 때문이다. 부모 스스로 자기의 가치에 확신이 없을 때, 본인의 삶은 뒷전으로 밀리고 자녀를 자신과 동일시한다. 자식은 마치 부모의 작품에 등장하는 주인공이 되어 버린다.

사랑이 아닌, 어긋난 사랑은 늘 그렇듯이, 양자 모두를 함정에 빠뜨린다. 분노에서 시작해서 불신과 실망, 허탈함으로 뻗어나간다. 자식을 자식으로서 보고 대하는 것이 이렇게 어렵다. 어느 날 자식의 입에서는 '어째서 엄마는 엄마의 삶을 살지 않아? 내가 내 삶을 살도록 내버려두지 않는 거야?' 하는 볼멘소리가 나온다. 둔하지 않은 아이라면(이런 구조에서 아이는 민감해질 수밖에 없다) 부모의 소망과 두려움과 계획들을 쉽게 알아차리고 사랑을 잃지 않기 위해 거기에 자기를 맞추는 삶을 채택하기 때문이다.

부모가 자식의 성장에 최선을 다하고, 그 결과를 자랑스러워하고 함께 기뻐하는 것에 무슨 문제가 있는가? 자식이 일궈낸 성공의 찬란함을 함께 누리고자 한다면 그것이 왜 나쁜 것인가? 나쁘지 않다. 가능하다. 문제는 이 과정에서 부모도 자식도 자신의 본성을 희생하지 않고 유지하는가, 그러지 못하는가에 달려 있다.

신애 씨와의 만남은 신애 씨가 대학원 진학을 현실화하면서 종결에 이르게 되었다. 원하지 않았던 교육대학과 교사의 삶을 이제는 과거로 정리하고 자신의 능력과 관심을 펼칠 수 있는 공부에 도전해 보고 싶다고 하였다. 공교롭게도 그건 '상담심리 대학원'이었는데 난 기꺼이 격려와 박수를 보냈다. 신애 씨는 그 긴 고통의 터널을 통과하면서, 인간의 숨겨진 욕구와 갈등과 투쟁에 대해서 많은 것을 체험했고, 아마도 그것이 앞으로의 상담 공부에 큰 자산이 되리라 믿었다.

03

분노의
해결

03
분노의 해결

지금까지 변형된 분노가 얼마나 다양한 모습으로 나타나, 얼마나 다양한 사건을 일으키는지 살펴보았다. 만약에 분노가 최초의 모습 그대로의 화로 존재한다면 쉽게 알아채고 대처하기도 어렵지 않을 것이다. 우리는 평소에 잘 알고 있는 사람이 화를 낼 때, 대부분 그 화의 원인을 제대로 짚어낼 수 있다. '최근의 사건, 혹은 지금 일어나고 있는 상황으로 미루어 짐작하건데, 이러저러해서 지금 몹시 화가 났겠군!'을 하는 것이 가능하다. 그러나 변형된 분노는 정신의 깊은 곳에 숨어 있다. 아울러 의식적인 계획하에 특정 변형물을 선택하는 것이 아니어서 주의 깊게 관찰하지 않는다면 본인도 그것이 무엇에서 비롯된 것인지 알 수 없다. 또한 상황에 따라 우울, 절망, 불안, 무력함 등 수많은 형태로 제 모습을 끊임없이 바꾸기 때문에 좀처럼 알아차리기 힘들다. 그래서 주의를 모아, 충분하게, 가능한 객관적으로 자신의 분노를 살펴봐야 하는 것이다.

분노 해결의 첫걸음, 분노 배우기

그것이 무엇이건, 제대로 알고 이해하기 위해서는 배워야 할 것들이 있다. 자신의 내면에 자리 잡고 있는 분노에 대해서도 마찬가지다. 내 분노는 어떤 자리에 어떻게 저장되어 있을 것인가? 어떤 때 어떤 변형물로 나타나고 있는가? 이런 모든 질문의 대답의 핵심은 과거와 현재의 자기 감정에 주목하는 일이다. 우리는 자신의 감정을 잘 알고 있다고 생각하지만 실은 여러 가지 이유로 내면에 자리 잡은 감정의 존재를 보지 못하며 살고 있다.

분노는 감정이다

치료자를 찾아와서 자신이 뭔가 잘못되어 가고 있다는 막연한 느낌을 호소하면서도 그것이 무엇인지 모르겠다고 하는 경우가 많다. "무슨 특별한 일이 있는 건 아니에요. 요즈음 그냥 좀 예민해졌어요." 이렇게 말할 때, 이들의 문제는 다양하겠지만 공통적인 한 가지는 실제 자신의 내면의 소리에 귀를 막고 있다는 점이다. 그러면서 내면의 감정을 무수한 변명으로 처리하고 있다. 진짜 감정을 숨긴 채 덮어 두는 것은 가장 손쉬운 일일 것 같으나 실은 많은 에너지를 필요로 한다. 생각과는 달리 우리의 마음과 몸은 실제 무슨 일이 일어났는가를 감추기 위해 과도하게 혹사당한다. 이것이 장기화되면 전혀 엉뚱한 곳에서 엉뚱한 일이 벌어질 수 있다.

- 난 이러면 안 돼.
- 이런 식으로 느낄 아무 이유가 없어.
- 이렇게 느낀다는 것은 내가 약하다는(나쁘다는) 증거야.
- 이런 기분은 내가 아니야.

평소에 이와 같은 소리가 마음을 울린다면, 이때가 바로 나의
진짜 감정이 어떻게 꿈틀대고 있는가를 찾고 확인해야 할 때다.

practice
해보기 2 : 감정은 감정이다

다음을 소리 내어 가능한 한 크게 말해 보자.

1. 나의 감정은 사실이다.
2. 나는 내 감정을 누구에게 설명할 필요가 없다.
3. 내 감정은 나의 것이다. 나에게 속할 뿐 어느 누구의 것도
   아니다.
4. 감정에는 좋은 것과 나쁜 것이 있지 않다.
5. 남들이 나의 감정을 이해하지 못한다는 이유 때문에 내 감
   정이 사실이 아닌 것은 아니다.
6. 누구도 내 감정을 빼앗아 가지는 못한다.
7. 누구도 내 감정이 어떠해야 한다고 말할 권리는 없다.
8. 내 감정을 내가 언제나 바로 이해할 수 있는 것은 아니다.

9. 감정을 언제 어떻게 드러내는 것은 내가 결정한다.

10. 부정적 감정을 갖고 있다고 상대방과 관계를 끊어야 하는 것은 아니다.

분노의 역사를 돌아보라

스스로 자신의 분노를 이해하는 일의 우선 과제는 자신의 분노의 역사에 관해 살펴보는 일이다. 우리는 모두 분노를 변형시키지 않고 살았던 시절이 있다. 그때는 너무 어려서 슬프고 화나고 고통스러웠던 것들을 변형시키지 않고, 그것 그대로 밖으로 표출했을 것이다. 견디기 힘든 일을 겪으면서 나는 그 마음을 어떤 식으로 표현하였을까? 혹은 하지 못했을까? 울거나 심통을 부리거나, 떼쓰거나 조르는 어린 아이의 모습은 누구에게나 있다. 그런데 막상 나의 진심이 어떤 형태로 흘러나왔을 때, 나의 부모(혹은 주된 양육자)는 어떻게 하였을까? 어린 시절 내가 분노를 드러낼 때, 혹은 다른 부정적 정서를 비쳤을 때 나에게 닥쳤던 일은 무엇인지 생각해 보자.

또는 몇 살까지의 나의 모습과 어떤 계기를 겪은 후의 나는 어떻게 다른가도 생각해 보자. 예를 들어, 화가 났을 때 그냥 참는 아이로 쭉 살다가, 태권도를 배우고 나서부터는 발차기를 하는 아이로 변했을 수 있다. 지방 근무를 하시며 집에는 한 달에 두 번 오시던 아버지가 계속 집에 계시게 된 다음부터 나는 어떤 화도 겉으로 드러내지 않는 아이로 변했을 수 있다.

자신의 분노와 관련된 역사를 되돌아보자. 내가 어릴 때 견디기 힘들었던 장면에서 어떻게 나의 분노가 다루어졌는가 하는 것은 성인이 된 지금 내가 분노를 다루는 방식과 관련이 있다.

🗨 practice
해보기 3 : 분노에 관한 초기 명령

어린 시절 당신이 화를 냈을 때 어떤 말을 들었습니까? 혹은 어떤 일이 일어났습니까?

1. 아무도 아는 척을 하지 않았다.
2. 방에 가서 안정될 때까지 있도록 했다.
3. 화를 내면 착한 아이가 아니라고 했다.
4. 벌을 받거나 매를 맞았다.
5. 욕이나 비난을 받았다.
6. 그렇게 하면 천국에 가지 못한다는 말을 들었다.
7. 다른 형제나 식구들의 놀림감이 되었다.
8. 칭찬과 애정이 사라지는 것을 느꼈다.
9. 화를 내는 것은 뭔가 부족하거나 약한 사람이 하는 일이라는 말을 들었다.
10. 내 성격에 무슨 문제가 있다는 말을 들었다.

부모의 분노

'우리 부모님은 화를 낸 적이 없습니다.' 이런 말을 들을 때면 당혹스럽다. 단언컨대, 나는 아주 평화롭기만 한, 분노 표출이 전혀 없는 가정을 보지 못했다. 분노는 사람이 숨을 쉬고 배설을 하는 것만큼 아주 당연한 것이어서 그렇다. 단지 부모마다 차이가 있다면 어떤 방식으로 분노를 표현하는가에 있어 다를 뿐이다. 어떤 사람은 분노를 드러내며 살고, 또 어떤 사람은 분노를 감추면서 산다.

아이는 어른으로부터 화내는 법을 배운다

화가 표면화되었다는 사실은 나쁘지 않다. 더구나 문제를 해결할 수 있는 건강한 방식으로 표현되었다면 좋은 일이다. 탐색해야 할 영역은 '분노의 의도가 무엇인가? 어떻게 나타냈는가? 주변 사람들의 반응이 어떠한가? 분노 이후는 어떻게 처리되었는가?'와 같은 것들이다. 특히 나의 부모는 분노를 어떻게 보여 주었는지 기억해 보자.

부모가 내 문제를 가지고 서로를 비난하며 크게 싸우는 일이 잦았다면, 혹은 다툼 끝에 서로 말을 하지 않고 침묵으로 버티거나, 고함을 지르며 감정적으로 언어적으로 서로 학대하는 상황이었다면 분노는 극히 위험하고 나쁜 것으로 학습된다. 자신 때문이라는 죄책감까지 더해져서 화를 겉으로 드러내지 않아야 한다는 신념을 갖게 된다. 화는 곧 다루기 힘든 다툼이나 갈등으로 들어가는 지름길이라고 믿기 때문이다.

어쩔 수 없이 아이들은 어른으로부터 화내는 법을 배운다. 무차별적인 분노 표출은 부모를 도저히 납득할 수 없는 이상한 사람들로 느끼게 한다. 사람을 마귀나 동물로 변화시키는 막강한 힘을 지닌 분노에 대하여 아이들은 결심과 맹세를 한다. '절대로 저러지 말아야지! 절대로 화를 내지 말아야지!' 하지만 부모보다 이성적인 사람이 되겠다고 언어적으로 결심하는 것보다 실제로 더 영향력이 있는 것은 부모로부터 받은 분노에 대한 명령을 몸으로 깊이 체험하게 된다는 점이다.

어린 시절 부모나 다른 어른들의 화내는 모습에 충격을 받으면 커서도 제대로 화를 다스리지 못한다. 성인이 돼서 분노가 번질 것 같은 분위기에 처하면 문제가 될 만한 폭발적 분노 표출을 하거나, 아니면 그대로 얼어붙는다. 말도 되지 않는 변명을 하거나 속이 빤히 보이는 합리화를 일삼는다. 심지어는 그냥 도망을 치거나 자신은 아무렇지 않은데 다른 사람이 문제라고 덮어씌운다. 그러면서 겉으로는 그럴듯한 변명으로 둘러댄다.

평생을 지고 가야 할 무서운 형벌, 분노의 변형

힘은 있지만 참을성이 없는 부모 앞에서 아이는 충격을 받을 수밖에 없다. 어린 아이의 부모가 되는 것은 인생에 있어 가장 고난도의 도전적인 일이다. 마음이야 아이를 이해하고 배려하겠다고 다짐하지만 실제로는 그렇지 못하다. 부모는 나쁜 의도가 없이도 얼마든지 자식에게 상처를 줄 수 있는 존재라는 것은 놀랍고도 슬픈 사실이다. 자신을 사랑하는 부모가 아이 앞에서 화를 낼 때 아이는 '부모가 화를 낸다.'는 지금 여기의 현상(전경)보다, '부모는 날 사랑하고 보살핀다.'는 본질적인 측면(배경)을 더 크게 인식한다. 그래서 분노를 폭발하는 부모를 객관적으로 바라보면서 무엇이 틀렸고 옳은지를 생각하지 못한다. 그보다는 '날 사랑하는 부모가 저렇게 화를 내다니 그건 분명히 내가 나쁜 짓을 해서야.'라는 비합리적 설명을 택한다. 분노의 원인이 자신이라고 여기니, 현재 상황에서 발생한 적합한 감정, 그러지 말라고 소리치고 싶고 화가 많이 나서 괴로운 감정들은 일단 다 묻는다. 그러고는 더 착하고, 더 잘하는 아이가 되겠다는 결심을 할 뿐이다. 평생을 지고 갈 무서운 형벌, 분노의 변형이 시작되는 지점이다.

분노 가르치기: 인간은 화를 낼 수 있는 존재다

'나는 부모로부터 화에 관해서 무엇을 배웠는가?' 만약 현재 부모라면 '나는 내 아이에게 화에 관해서 무엇을 가르치고 있는가?' 하고 질문해 보자. 무엇보다 중요한 것은 모델이다. 좋은 본을 보는 것이 가장 탁월한 교육이다. 부모가 분노를 처리하는 방식이란 한두 번 발생하는 일이 아니라 평생을 두고 지속되는 엄청난 반복이다. 문제가 발생했을 때 이를 쉽게 표현하며 질문하며 들어주는 부모였는가? 아니면 꾹 참거나 불같이 화를 냈던가? 다른 형제들은 화가 났을 때 부모와 어떻게 소통했는가? 가족들은 어떤 상황에서 화를 터뜨리곤 했는가?

화를 배우고 가르치는 데에 가장 중요한 것은 인간은 화를 낼 수 있는 존재라는 점을 알려주는 일이다. 분노를 '어떻게 분출시킬 것이냐? 어떻게 참을 것이냐?' 하는 선택의 문제로 가르치지 않고, 분노 자체를 무조건 나쁘다고 주입시키면 곤란하다. 여기에 부모와 자식의 구분은 없다. 부모는 화를 낼 수 있지만, 심지어 폭발적으로 터트리고 폭력을 행사할 수 있지만 아이는 그럴 수 없다는 것을 정당하게 이해시킬 수는 없다.

다시 이야기하지만, 초점은 분노의 표현 방식이다. 방식에 있어서 부모와 아이의 그것은 다를 수 있다. 하지만, 원천적으로 아이의 분노는 틀렸다고 가르친다면 얼마나 위험한 일을 하는 것인지 모른다. 분노를 억제하는 데 주안점을 두면 감정적인 불구가 되거나 나중에는 도덕적으로 더 큰 문제가 발생할 수 있다. 앞 장의 여러 사례에서 살펴보았듯이, 억압된 분노가 어디로 튈지는 아무도 예측할 수 없기 때문이다.

물론 아무리 화가 나더라도 마음대로 말하거나 행동할 권리가 없다는 점은 가르쳐야 할 것이다. 폭발적 분노의 대가가 얼마나 엄청난 것인지, 어떻게 회복하기 힘든 치명적인 결과를 가져오는 것인지를 납득시키는 것은 중요하다. 또한 그보다 먼저 적절한 방식으로 분노하는 모델을 제시하는 것이 더 바람직할 것이다. 분노는 반드시 사전에 징후가 나타나니 그것을 잘 챙겨야 하는 점과 어떤 방식을 선택했는가에 따라 그에 상응하는 결과를 받아들여야 한다는 점 또한 가르쳐야 한다.

욕설이나 폭력이나 과도한 폭발은 분노를 사전에 잘 다루지 못한 부정적 모습이며, 그보다 훨씬 정중한 방식(또는 점진적 방식)으로 얼마든지 분노할 수 있다는 것을 알려줘야 한다. 물론 화내는 아이에게 언어를 조심해서 선택하라거나 조용히 생각을 해보라고 말한다고 해서 아이의 감정적 발달에 지장을 초래하지는 않는다. 하지만 이런 태도와 윽박지르는 것과는 차이가 크다. 전자에는 설명이 따른다. 무조건 '어디 부모 앞에서 화를 내다니?'와는 다르다.

분노를 가르치는 면에서 여자아이와 남자아이 간에 차이가 나는 경우가 있다. 여자아이에게는 나쁜 감정을 내비치지 말 것을 더 강하게 종용한다. '어디 여자가 성질을 부리고….'가 하나 더 붙는 것이다. 그렇다고 남자아이여서 더 좋은 것도 아니다. 남자 아이에게는 '어디 남자가 눈물을 보이고….' 가 붙는다. 이렇게 성장한 여자는 다른 사람이 자신에게 보이는 감정적 무례함을 견디는 것을 당연하게 여기게 된다. 또는 심지어 여성스러운 태도가 바로 그런 것이라고 믿는다. 그렇게 성장한 남자는 어떤 부정적 감정도 그것 그대로 내비치는 것은 유약한 일이라고 믿는다. 남자는 강한 정서만을 보여야 한다는 그릇된 신념이 '날 좀 도와줘.'를 해야 할 때, '날 감히 도와주겠다고?' 하면서 분노를 토하게 만들 것이다.

차라리 분노와 관련하여 가르침을 줄 수 있는 쓸 만한 질문은 다음과 같은 것들이다.

- 무엇에 대해 화가 났는가?
- 무엇이 문제이고 누구의 문제인가?
- 누구의 책임이라고 어떻게 말할 수 있나?
- 분노를 표현해서 더 이상 무기력하지 않게 살아가는 방법은 무엇인가?
- 내가 화가 났을 때 스스로 방어하지 않고 공격적으로 되지도 않으면서 내 상황을 잘 설명할 수 있는 방식은 무엇인가?

우리는 스스로에게 이런 질문들을 자주 하면서 살아야 한다.

나의 분노 이야기

사람에게는 각각 자신만의 기억이 있다. 이는 다큐멘터리가 아니어서 자신이 기억하는 과거가 정말 실제라는 보장은 없다. 다만 내가 그렇게 기억하고 있는 데에는 그럴 만한 이유가 있을 것이다. 성인이 되어 가족끼리 어린 시절 기억을 꺼내면 동일한 사건을 사뭇 다르게 기억하고 있는 것에 놀라곤 한다. '분명히 그때 그랬다니까!' 같은 사건을 서로가 다르게 기억하는 것은 당연하다. 카메라로 치자면 각자 서로 다른 각도에서 한 장면을 촬영하기 때문이다. TV 프로그램에서처럼 여러 대의 카메라가 찍어온 것을 누군가 편집하고 그 최종본을 기억하는 것이 아니라, 각자가 각자의 필름으로 간직한다. 따라서 개인적 기억에 있어서 진실이 무엇인가는 그다지 중요하지 않다. 누구의 것이 옳고 누구의 것은 그르다고 말하기 어렵다. 그저 나는 나의 경험을 나의 감정으로 갖고 있을 뿐이다.

분노의 역사를 살피는 것은 나를 이해하는 과정이다

우리는 과거의 기억 중 힘들고 고통스러운 기억을 꺼내고 싶어 하지 않는다. 일단은 그렇게 했을 때 기분이 좋을 리 없고, 이제 와서 불현듯 화가 날 수도 있기 때문이다. 우리가 분노하는 것은 누군가가 내게 경멸과 무례함을 보이거나, 악의에 찬 행동과 부당한 대접을 했을 때다. 그런데 이런 경험을 바로 우리와 깊은 관계가 있는 사람들에게 당했을 때 그때 분노하는 것이다. 나와 평소에 상관이 없는 사람이 그랬다면, 뭔가 잘못됐거나 그 사람이 정상이 아니라고 생각하고 말 수도 있다. 하지만 나와 가까운 사람, 가족, 친구, 선생님이 그렇게 했다면 그 분노는 아주 커진다.

스스로 자신의 분노의 역사를 살피는 것은 내가 어떤 사람인가를 이해하는 과정이다. 나라는 사람은 결국 과거 경험의 집산물이다. 그때그때 순간순간 경험한 것들이 모이고 쌓여서 지금의 나를 만들었다. 같은 부모 밑의 같은 환경의 형제라고 해서 절대로 동일한 경험을 하지 않는다. 심지어 자신의 부모가 어떤 사람이라고 알고 있는 것에서조차 형제 사이에 큰 차이가 난다. 내담자들은 자주 "제 동생은 저와 달라요. 똑같이 가난했고 아버지가 술을 먹고 식구들을 힘들게 했는데, 지금 그 아이는 그런대로 잘 지내요, 저만 이래요…." 하고 말한다. 허나 같은 환경이었다고 말하는 것은 총론 수준의 경험이고, 각론으로 들어가면 그 동생과 내가 겪은 사건은 달라도 매우 다를 수 있다.

개인의 경험에서 의미가 있는 것은 각론이다. 내 기억 속에 담겨 있는 그날, 그 아침, 그 식탁에서 내가 어떤 일들을 어떤 감정으로 겪었는지를 그것 그대로 인지하면서 비로소 나라는 사람이 편편하게 왜곡 없이 존재한다. 우리는 특히 고통과 상처를 입었던 장면, 그래서 분노했던 힘든 장면에 대해서 잘 기억하지 못한다. 억울하고 슬프고 화가 날수록, 강렬한 부정적 정서를 담고 있을수록 조각난 단편적 감각은 있되, 명시적인 언어적 기억으로 남기지 못하기 때문이다. 정서적 동요를 가져오는 장면일수록 우리 뇌에 기억을 담당하는 부위가 제 기능을 하지 못하면서 뇌의 어딘가에 통합되지 않은 상태로 머물게 된다. 그렇게 되면 우리가 의식적으로 기억할 수 없는 기억으로 존재할 뿐이다.

　어린 시절의 분노의 역사란 실제로 내가 화를 낸 기억만을 의미하지 않는다. 실은 상처받고 자존심을 무시당했지만 한마디도 하지 못했던 순간들이다. 나의 요구와 희망이 이루어지지 않았건만 그것을 그대로 삼킬 수밖에 없었던 상처받은 순간들이다. 상처가 손바닥의 이쪽 면이라면 다른 한 면에는 분노가 자리 잡고 있다. 하지만 당시에는 우리가 너무 약한 어린 아이여서 그것을 분노라고 알지도 못한 채 넘어갔을 뿐이다.

　스스로 기억하기에 어린 시절에 고통스럽고 힘이 들었던 일은 무엇인가? 화가 난 때는 언제 무슨 일이었는가? 부모님의 심한 분노와 체벌 앞에 두려웠는가? 부모는 나보다 형이나 동생을 더 소중한 아이로 대하였는가? 누군가 내 아이스크림을 먹어 버려서, 내 장난감을 망가뜨려서, 날 밀쳐서 아프게 했는가? 학교의 선생님들은 또 어떠했는가? 나를 편파적이고 불공정하게 대하지 않았는가? 내가 어릴 때 견디기 힘들었던 장면과 사건이 지금 나의 분노 경험과 관련되어 있다. 그 시절의 표현하지 못하고 삼킨 분노가 성인이 된 지금 내가 분노를 다루는 방식과 관련이 있다.

- 그 당시 무슨 일이 벌어졌는가?
- 어떻게 고통스러웠는가?
- 관여되었던 사람은 누구인가?

- 고통스런 상황에서 나는 어떻게 했는가?'

practice
해보기 4 : 고통스러운 사건의 기억

어린 시절 심리적으로 가장 고통스러웠던, 힘들거나 비참했던 사건을 적어 봅시다. 매를 맞았거나 벌을 받았거나, 굴욕적이거나 혹은 억울한 사건들입니다. 어떤 사건이었는지, 누구와 관련됐었는지 기억해 봅시다. 충분한 시간을 갖고 주의집중하여 회상해 봅시다.

1. 어머니와 관련된:

_____

_____

_____

2. 아버지와 관련된:

_____

_____

_____

3. 선생님과 관련된:

_____

_____

_____

4. 형제와 관련된:

_____

_____

_____

5. 친구와 관련된:

_____

_____

_____

상처받은 기억의 회복

어린 시절의 고통스러운 경험을 물으면 '이제 와서 옛날 일을 꺼내 봤자 뭐하겠어요? 그때 일을 지금 분노해 봤자 어쩌겠어요?' 한다. 그때 나를 아프게 한 상대방은 이제 연락이 안 닿는 사람일 수도 있다. 혹은 아직도 함께 살거나 자주 보는 가족이라고 하더라도 이제 와서 그때 그 일을 따지거나 되갚아 줄 것도 아니니, 아프고 힘든 기억을 꺼내는 것은 아무짝에도 쓸모가 없는 일이라고 여긴다.

더구나 과거에 매여 있는 것은 좋지 않은 일이라고 배웠다. 미래를 계획하며 앞으로 나가야 하는데, '과거 타령'을 하고 있으면 패배자의 태도가 아니냐는 말이다. 과연 그럴 것인가? 여기서 짚어봐야 하는 것은 '과거 타령'과 '과거 정리'의 차이다. 과거 타령이라고 하면 술을 먹고 들어와서 아이들을 앉혀 놓고는 본인의 어린 시절 힘들었던 이야기, 고생한 이야기, 형제들 사이에서 핍박받은 이야기를 하고 또 하는 가장이 떠오른다. 때로는 신세 한탄이고 때로는 무용담일 수 있다. 물론 가족들은 그 스토리의 전모를 다 외우고 있다.

하지만 그런 가장의 이야기 속에는 사건은 있을지언정 본인의 진솔한 감정은 여전히 묻혀 있다. '그때는 그랬단 말이다!'가 반복되지만, '내가 그때 그래서 얼마나 마음을 졸였는지, 수치심에 몸을 떨었는지, 두려워서 죽을 것 같았는지….'와 같은 스스로에 대한 제대로 된 관찰이 없다. 과거의 상처를 제대로 성찰한다는 것은 그런 시간을 통해서 자신이 누구이며 자기 안에서 무슨 일이 일어나고 있는지를 안다는 것이다. 사건과 사건 안의 자기를 관찰하면서 스스로를 알아갈 수 있다. 과거에는 그런 사건들이 나와는 무관하게 발생하여 자동적인 행동으로 연결되거나, 습관적인 반응으로 끝났겠지만 이제는 다르다. 이제 나는 힘이 있는 어른이고, 이제 나는 그 상황의 완전한 전부를 이해할 수 있다.

내현기억과 외현기억

정신의학자 D. J. 시걸은 그의 책『내면으로부터의 양육(Parenting from the inside out)』에서 인간의 기억에는 내현기억과 외현기억의 두 방식이 있다고 소개하였다. 이 중 내현기억은 탄생 때부터 평생에 걸쳐 인간의 지각, 감정, 신체감각 등의 경험들이 비언어적 기억의 형태로 존재하는 것이다. 이를테면, 부모의 냄새, 빛, 음식의 맛, 배고픔의 감각, 크고 쩌렁거리는 소리가 주는 두려움을 우리 뇌는 기억한다. 비언어적인 형태로 존재한다는 말은 우리가 그 기억을 하면서, '그런데 말이야, 그게 언제였냐면….' 하는 식의 회상 과정이 없다는 뜻이다. 스스로 내현기억을 사용하고 있다는 것을 모르는 채 우리는 기억을 사용하여 느끼고, 행동하고, 오감을 통해 감각하고, 신체적 감각으로 알아챈다.

다른 하나의 기억인 외현기억은 우리가 보통 기억이라고 부르는 것이다. 이는 회상의 과정을 통해 작동하고, 실제 있었던 일을 기억하는 자서전적 특성이 있다. 외현적 기억을 인출할 때 우리는 과거의 어떤 것을 의식 속으로 불러오고 있다는 것을 안다. 여기에는 실제 사실과 함께 그 사실과 관련된 감정, 고뇌, 가치 등 자신의 체험도 있다. 어린 시절을 기억하고자 할 때 보통 우선적으로 닿게 되는 것은 외현기억이다.

학자들이 내현기억에 주목하는 것은 그것이 단순한 기억 이상의 정신적 모델로 기능하는 면 때문이다. 정신적 모델이란 우리의 반복적인 경험을 일반화시키는 정신의 그물망 같은 것이다. 세상의 모든 정보가 그것 그대로 개인에게 등록되는 것이 아니라 그 사람의 정신의 그물망을 통과한 것만 보고 듣고 알게 된다는 뜻이다. 따라서 그물망을 통해서 자신이나 다른 사람들을 경험하고, 온갖 사고와 태도와 믿음을 형성한다. 스스로 왜 그런 결정을 내렸는지, 왜 그런 감정 상태가 되는지도 잘 모른 채 어느 새 그런 방식으로 느끼고 경험하게 되는 것이 정신적 모델의 기능이니, 실은 엄청난 영향을 받고 있는 셈이다. 예를 들어, 아이가 어릴 때 어떤 고통을 받았고, 그때 엄마가 무언가 조치를 취해 주었으며, 그래서 위로를 받고 편안한 느낌이 되었다고 하자. 그러면 아이는 다른 고통스러운 장면에서도 엄마를 찾게 된다. 혹 엄마가 없을 때라도 엄마라는 존재를 떠올리는 것만으로도 안전하고 편안한 느낌을 갖게 된다. 엄마와의 관계에 대한 정신적 모델이 작동한 것이다.

여기서 더 확장하면, 초기의 엄마와의 애착관계가 우리가 타인과 자신을 어떻게 보는가에 영향을 미친다. 위의 아이는 엄마를 안전하고 자신을 알아주는 대상으로 볼 것이며, 다른 타인들로 그럴 것이라고 생각한다. 자신에 대해서는 힘이 있고(엄마를 움직일 수 있으니까), 스스로 자신의 욕구를 충족시킬 수 있는 존재라고 생각할 것이다. 그런가 하면, 엄마와의 애착관계에서 이와는 정반대로 작동되는 정신적 모델을 갖게 되어서 타인에게도, 또 자신에게도 그렇게 적용하는 사람도 얼마든지 예상할 수 있다.

D. J. 시걸은 『마음 보기(Mindsight)』라는 책에서도 내현기억이 우리가 의식하지 못하는 상태에서 줄곧 세상을 지각하고, 세상에 반응하는 틀로서 작동하면서 평생 우리의 지각과 신념에 중대한 영향을 미친다고 설명하고 있다. 내현기억 중에는 상처와 고통, 심각한 스트레스의 경험이 많은 부분을 차지하는데, 이는 코르티솔의 기능과 상관이 있다. 우리 몸은 심하게 스트레스를 겪는 상황에서 코르티솔(cortisol)이라는 물질을 분비하는데, 이는 기억을 담당하는 뇌 부위의 기능을 차단한다. 그렇게 되면 분명히 발생한 일의 기억, 즉 외현적 기억을 차단하는 동시에 내현적 기억이 활성화되고 생생

해진다는 것이다.

즉, 아이가 감당하기 힘든 엄청난 사건을 겪은 후에 그 일을 회상하고 자신의 감정을 표현할 만한 기회를 갖지 못한다면, 내현기억은 정리되지 못한 채 머물기 때문에 아이는 자신의 체험을 이해할 수 없다. 내현적으로는 진행이 되지만 외현적으로는 그것이 무엇인지 알지 못한 채 시간이 가는 것이다. 자신에게 일어난 일이지만 이해하지 못한 채 묻혀 버린다. 그렇지만 이후의 삶에서 다른 자극들을 받아들이는 데에 정신적 모델로서 작동할 것이다.

어린 시절 겪은 심각한 성폭행이나 가족의 죽음, 치명적인 왕따 사건 등에 대해서 연대기적 사실을 잠깐 언급할 뿐 그 이상의 기억에 접근하지 못하는 사람들이 있다. 특히 애착에 대한 배신, 외상체험 같은 것들이 잘 회상되지 않는다. 조각난 상태로 존재하는 내현기억들이 외현기억과 잘 통합되지 않았기 때문이다. 하지만 자신의 내면을 의식을 집중해서 관찰하면 내현기억과 외현기억을 통합할 수 있다. 기억이 통합되면서 흩어진 내현기억의 조각들이 외현기억형태로 함께 연결된다. 비로소 연대기적 언급에서 멈추는 것이 아니라, 그때 그 일에서 내가 어떠했는지, 무엇을 했는지, 얼마나 무섭고, 또 얼마나 화가 났는지를 언어적 형태로 회상할 수 있다.

기억의 통합

이와 같이 경험을 이야기로 기억하기 위해서는 의식을 집중해서 기억을 통합하려고 애쓰는 과정이 필요하다. 이는 현재의 내가 과거에 집중하는 동시에, 과거를 다시 체험하고 있는 현재의 자아에 집중해서 기억의 흩어진 조각들을 끼워 맞추는 적극적인 과정이다. 그래서 '해보기 4: 고통스러운 사건의 기억'을 안전한 곳에서 충분한 시간을 가지고 집중해서 할 것을 요구하였다. 내현기억 속의 상처의 장면을 외현기억으로 연결시키는 일은 스스로 안전하다는 느낌이 있을 때야 가능하다. 정서적인 안전을 느끼는 상황에서 자신은 이제 어린 아이가 아니며, 어떤 무엇에도 위협받지 않는다는 안전함 속에서 인출된 과거 기억은 평온해진다.

기억의 통합은 감정의 통합과 함께 찾아온다. 마고트 슈미트와 미하엘 슈미트는 그들의 책 『화내지 않고, 휘둘리지 않고 내 감정 사용하는 법(Emotions-Management)』에서 감정을 파악하고 감정과 사고의 지속적인 상호작용을 이해하는 과정을 강조하고 있다. 우리가 자신의 내면으로 들어가는 모험을 감행하면 혼란스러운 사실에 접하게 되고, 서로 다른 다양한 감정들과 상호 일치하지 않는 여러 개념들이 부딪치게 된다. 이때 마음속에 있는 서로 다른 기대나 요구에 놀라게 되는데, 그중에는 지극히 양가적인 감정도 있기 마련이다. 감정과 생각이 서로 일치하지 않을 때 어느 것이 정말 자기 것인지 알 수 없다는 느낌 때문에 고통스럽지만, 자세히 살펴보면 거기에서 균형과 조화를 이룰 새로운 통찰을 얻을 수 있다고 보았다. 스스로의 감정들이 어떻게 발생하고 어떻게 움직이는지 안다면 자유로움을 느낄 것이니, 우선은 거대하고 복합적인 감정 앞에서 견디며 내면의 작은 소리를 경험하는 일이 중요하다는 것이다.

사건의 전모를 자신의 외부와 내부에서 전체적으로 바라보면서 그때 지녔던 생각이나 감정이나 신념 같은 것들이 무엇이었는가, 그때는 그럴 수밖에 없었던 무엇이 있었는지를 알게 된다. 경험한 자기와 그 자신을 의식할 수 있는 분별력이 생긴다. 이런 분별력이 없다면 내현기억은 계속 자동적으로 작동할 뿐이다. 자동적으로 작동되면서 평생 우리의 지각과 신념을 결정한다.

생명을 위협할 정도의 끔찍한 외상이 아니라고 해도 개인적인 조건과 상황 때문에 내현기억으로만 저장된 기억은 우리의 삶을 제한시킨다. 그 조각들은 언제라도 나도 모르는 사이에 (내현기억은 회상의 과정이 없다고 했다) 현재에 끼어들어 지금의 사태를 엉뚱한 방식으로 체험하게 하거나 회피하게 만든다. 지금 내가 왜 그런 결정을 내렸는지, 지금 나는 왜 그런 감정 상태가 되는지 스스로 잘 알지 못하지만, 마치 보이지 않는 어떤 힘에 의해 늘 그렇게 느끼고 그렇게 반응한다는 말이다.

내현기억의 자동 반응은 살펴보지 않은 과거의 고통스러운 순간들로부터 넘어온 찌꺼기다. 사실은 나의 판단이나 행동을 결정할 만큼 신뢰롭지 않다. 내현기억은 사실은 그때 일과 별 관련성이 없는 지금 사건에도, 아주 사소한 단서만 유사하여도, 과거의 방식처럼 반응하게끔 나를 이끈다. 그렇기 때문에 신기하게도 과거의 사건이 똑같이 반복된다. 어린 시절을 벗어난 건 십수 년 전이건만, 나는 여전히 그때 묻어버린 감정의 기억 속을 헤매면서 상처받고 분노한다.

내현기억에 파묻힌 경험들을 현재의 의식 속으로 통합시켜야만, 그것들이 현재 내 삶에 무분별하게 끼어들지 못한다. 비로소 현재에 내가 겪은 사건에 대하여 현재의 감정으로 분노할 수 있다. 내 현기억을 타당한 직관이나 합리적 판단이라고 우기지 않고 그저 과거의 기억일 뿐이라는 것을 인정하게 되는 순간이다. 자신에 관한 통찰은 이와 같이 정서적 시간 여행을 필요로 한다. 어린 시절의 상처와 고통에 대해서 기억하는 기회를 가지는 것은 현재의 내 감정과 행동을 제대로 이해하는 길이 되는 것이다. 두렵고 싫고 거부하고 싶은 감정이 불러일으켜지는 바로 그 지점이 머물러야 할 영역이다. 일단 부정적 감정을 잘 살피고 완전히 받아들이면, 흘러간 시간 속에서 감정의 적절한 위치를 찾을 수 있을 것이다. 자신의 분노의 역사를 이해하는 지점에 도달할 것이다.

practice
해보기 5 : 자신의 상처와 닿기

어린 시절로 들어가서 자신의 상처와 닿을 수 있는 작업을 해보자. 일단 조용한 환경에서 눈을 감고 깊은 호흡을 10회 정도 내쉬어 본다.

▶ 1단계: 분노와 불안, 우울, 수치심, 두려움과 같이 나쁜 감정과 관련된 상황을 회고해 보자. 쉽지 않을 것이다. 다시 설명하지만, 그런 장면일수록 이미 오래전에 왜곡된 감정으로 처리되었을 가능성이 크기 때문이다. 분명하지 않더라도 어렴풋하게나마 어떤 상황이 무겁게 느껴진다면 그 상황을 가능한 한 세세하게 기억하자. 혹은 적어보자.

▶ 2단계: 그 상황에서 생긴 감정을 부모(혹은 주요 양육자)가 어떻게 하라고 했는가를 기억해 보자. 울지 말라고 했는가? 네 방으로 들어가라고 했는가? 참으라고 했는가? 나쁜 아이라고 했는가? 성격이 이상해서 그러는 거라고 했는가? 당신의 감정 상태에 대해 부모가 개입한 단어나 말, 지시를 기억하자. 혹은 적어 보자.

▶ 3단계: 이제 더 현명하고 강인해진 성인이 되어 그 상황을 다시 봤을 때, 부모가 하라고 했던 그 감정의 처리 방식이 얼마나 타당했나를 생각해 보자. 그리고 본래 있었던 자연스러운 감정은 무엇이었을까를 생각하자. 혹은 적어 보자.

스토리텔링 – 제3자의 시선으로 자서전을 써보자

아이가 안정적인 성인으로 성장하는 데에 가장 지대한 영향을 미치는 대상은 어쩔 수 없이 부모다. 그렇다면 아이의 정신적 건강을 가장 잘 예측해 주는 지표로 부모의 심리, 정신적 건강함을 꼽을 수 있을 것이다. 그런데 부모의 건강과 불건강을 예측하는 지표라는 것은 흥미롭게도, 그 부모가 아이였을 때 무엇을 겪었는가 하는 것은 아니다. 즉, 부모가 본인의 삶에서 얼마만큼의 상처와 고통을 겪었는가가 관건이 아니라는 말이다. 그보다는 부모가 자신의 어린 시절의 체험을 어떻게 이해하고 있는가가 핵심 요인이다. 즉, 자신의 역사를 잘 이해한 부모는, 설사 그들의 과거가 평온하지 않았다고 해도 안정적인 양육을 베풀 수 있다(고로 불행한 시절을 지나온 사람들도 얼마든지 좋은 부모가 될 수 있다).

마찬가지로 현재 자신이 누구인가를 설명하는 데 중요한 것도 과거 경험 자체가 아니라, '과거에 대해 어떻게 느끼는가? 특정한 사람이 특정하게 행동한 이유를 어떻게 이해하는가? 내가 겪은 그 사건들이 성인으로 발달해 가는 과정에서 나에게 어떤 영향을 미쳤는가?' 이러한 근본적인 질문들에 대해 어떤 대답을 내놓을 것인가에 달려 있다.

　　자신의 어린 시절을 잘 이해한 사람은 경험의 긍정적인 면, 부정적인 면을 모두 인정한다. 과거의 기억을 열린 마음으로 바라볼수록 분명하게, 일관되게 묘사할 수 있다. 어린 시절 경험 자체가 중요한 결정요인이 아니라, 그 체험이 나에게 어떤 영향을 미쳤는지를 제대로 이해하는 것이 관건이다. 고통스럽고 상처받은 기억일수록 아무 일도 없었다고, 기억나지 않는다고 주장한다. 혹은 어린 시절 부모가, 가족이 나에게 아무 영향도 미치지 않았다고 고집을 피우려 든다. 중요한 것은 기억을 통합하고, 과거 사건으로부터 파생된 강렬한 감정을 풀어놓는 일이다.

　　자신의 역사를 이야기로 구성해 보자. 나라는 사람을 주인공으로 해서 소설이 되었거나 극본이 되었거나 혹은 자서전이어도 좋다. 이야기를 써보자. 좋은 이야기를 쓰기 위해서는 잘 관찰해야 한다. 어떤 감정과 생각이 일어날 때, 감정과 생각이 어떤 행동을 결정할 때 그것을 잘 지각하고 평가하기 위해서는 제3자의 시선을 가져야 한다. 마치 하늘에서 아래를 내려다보듯 전반적이며 객관적인 시선으로 자신의 삶을 보자.

　　나는 스스로에게 어떤 말을 해 왔는지, 가족들은 나에게 어떤 대사를 전달했는지, 과연 그 대사들이 타당한가? 진실한가? 일관성이 있는가? 이런 질문들은 산지사방에 어수선하게 펼쳐진 기억의 조각들을 체계화시켜 주며 자신에게 정체성을 부여한다.

내 스토리에 자주 등장하는 이야기가 무엇인가? 습관적으로 하는 이야기가 있는가? 행여나 '아무리 해도 나는 사랑받을 수 없다.'거나 '세상 사람 누구도 믿을 수 없다.' 이런 주제가 자주 등장하지는 않는가? 그렇다면 그런 이야기는 어디에서 누구로부터 비롯된 것인가? 그 이야기는 현재 자신에게 어떤 영향을 미치는가? 좋은 배우자를 만나고 싶다는 소망을 갖고 있다면서 나는 여전히 "아무도 나를 사랑하지 않을 것이고, 아무도 믿을 수 없다."는 대사를 자주 외우고 있지는 않은가? 스토리텔링을 하면 자신의 생각과 감정을 객관적으로 바라볼 수 있다. 내 이야기에 자주 등장하는 주제를 내가 태어나고 자란 가정환경과 부모와의 역학관계에서 해석해 보자. 어떤 것들은 엄밀한 의미에서 나의 것 이전에 부모의 것이었다. 나의 신념이나 믿음 중에 나 자신조차 모르는 사이에 내 안에 들어온 것들을 구분해 보자.

과거에는 그 대사를 그저 외워 사용했지만, 이제 새로운 환경에서 새로운 사람들과 관계하는 데는 적합하지 않다. 구태의연하고 시대착오적이다. 다른 환경에서 다른 사람들과 잘 지내기 위해서는 새로운 대본이 필요하다.

자신의 과거의 기억과 현재의 살아가는 이야기를 잘 안다는 것은 곧, 내가 필요할 때 얼마든지 내게 맞는 이야기로 편집하고 바꿀 수 있다는 말이다. 과거의 스토리가 적합하지 않다면 이제부터 다른 스토리텔링을 할 수 있다. 이제 재미없는 유물이 되어 버린 과거의 캐릭터에 연연하지 말자. 나의 이야기에 초점을 맞춰 새로운 각도에서 바라본다면 스스로의 행동방식을 결정할 수 있는 힘이 생길 뿐만 아니라 감정과 사고에 귀 기울이고 이것들을 통합할 수 있다. 내가 자신에 대해 어떤 스토리를 쓸지, 과거의 것 중 무엇을 편집할지를 결정한다면 내 삶은 바뀐다. 자신을 규정하는 여러 가지 단어와 문장을 손질하자. 주제를 걸러내고 새롭게 엮어서 다른 과정, 다른 결말의 대본을 쓰자. 어떤 분노의 상처도 지워낼 수 있다.

분노 놓아주기

- 가장 최근에 화가 난 적이 있습니까?
- 무엇에 대해 화가 났습니까?
- 무엇이 문제고, 누구의 문제였습니까?

여기에서의 화는 꼭 이성을 잃고 물건을 던지고 부수고 소리를 질러 상대방을 위협하는 무시무시한 것을 말하지 않는다. 억울하고 분개하고 열감을 느끼고 뒷목이 뻣뻣하고 가슴이 답답하거나 울렁거리거나 속에서 뭔가 치밀어 오르는, 혹은 온몸에 맥이 쏙 빠져나가면서 불안하고 초조해지는 상황도 분노의 조짐이다.

위 질문에 답을 하였다면, 다음 단계는 분노 뒤에 감춰진 것이 무엇인지에 집중해 보자.

- 지금 겪는 분노 감정과 비슷한 감정을 갖게 한 과거의 인물이 있습니까? 어떤 사건이 기억납니까?
- 나를 화나게 한 이 사람을 통해 나의 어떤 면이 떠오릅니까? 내 모습 중 좋아하지 않는 어떤 면과 관계가 있습니까?
- 분노의 밑에 감춰진 감정은 무엇이라고 생각합니까?

위의 두 단계 질문들을 '민석 씨'의 사례에 적용해 보자.

민석 씨는 취직시험에서 연달아 실패하면서 주의집중이 안 되고 의욕이 없고, 무력감이 심해졌다. 게다가 거의 평생 동안 계속되는 문제인 대인관계 불편감이 극에 달해서 두문불출하다가 더는 안 되겠다는 마음에 상담치료를 결심했다. 상담에서 조금 힘을 얻은 민석 씨는 유사한 심리적 문제를 지닌 사람들끼리 모여서 책도 읽고 마음도 나누는 자조모임에 참석하기 시작했고 나름대로 활기를 찾아가는 듯했다. 그러던 어느 날, 이제 다시는 자조 모임에 가지 않겠다며 아주 성난 얼굴로 열을 내는 것이었다. 이유인즉, 모임의 한 남자가 도대체 그 모임에 왜 나오는지도 의심스러울 만큼 뻔뻔스럽고 제멋대로라는 것이다. 목소리도 큰 데다가 자기 뜻을 굽히지 않고 모임을 좌지우지하려고 드는 데, 눈꼴 사나와서 볼 수가 없단다.

분노의 추적

민석 씨에게 앞서 제시한 처음의 세 질문을 한다면, "지난주에 자조 모임에서 만난 남자 회원이 너무 제멋대로고 자기주장이 센 것을 보고 몹시 화가 났다."고 답할 것이다. 민석 씨가 화가 난 것은 뻔뻔스러운 그 남자의 태도와 행동 때문인 것이다.

다시 민석 씨에게 두 번째 단계의 세 가지 질문을 한다면 어떤 답변이 나올 것인가?

민석 씨의 어린 시절, 아버지는 거의 집에 안 계셨다. 어떤 때는 몇 개월, 또 어떤 때는 1, 2년씩 집을 떠나 다른 지방, 다른 나라에 갔다 오셨다. 당연히 한 직장을 꾸준히 다니는 일이 없었고, 가족의 생계를 책임져야 하는 사람은 어머니였다. 그런데 얼마 만에 한 번 집에 온 아버지는 너무도 떳떳하셨다. 민석 씨와 형을 붙들고 인생, 철학, 가치와 같은 이야기를 많이 하셨다. 한번은 남자아이들이 이제 사춘기고 혼자서 아이들 교육하기가 쉽지 않으니 집을 떠나지 말아달라고 간절히 말하는 어머니에게 "그건 저 아이들의 인생이다."며 또 개똥철학을 펴는 것이었다. 그때 정말 할 수만 있다면 아버지를 확 치받아 버리고 싶다고 생각했었다.

민석 씨는 자조 모임의 뻔뻔한 남자한테서 실은 아버지를 본 것이다. 주변을 아랑곳하지 않고 자기 말이 옳다고 잘도 주장하는 남자 앞에서, 그건 그게 아니고, 그건 당신 이야기가 잘못된 것이라고 말하지 못하는 자신의 모습이 건드려졌다. 민석 씨가 수치스럽게 여기는 당당하게 말하지 못하는 자신의 모습을 그를 통해 확인한 셈이니 미칠듯이 화가 치밀었다. 그러고는 모임에 나가지 않겠다고 결정했다. 민석 씨는 그런 인간은 보지 않는 것이 상책이라고 둘러댔지만, 사실은 그 남자가 두려웠던 것이다. 어릴 때, 결국 아버지 앞에서 한마디도 하지 못한 채 얼굴을 숨겼던 그때처럼 당당하고 뻔뻔한 그 남자 앞에서 두려움에 주눅이 들어 버리는 자신을 마주할 수가 없어서 격노하며 숨으려 한 것이다. 사람들은 결국 자신이 두려워하는 것을 미워하게 된다고 하지 않았던가!

L. A. 세네카는 분노는 소망하는 것과 실제 사이의 불일치에서 생긴다고 하였다. 이것이 아니고 저것이어야 하는데 그렇지 않

을 때 우리는 견딜 수 없는 심정이 된다. 상대방이 이런저런 모습을 보여서 화가 나는 것이 분노하는 이유라고 생각하지만, 거기에는 반드시 내가 바라는 모습과 다른 무엇이 있다. 실은 그 차이 때문에 분노로 들어간다.

내 안에 있는 무엇을 이해하는 일이 분노의 추적이다. 하지만 우리는 자신의 내면에 초점을 맞추는 일에 서툴다. 자신을 초점으로 삼는다는 말은 스스로를 비난하고 자책하라는 말이 아니다. 나와 저 사람 중 누가 옳고 그른지를 따지는 것도 아니다. 그가 분노를 일으키는 말이나 행동을 한 것도 분명 사실이다. 아울러 그 사람의 행동이 나의 내부에 있는 내 분노의 씨앗을 건드린 것도 사실이다. 건드려진 씨앗은 순간 핵융합이라도 하듯 폭발적으로 확산된다. 따라서 바로 그 순간이 나의 본래 모습에 다가갈 수 있는 때다. 분노 감정을 추적하고 놓치지 않는다면 근원에 닿을 수 있다.

실제로 과거가 지나갔다는 것을 모르는 사람은 없다. 하지만 과거의 이미지는 여전히 거기 남아 있다. 우리는 꿈을 꿀 때뿐 아니라, 깨어 있는 동안에도 곧잘 과거로 되돌아가 고통을 당한다. 정리되지 않는 과거의 부정적 기억은 두려움과 분노의 원천이 되며, 모든 부정적인 감정은 그것들을 인정하고 알아줄 때 그 크기가 작아진다. 특히 두려움은 분노의 재료가 되며, 두려움은 '잘 알지 못함'에서 커진다. 그것이 무엇이건 알면 두렵지 않고, 알면 이해할 수 있다.

우리를 고통스럽게 하는 것은 두려움이나 절망이나 상처가 아니라 이를 제대로 표현하지 못하고 제대로 알지 못하는 데 있다. 마음을 다쳤다고 해도, 그 마음을 풀어내고 이해할 수 있게 되면 분노의 원천으로 자리 잡지 않는다. 감정과 생각을 표현하지 못하고 억압할수록 자존감은 추락하고 외부의 사소한 자극에도 건드려지는 분노에 취약한 구조가 되는 것이다. 보잘것없고 부끄럽고 절망적인 감정이라고 해도 비난에 대한 두려움 없이 알아보자. 최소한 자신만이라도 그 소리를 들어주면서, 자신의 경험과 생각과 느낌에 친숙해지면 스스로를 성찰하고 이해할 수 있다.

분노 놓아주기 7단계

몽둥이로 타이어를 치거나 쿠션을 던지고 샌드백을 때리는 것으로 분노를 없앨 수 있을까? 그런 식으로 분노를 감추지 않고, 내가 얼마나 부당한 대접을 받았는지, 억울한지, 서러운지 그것 그대로 발산한다면 분노가 없어지면서 수그러들 것인가? G. 케이저는 『왜 자꾸 화가 나지?(The Enigma of anger)』에서 이런 분출 방식의 분노 처리는 효과가 미미하다고 하였다. 분출을 통해서 분노가 가라앉고 수그러든 것 같은 일시적인 위안을 얻는 것은 에너지를 소모하고 지치면서 분노할 기력이 없어지는 것 때문이라고 보았다. 분노가 일어나는 근원을 알아내고 해결하지 않으면서 이런 식으로 발산하는 것은 오히려 분노에 중독이 되거나 뿌리를 더 튼튼히 할 뿐이다.

물론 분노를 놓아준다는 것이 이제는 괜찮다고 쉽게 수긍하거나 없는 것으로 해버리는 것을 의미하지는 않는다. 그것은 두려움에 의해 거짓을 받아들이는 일이다. 놓아준다는 것은 내가 선택할 수 없는 부정적 감정에 오래 매어 있지 않겠다고 결심하는 것이다. 분노를 자신의 방식대로 처리하기로 결정하는 것이다. 그러기 위해서는 먼저 모든 감정에 개방적으로 다가가서 자신의 욕구와 감정에 직접 닿을 필요가 있다.

분노가 일어나면 우선 그것을 맞이해야 한다. 화가 마음속에 있음을 인정하고 잘 보살펴 주어야 한다. 분노를 억압해서는 안 되고 그것의 존재를 인정해야 하는데, 그러기 위해서는 맨 처음 자각이 우선이다. '지금 마음속에 뭔가 나쁜 것들이 움직이고 있다.' 거기서부터 시작한다.

1단계: 알아채자

어떤 경우든 첫 단계는 알아채는 일이다. 화가 났을 때 모든 사람들은 분노의 시작을 알려주는 신체적 표시를 갖고 있다. 보통은 얼굴이 붉어지고 가슴이 마구 뛰며 손가락을 가만히 두지 못하거나 왔다갔다 안절부절한다. 혹은 뒷목이 뻣뻣해지고 턱을 꽉 물거나 주먹에 힘이 들어가거나 두통을 경험한다. 하지만 억압을 강하게 사용하며 살아왔다면 이런 신체적 표시들이 아주 미미한 수준으로 나타나거나 심지어는 엉뚱하게 나타나는 경우도 있다. 괜히 헛웃음을 짓거나 눈 맞춤을 하지 않으며 얼버무리거나 심장이 차고 굳는, 저릿한 느낌을 경험하기도 한다. 분노를 부지불식간에 억압하고 부인하고 회피하기 전에 자신만의 사전 경고를 알아채자.

2단계: 인정하자

이 분노는 나의 것이다. 누군가 내게 심한 짓을 했다고 해도, 그것들은 총알이고 화살이었을 뿐, 과녁은 내 안에 있다. 누구의 책임인지, 잘잘못을 따지기 전에 내 안의 과녁에 집중해 보자. 내가 다 잘못했고 내가 부족해서 생긴 일이라고 자책하고 넘어가자는 것이 아니다. 이 감정의 주인이 나라는 인정을 하고 나면, 이것을 살피고 다루는 일도 내가 해야 한다는 것을 당연하게 받아들일 수 있다. 세상의 어떤 누구도 나의 상태에 대해 알지 못하기 때문이다. 내 감정이 어떤지, 무슨 생각을 하고 있는지, 관용과 여유를 갖고 자신의 현재 분노 감정을 인정한다.

3단계: 자신에게 묻자

마음을 가라앉힐 시간을 갖고 분노가 나한테 무슨 말을 하려는 것인지 물어보자. 어떤 자극이 나의 무엇을 건드렸는가? 이 상황과 관련된 오래된 기억이 작동되어 과거에 있었던 일처럼 반응하고 있지 않은가? 감당하기 힘든 현재의 압력이 있는가? 이 분노가 사람들과의 관계에서 생긴 문제를 제대로 처리해야 한다고 알려주고 있는가? 꼭 해야 할 일이나 바꿔야 할 것이 있는데 모른 척하며 살았는가? 분노에게 질문을 하면서 자신의 내면을 깊숙이 바라볼 수 있고, 표면적 감정 아래에 숨어 있는 분노가 가리키는 진짜 감정과 충족되지 못한 욕구에 대해 알 수 있다.

4단계: 수용하자

'현재 나라면, 그런 과거의 역사를 살아왔고, 현재 이러한 상황하에 있는 나라면, 이렇게 생각하고 행동할 만하다. 내 판단이 옳았고, 내 행동이 옳았고, 이렇게 분노하는 것도 옳다.' 기억해야 할 점은 과거에 있었던 일과 관련된 현재 느낌을 인정하는 것이다. 그런 감정과 행동이 우연히 일어난 것도 아니고 내가 나쁘기 때문도 아니다. 의식하든 못하든 간에 충족되지 못한 욕구가 있기 때문에 나는 그렇게 했을 것이다. 우리는 모두 자신의 욕구를 충족시키기 위해 움직인다. 현재까지는 그렇다는 것을, 내가 그렇다는 것을 수용한다고 해서, 내가 고정불변의 그런 사람으로 영원히 사는 것은 아니다. 자신을 분노 상태로 몰아넣은 자신의 판단이나 행동이나 실수에 대해서 비난이 아닌 친절함으로 수용할 때 진정한 이해와 변화로 넘어가는 첫 단계를 통과한 것이다.

5단계: 표현하자

아무것도 숨기지 말고 분노 아래에 있는 자신의 생각과 감정에 초점을 맞추었다면 그것을 글로 적거나 혼잣말로 표현하자. 자신과 대화를 시도하자. 우선 입 속에 맴도는 것들은 외부의 사람이나 사건과 관련된 사실일 것이고, 그다음은 스스로의 행동에 대한 크나큰 후회에 대한 것일 것이다. 자신의 생각과 감정에 초점을 맞춰 보자. 그렇게 행동한 이유가 무엇인지 어떤 욕구가 그렇게 만들었는지, 어떤 느낌인지 가능한 한 자세히 설명하고 또 설명하자. 누군가를 붙들고 털어놓는 것만이 표현은 아니다. 그보다는 자기가 자신에게 하는 것이 더 중요한 표현이다. 글로 적거나 혼잣말을 하는 작업이 주는 가치는 기대 이상이다. 심리학자들의 연구 결과를 신뢰하기 바란다. 어떤 고통스러운 느낌이어도 실망감, 수치심, 죄책감 등 모든 감정과 생각에 대해 구체적이고 생생하게 표현한다.

6단계: 다르게 하자

이 분노 경험에서 배울 수 있는 것은 무엇인가 살펴보자. 무엇이 어떻게 달라지기를 바라는지, 스스로 어떤 다른 행동을 하기 원하는지, 자신이 원하는 것을 파악하자. 어떤 욕구가 자신의 행동을 그렇게 만들었는지 이해했다면 욕구를 충족시킬 수 있는 방법을 찾아야 한다. 전 단계에 자신에게 말하고 썼던 것들에 초점을 맞추면 답변을 찾을 수 있을 것이다. 만약에 타임머신이 있어 그 상황으로 돌아가 다시 할 수 있다면 어떻게 다르게 하고 싶은가? 내 욕구와 감정에 도움을 주기 위한 가장 적절한 해결 방법은 무엇인가? 원하는 것을 정확히 그려 보자. 상세할수록 나를 만족시킬 실천 방법을 잘 만들 수 있다.

7단계: 실행하자

분노와 관련된 상황을 관찰했고, 그 속의 자신의 행동과 감정과 욕구를 이해했다면, 이제 어떤 방향으로 어떻게 변화할 것인지 실천이 필요하다. 문제가 드러났을 때 내면에 쌓이지 않도록 처리하는 것이 중요하다. 대상과 상황에 따라 내가 할 수 있는 일들이

다르다. 특정한 사람이나 상황에 대해서는 적극적 행위가 아닌 멀리 떨어져 거리를 두는 것이 최선의 실행일 때도 있다. 자신의 생각과 감정의 흐름을 관찰하기 위한 호흡법과 명상을 실천할 수 있다. 분노 사건을 일지로 적어 보거나, 사소한 사안에서부터 자기주장을 시도하거나, 또 조금씩 거절하는 연습을 할 수 있다. 또는 습관처럼 자기비난이 일어날 때마다 반드시 멈추어서, 수용하고 격려하는 혼잣말로 대체하는 훈련도 중요한 실행이다.

치유의 완성, 용서

분노의 감정을 따라 자신의 역사를 살펴보고, 추적하는 과정 중에 우리는 반드시 용서하기 어려운 대상을 만난다. 그때 그 사람이 그렇게 하지만 않았더라면, 내 마음에 이런 응어리는 생기지 않았을 것이다. 긴 세월 나의 내현기억으로 저장되어서 나도 모르게 내 일거수일투족에 영향을 미치지 않았을 것이다. 더 구체적으로는 누구 때문에 신체적 상해를 입었을 수도 있고, 누가 지나치게 인색한 바람에 내가 응당 누려야 할 마땅한 기회를 놓쳤을 수 있고, 또 일찌감치 내가 지지 않아도 될 버거운 책임을 진 채 살아왔을 것이다. 당연히 이런 기억의 정리 속에서 우리는 어떤 대상에 대해 원망하고 미워하는 마음이 든다. 다시금 분노가 솟구치는데, 대부분 그 대상은 부모나 형제, 가족이기 쉽다.

숨겨진 분노를 해결하기 위해 나의 감정을 샅샅이 살펴보기 전에 부모는 신성한 영역에 속해 있었다. 우리는 오랫동안 '부모님은 자식을 위해 희생하였고, 부모님의 은혜는 하늘과 같다.'라는 대전제를 설정해 놓고 살아왔다. 대전제가 정해지면 생각하고 판단하고 결정하는 모든 것들은 그에 따른다. 그러고 나면 내게 있는 모든 문제의 이유는 '오로지 내가 부족하고, 문제 투성이고, 부모를 부끄럽게 하는 구제불능의 인간이어서'가 된다. 그래서 어떤 명제에도 구애받지 않은 채 '객관적으로' 자신의 과거의 기억과 현재의 생각을 관찰하는 것이 중요하다고 역설하였다.

부모가 나쁜 의도를 지닌 채 자식을 힘들게 했을 거라고는 생각하지 않는다. 나름대로는 최선을 다했을 거라고 믿는다. 다만, 스스로 무슨 일을 하는지 모른 채, 본인의 틀에 갇혀서 아주 어이없는 양육을 하는 무수히 많은 부모들을 알고 있다. 자신의 말이, 행동이, 생각이, 요구가 자식에게 얼마나 엄청난 칼이 되고 화살이 되는지 모른 채 그렇게 한다. 행여나 이런 결과를 가져왔다고 말을 해도 그분들은 아니라고 할 것이다. 아니라고 한다고, 몰랐다고 한다고 해서 내가 받은 것이 없어지는 것은 아니다.

'있는 것을 있다.' '일어난 일을 일어났다.'고 하는 데서 내 감정은 정당성을 확보한다. 내가 모자란 것이 아니고, 이기적인 것이 아니며, 하물며 사악한 것이 아니었다. 그냥 나는 나였을 뿐이다. 다만 부모가 그렇게 보았다. 자신의 걱정과 고통을 내게 던졌고, 자신의 실패와 두려움을 내게 씌웠다.

화가 난 상태로 고통스러운 사건을 곱씹으면 마치 복수를 해야만 이 일이 매듭지어질 것 같다는 느낌이 든다. 어떻게 하든 갚아 주고 싶다는 생각은 엄청난 스트레스로 우리를 감싼다. 복수를 욕망하거나, 부모를 절대로 보지 않겠다고 피하는 마음을 품고 사는 것은 정녕코 나의 안녕을 깨뜨리는 일이다. 상대방이 원상복귀를 해놓아야 한다고 여기는가? 사과를 받으면 이 마음이 나아질 것인가? 지금 어떤 무엇이 이루어진다고 해서 과거의 나의 피해가 되돌려지는 것은 아니다. 용서는 상대와의 관계가 아니라 나와 나 자신의 관계에서 일어나는 일이다.

용서는 해 버리는 것이 아니다

분노를 놓아주는 최종 해결에는 정답이 마련되어 있는 것 같다. 결국에는 용서를 하는 것이다. 용서를 할 때 비로소 숨어 있던 분노의 감정에서도 놓여날 것이라고 보는 것이다. 용서는 인간이 할 수 있는 가장 상급의 인격적 표현이고, 상처 입은 관계를 복원하는 가장 중요한 과정이다. 마음의 치유라는 작업에 대해 배웠거나 관여하고 있는 사람들은 모두 용서를 모든 치유의 완결이요, 결정판이라고 생각한다. 특히나 종교적인 신념을 갖고 있는 사람들에게는 더 언급할 필요가 없을 것이다. 심리학자 중에서도 상처받은 사람이 치유되기 위한 첫걸음이자 유일한 방법으로 용서를 꼽는 사람이 많다.

특히 문제의 발생이 가족 간에 일어난 것이라면, 부모와 관련된 것이라면 '용서'는 절대적 위치를 점한다. '식구끼리 뭘….' '부모인데 어떻게….' 이런 말 속에서 느껴지는 것은 훈훈함이나 대견함이 아니라, 차라리 비장하거나 무력하다. 부모로 인해 깊은 상처를 받은 사람일수록 빠르게 '이젠 다 용서했어요.'라고 말한다. 그러면서 여전히 자책감에 시달리거나 비참한 기분을 느끼거나 분노를 억누른다. 일시적으로는 큰일을 한 것 같고, 훌륭한 사람이 된 듯하지만, 그런 마음은 오래가지 않는다. '이미 다 용서한 이야기'가 실은 '아직도 자신의 마음에 자리 잡고 있을 때' 스스로 더 못 견디겠는 마음이 된다. '용서하지 않으면 안 되니까 용서한다.'는 자세는 숨은 분노를 해결하는 데 도움이 되지 않는다. 생각 차원에서는 아무리 그렇게 한다고 해도, 감정 차원에서는 안 되는 건 안 되는 거다.

진실을 바라보는 일이 괴로워서 그 괴로움으로부터 벗어나기 위해서 '용서를 해 버리는' 것은, 어렵게 시작한 나의 분노를 바라보는 시도를 아무것도 아닌 무용한 것으로 만들 뿐이다. 용서는 나중에, 좀 늦게 해도 좋다. 부모가 나를 어떻게 대했는지, 나의 형제들은 어떻게 했고, 어머니와 아버지 두 분은 어떤 관계를 형성했는지 생각하게 된 계기를 놓치지 말자. 그건, 그들이 어떤 사람이었는지가 중요해서가 아니라, 그들이 내 안에 심어 놓은 분노의 뿌리를 이해하자는 것이었다. 이 과정을 통해서 내가 어떤 기억을 가지고 살고 있는 누구인지 알아보려는 것이었다.

누군가가 너무 많이 미워졌다고 해서 자신을 혹독하게 다룰 필요는 없다. 세상은 사랑을 말하지만, 사랑이 있는 곳에는 반드시 미움도 있다. 사람에게 미움을 해결해야 하는 당면 과제가 없다면 세상의 모든 종교가 그렇게 사랑을 강조할 리 없을 것이다. 사랑과 미움이 한 대상에게 함께 존재할 수 있다는 것을 받아들이는 일이야말로 진정한 정신건강의 출발점이다.

'원수를 사랑하라.'는 말이 있지만, 아마 그러기 위한 첫 단계는 누군가가 나의 원수라는 것을 인정하는 일일 것이다. 결국 용서의 첫 단계가 용서할 대상이 있다는 사실을 인정하는 것이라면 여기서 우리는 일말의 가벼움을 경험한다. 상대방이 굳이 '원수' 수준이 아니라고 해도, 담백하게 있는 그대로 자신의 적대감을 되돌아볼 수 있다. 결국 미움의 감정을 통해 나와 상대방과 우리의 관계에 대해 솔직해진다.

만약 상대방이 계속 같은 행동을 하거나, 자신의 잘못을 전혀 나 몰라라 하면서 위협적인 태도를 보인다면 어떻게 할 것인가? "용서를 하려고 해도 용서할 수가 없어요! 단 한 번만이라도 내게 미안하다고 말해 준다면 제가 이러지는 않을 텐데요!" 이렇게 말하는 사람들을 자주 만난다. 그들이 저러니 나는 또 어쩔 수 없이 더 많은 피해를 막기 위해서는 계속 화가 난 상태를 유지해야 하는가? 계속 스스로를 피폐하게 만들 수밖에 없다는 말인가? 상대가 여전히 내 말에 진심으로 귀 기울여 주지 않을 때, 자신의 행위에 충분한 책임을 지지 않고 자기가 한 일에 사과하지 않을 때, 끝까지 그 관계에 매달리는 것은 방법이 아니다. 관계에 매달린 채 상대가 변하기 전에는 나 또한 한 걸음도 움직일 수 없다고 한다면 그것이 바로 자기 파괴적 태도다.

이는 상대에 대한 비이성적 기대, 적당하지 않은 곳에 자존심을 거는 비합리적 모습이다. 용서가 내게 상처를 준 사람과의 관계를 정리하고 새롭게 하기 위한 조치이며, 과거에 얽매이지 않고 현재와 미래의 삶을 살아가기 위한 조치라면, 때로는 가망성이 없는 관계에 대해 일단 그렇다고 인정하는 것도 필요하다. 오로지 관계의 지속과 아름다운 재결합의 가능성에만 목을 매며 그 자리를 뱅뱅 돌 것이 아니라, 문을 닫고 앞으로 나아가는 것이 최선일 때도 있다. 상대가 달라지지 않아서, 용서할 수 없고, 그래서 고통에서 벗어난 삶을 살아가지 못한다면 용서는 도대체 누구를 위한 것인가?

이해와 연민

나를 힘들게 한 그들도 그저 한 사람의 인간이라는 데서 시작하자. 그 대상이 부모라면, 부모도 어린 시절에는 엄마 아빠를 가진 아이였을 것이다. 어린 시절 자신이 받았던 경험이 있고, 그 경험에는 내가 받은 것과 같은 상처와 아픔이 있었을 것이다. 어쩌면 그들의 경험이 나의 것보다 더 참혹하고 비참한 것일 수도 있다. 그럼에도 불구하고 그들은 지금 나처럼 숨겨진 분노로부터 벗어나기 위한 치열하고도 특별한 노력을 하지 않았다면 어떠했겠는가? 어떤 성찰도, 결단도 없이 그저 세월을 따라 부모 노릇을 했다면, 당연히 그들의 숨겨진 분노를 내게 전달했을 것이다. 우리는 원초적으로 훌륭하고 고귀한 부모를 원하기 때문에 부모에 대한 이런 생각은 매우 가슴 아프며 슬프고 수치스럽다. 모두가 그런 느낌을 갖는다. 그러니 두려움이나 죄책감을 털어내고 나의 감정을 인정해도 괜찮다.

부디 미움의 감정을 부정하지도 말고 얽매이지도 말자. 미워하는 마음이 많다는 것은 애초에 상대에게 간절히 사랑을 원했다는 뜻이다. 하지만 제대로 돌아오지 않을 때 그 사랑의 기대만큼 분노하게 된다. 그냥 '그것이 내 안에 있다!' 내면 깊숙이 숨어 있는 미움의 감정에 실체를 부여할 때, 미운 감정의 시작과 중간과 끝을 지켜볼 수 있다. 내 감정을 지켜보는 가운데 사랑의 바람도 미움의 엉킴도 힘을 잃는다. 그런 것들이 서로 뒤엉켜 내 안에 있을 뿐이다. 이 감정과 생각이 어디서 연유하는지, 그 근원을 보려는 노력이 분노로부터 나를 해방시킨다.

용서는 무력하게 다른 쪽 뺨을 돌리는 것도 아니고, 싫어하는 행동을 계속 용인하는 것도 아니다. 서둘러 잊어버리는 것도 아니다. 용서는 상대의 행위를 해로운 것으로 인정하면서도 상대를 제대로 보는 이해의 과정이다. 나에게 가해진 해로운 행위가 상대방의 어디에서 비롯된 것인가를 이해할 수 있다면 연민이 올라온다. 연민은 나를 더 이상 피해자의 위치에 두지 않는다. 이제 내가 상대방의 표면적 행위 너머에 있는 저 마음속을 들여다보는 것이다.

내가 상대방에게 면죄부를 주어야 용서가 완성되는 것은 아니다. 그건 사람의 영역이 아니라 신의 몫이다. 가능하다면 용서할 수 있게 해달라고 기도할 수는 있겠지만 내가 그래야만 한다고 의지를 불태울 것은 아니다. 그렇게 될 수도 있고 아니 될 수도 있다. 용서를 해야만 한다는 목표를 놓고 매달리면 자칫 직면해야 할 것들을 또 놓친다. '내게 무슨 일이 있었고, 나는 어디에 있었고, 나는 누구인가?' 하는 질문이 또다시 미로 속에 빠져 버린다. 미리 정한 용서라는 결론에 서론과 본론을 대충 맞춰 버리는 하나마나한 작업으로 끝난다.

　용서란 고통스런 기억들이 남긴 심리적 또는 육체적 상처를 그저 흉터가 되게 하는 일이다. 아무리 큰 상처를 입었다고 하더라도, 세월이 흘렀고, 제대로 치료했다면 더 이상 피도 고름도 나오지 않을 것이다. 어느 순간 그 상처의 고통이 나를 쑤시지 않는다. 흉터를 볼 때마다 내가 무엇을 겪었는지를 기억하겠지만, 그 상흔이 더 이상 내 삶에 부정적인 영향을 미치지는 못한다. 용서란 하기 쉬운 언어로 '다 잊어버렸어'가 아니라 기억은 있되, 기억이 작동하는 방식을 바꾸는 것이다.

　누구에 대한 부정적 생각과 부정적 감정에 계속 매달려 있으면, 그건 아직 과거의 사건 속에서 그 사람과 함께 사는 일이다. 현재가 아닌 과거가, 실제가 아닌 기억이 나의 현재 삶을 좌지우지하게 내버려두는 꼴이다. 용서를 통해서 저 사람이 면죄부를 받고, 온전한 상태가 되는 것이 아니라 내가 자유롭고 편안해진다. 이제는 자신을 믿고 이해하고, 내가 얻은 통찰이 나 자신을 현명하게 만든다. 상처받았던 시절에는 제대로 분노할 수도 없을 만치 무력했지만 이제는 그 사건과 상관없이 잘 살아나갈 수 있다. 용서는 이제는 다 잊었고, 이제는 다 괜찮다를 되뇌는 것이 아니라 제대로 직면하면서 자유로워지는 일이다. 모든 것을 제대로 바라보면, 그리고 이해한다면 그것이 용서다.

　조금 더 욕심을 낸다면, 그 경험을 돌이켜보면서 스스로 성장했다고 칭찬할 수 있는 상태로 가보자. 나는 과거를 제대로 기억했고, 이해했고 보다 더 나은 사람이 되었다. 그동안 잘못 생각한 것들을 바로잡을 수 있게 되었고, 이제는 자신을 무시하지 않으며 진정한 욕구에 귀 기울이려 한다. 또한 그럴 수 있다면, 나를 분노케 한 상대방도 자신의 문제를 스스로 이해하게 되기를 바란다. 진정, 그가 그렇게 할 수 있다면 그렇게 되기를 바란다. 나는 이제 그 장면에서 완전하게 떠나왔고, 과거의 나와 그 사람을 향해 연민의 인사를 보낼 수 있다. 그것이 용서다.

분노로부터의 자유

A. J. 크로닌은 인생에 대해 '인생은 자유로이 여행할 수 있도록 시원하게 뚫린 대로가 아니다. 때로는 길을 잃고 헤매기도 하고 때로는 막다른 길에서 좌절하기도 하는 미로와 같다. 그러나 믿음을 가지고 끊임없이 개척한다면 신은 우리에게 길을 열어줄 것이다. 그 길을 걷노라면 원하지 않던 일을 당하기도 하지만 결국 그것이 최선이었다는 사실을 알게 된다.'는 말을 남겼다.

내게 상담을 청하는 사람들이 꼭 그러할 것이다. 인생이라는 길에서 방향을 놓쳤고, 어둡고 막다른 길에서 어찌할 바를 모른 채 미로 속에 갇힌 것 같을 때 전문가를 찾는다. 인간관계에서 도망가고, 감정 조절이 되지 않으며, 불화가 생기고 난처해지면 전화기를 끄고 증발해 버린다. 인터넷 중독에 빠지거나 먹고 토하는 일을 반복하거나, 말도 안 되는 파트너를 바꿔가며 또 만나고 또 만나고, 혹은 너무 많은 일을 해서 쓰러질 지경이 되면서 자신이 도대체 왜 이런 상태에 있는지 어리둥절할 뿐이다. 평생 이렇다

할 나쁜 짓을 해 본 적도 없고, 누구를 해치거나, 남의 것을 탐하지도 않았으며, 하물며 내 것을 제대로 챙긴 적도 없는 데 말이다.

숨겨진 분노에 발목이 잡힌 사람들은 다 착하다. 착하기 때문에 숨고 포기하고 도망쳤다. 그러니 앞으로도 과거와 같은 방식으로 최선을 다하는 것은 곤란하다. '믿음을 가지고 끊임없이 개척하지만…', 말 그대로 이제는 '개척'이 필요하다. 과거와는 다른 방식, 지금까지 해 보지 않은 방식의 접근이 개척이다.

눈앞에 벌어진 현상만을 보고 얻을 수 있는 정보는 많지 않다. 당연히 지금의 그 사람 모습만을 보고 할 것과 하지 말 것을, 좋은 것과 나쁜 것을 가려 알려준다고 해서 그 '좋은 말'들이 그 사람의 내면까지 들어가지지 않는다. 안에는 숨겨진 분노가 턱 하니 자리 잡고 있으니 그것을 해결하기 전에는 겉에서 맴돌고 튕겨져 나갈 뿐 아무것도 달라지지 않는다.

요즈음의 항불안제나 항우울제의 발전은 아주 놀라워서 오도 가도 못하는 힘든 상태에 있는 사람들에게 큰 힘이 되기는 하지만, 막상 인간의 갈등을 해소시켜 주거나, 죄책감이니 공허감이니 적대감이니 하는 감정 자체를 없애 주는 약이 별도로 존재하지는 않는다. 이 모든 문제들은 스스로 해결해야 하고 그러기 위해서는 내 문제의 실체를 파악해야 한다.

숨겨진 분노에서 발목을 빼는 모습은 어떤 것일까? 과거와 달리 폭발적으로 화를 내고, 소리를 치고, 격양되어 따진다면 일시적으로는 달라진 모습에 자신감을 얻게 될지 모르겠지만, 이는 분노의 표현 방향을 안에서 밖으로 달리 했을 뿐이다. 또 다른 문제의 시작일 뿐이다. 우리가 원하는 것은 이런 변화가 아니다. 분노로부터 자유로운 삶은 자신의 내면의 모습을 성찰하며 사는 삶이다. 과거와 현재의 자신을 돌아보고 분노의 근원이 어디서 비롯된 것인지 깨달아 나가는 과정을 통해 점차 통합된 인간이 되어가는 과정이다.

분노로부터 자유로워진다면 비합리적 두려움이나 지나친 우울감에 빠지지 않는, 정서적 혼돈이나 각성, 경직 상태에 빠지지 않는 정서적 균형을 유지할 것이다. 안정감을 토대로 누군가와, 특히 친밀한 관계의 사람들과 상호 간에 잘 연결되어 함께 있는 느낌, 공감하고 공감 받는 느낌 속에서 살 것이다. 현재 자신을 둘러싸고 일어나는 사건에 충동적이지 않으면서도 경직되지도 않는 유연함으로 대처할 수 있을 것이다.

스스로를 할 수 있는 한 다정하고 친절하게 대하기를 바란다. 따뜻한 가운데 자신의 불행을 불행으로 바라보면서 그 과거가 미래를 규정하지 못하게 할 수 있다. 깔끔하게, 단 하나의 상처도 없이 어린 시절을 통과한 사람은 세상에 없다. 어린 시절, 내가 통제할 수 없었던 사건을 그것 그대로 바라볼 수 있다면, 과거의 분노가 현재 내 주변 사람들과의 관계에 영향을 미치지는 못하리라. 소중한 것은 지금을 내 것으로 만드는 것이다.

이런 모든 일들을 단박에 처리하고 손을 털 수는 없을 것이다. 분노로부터 자유로워지는 일은 평생을 공들여야 할 과정이며, 결코 지름길은 없다.

저자 소개

한기연

임상/상담 심리전문가

이화여자대학교에서 심리학을 공부하고 고려대학교에서 임상심리학으로 석사·박사 학위를 받았다. 한국방송통신대학교 연구원, 서울백제병원의 임상심리과장을 거쳐 미국아시안태평양상담치료센터(APCTC)에서 박사 후 과정을 했다. 현재는 '호연심리상담클리닉'(www.hoyunclinic.co.kr)에서 마음이 힘든 사람들을 도와주고 있다. 지은 책으로는 『나는 더 이상 당신의 가족이 아니다』『서른다섯의 사춘기』『슬럼프 심리학』『나는 왜 아이에게 화가 날까?』『분노 스스로 해결하기』『은근남 카운셀링』(공저)이 있다.

숨은 분노의 반란

2013년 11월 15일 1판 1쇄 인쇄
2013년 11월 20일 1판 1쇄 발행

지은이 • 한기연
펴낸이 • 김진환
펴낸곳 • (주)**학지사**
　　　121-837 서울시 마포구 서교동 352-29 마인드월드빌딩 5층
대표전화 • 02)330-5114　　　　팩스 • 02)324-2345
등록번호 • 제313-2006-000265호

홈페이지 • http://www.hakjisa.co.kr
커뮤니티 • http://cafe.naver.com/hakjisa

ISBN 978-89-997-0241-9 03180

정가 13,000원

인터넷 학술논문 원문 서비스 **뉴논문** www.newnonmun.com

이 도서의 국립중앙도서관 출판시도서목록(CIP)은 서지정보유통지
원시스템 홈페이지(http://seoji.nl.go.kr)와 국가자료공동목록시스템
(http://www.nl.go.kr/kolisnet)에서 이용하실 수 있습니다.
(CIP 제어번호:2013023046)